RUSSIAN FOR EXPOSITORY PROSE

Volume 2
Advanced Course

Ruth L. Pearce

Slavica Publishers, Inc.

Slavica publishes a wide variety of textbooks and scholarly books on the languages, people, literatures, cultures, history, etc. of the USSR and Eastern Europe. For a free catalog with prices and ordering information, write to:

Slavica Publishers, Inc.
PO Box 14388
Columbus, Ohio 43214
USA

ISBN: 0-89357-122-9.

Text set by Pamela Worner.

Printed in the United States of America.

CONTENTS

4   *Contents*

PREFACE

The *Advanced Course* constitutes the second part of
Russian for Expository Prose. This volume is intended
for the third and fourth semesters of study. It is as-
sumed that the student has a good grasp of the morphol-
ogy and vocabulary presented in the *Introductory Course*
and is ready to be introduced to the lexico-grammatical
means most frequently used to convey commonly occurring
semantic themes in expository prose.

Semantic analysis of Russian expository prose shows
that statements with identical, or similar, meaning may
be expressed in various ways, the choice of expression
depending, among other things, on the style of a given
text. What may be appropriate for one style is not nec-
essarily appropriate for another. Since the student is
not expected to write expository prose at this stage of
his study, he need not be concerned with stylistics as
such. What is important is that he becomes familiar
with the linguistic means most commonly encountered to
express one and the same, or similar, semantic concepts.
Very often different modes of expression incorporate nuances of meaning which are not to be found in dictionaries, but which are important for the understanding of
a given text and whose instant recognition is necessary
to facilitate the reading process.

The semantic topics included for study here were
chosen on the basis of the frequency with which they are
encountered and the difficulty they present to our students. The first nine Topics should be studied in the
order in which they appear, since the content of each of
these Topics presumes that the contents of the preceding
Topics have already been covered. The remaining Topics
may be studied in any order, but only after the first
nine have been covered. It is recommended that the first
seven Topics be covered in the third semester and the remaining eight in the fourth semester.

In any group of students, the mastery of the grammatical materials presented in the first year of study
is inevitably uneven. Therefore, the *Introductory Course*
(hereafter referred to as IC) serves also as a quasi-
reference grammar for the *Advanced Course*. References
to the IC are made throughout this volume when appropriate. It is highly desirable that the student check these

references, since they will recall grammatical material which he may have forgotten, or which he may not have assimilated completely in his first year of study. The Appendices of the IC should also be brought to his attention at this time, if he is not already aware of them. They contain convenient tables of the declensional endings and noun stress, as well as a summary of the rules of verb formation.

Declensional endings tend to fade from the student's memory in the interval between the second and third semesters. It is recommended, therefore, that before beginning the work of the third semester several classroom sessions be spent reviewing and drilling case endings. The instructor may devise his own exercises, preferably using the Vocabulary Checklist (see below p. 227) as the lexical base, or he may contact the author who would be happy to share with him a short series of exercises designed for this purpose, but not included in this volume.

The rules for regular verb formation should be referred to as often as necessary. Appendix VII, which contains a recapitulation of these rules, also contains exercises which the student can complete independently. Their purpose is to provide the student with practice in recovering infinitives when reference to a dictionary is necessary.

Each Topic contains exercises designed to reinforce the acquisition of the syntactic constructions presented in that Topic, new grammatical material (where it occurs), and new vocabulary. In addition, some English-Russian translations are included. These translations should be prepared with care, since their purpose is to center the student's attention on the differences between Russian and English expression and, at the same time, further reinforce the acquisition of the syntactic constructions introduced in that Topic.

A command of the linguistic information needed to begin to "decode" a Russian text is in itself not enough to attain the reading fluency (reading competency) which is the ultimate goal of this course. Experience reading expository prose in various subjects of universal interest, as well as in the narrower field of the student's professional interest, is considered as important a part of the student's language training as is the interiorization of grammatical forms and syntactic constructions. Supplementary reading texts should, therefore, be introduced into classroom work no later than the middle of the

third semester. Appended to this volume is a selection
of readings which may be used for this purpose (see p.
166ff.). If the instructor prefers to select his own
supplementary reading materials, the texts included here
may be read by the student independently, serving as a
gage by which he can measure the progress of his overall
reading comprehension. Commentaries on current international news taken from newspapers such as Правда, Извес-
тия, and Литературная Газета are additional reading materials highly recommended for presentation in the fourth
semester. Reading about current events has been found
in most cases to stimulate the student's interest in in-
creasing his vocabulary and generally honing his reading
skill.

Each student in the fourth semester should also be
encouraged to begin to read in his special field of interest in order to gain experience in acquiring the specialized terminology and modes of expression of that
discipline. Since it is highly unlikely that all students in a given class have the same interest, the reading of specialized texts should be an individualized,
outside assignment, closely supervised by the instructor.
Written translations are the most convenient approach to
this aspect of the student's training, but as he gains
experience, he may also be encouraged to read for comprehension only, and then summarize the text's content
in English as an exercise in précis writing. Since the
student may be more familiar with the discipline in which
he is reading than is his language instructor, he will
usually have little difficulty finding the English equivalents of the scientific or technical vocabulary he encounters. Nevertheless, he should also be introduced at
this time to specialized reference tools such as M.H.T.
and V.L. Alford, *Russian-English Scientific and Technical Dictionary* (2 vols.; Pergamon Press, 1970) and Рус-
ский-английский технический словарь, под редакцией А.Е.
Чернухина, М. 1971. Even the best dictionaries, however,
are not always the reader's last resort for finding the
proper English equivalent of a Russian technical term.
Therefore, the student should also be encouraged to refer to the English literature of the discipline in which
he is reading for the English equivalent of the technical terminology or phraseology he encounters in the Russian text. Reading in a special field of interest under
guidance of a language instructor, it has been found, is
not only a valuable exercise per se, but usually moti-

vates the student to put his newly acquired Russian
reading skill to use upon completion of the course.

Russian word formation has not been included as a
formal part of this course. As his vocabulary increases
the student will discover for himself some of the most
important meanings of suffixes and prefixes, and will
also learn to recognize the meanings of at least the
more commonly occurring word roots. However, the instructor should point out, whenever expedient, frequently encountered roots, the various meanings prefixes and
suffixes can impart to these roots, and the differences
in meanings between pure Russian and Church Slavic forms.
Russian Root List with a Sketch of Word Formation by
Charles Gribble (2nd edition, Slavica Publishers, 1982)
contains an excellent introduction to the subject and is
highly recommended both as additional instructional and
reference material for the second year of study.

Upon completion of this course, the student will be
aware that he has far from mastered all the complexities
of Modern Russian. Nevertheless, he should also be a-
ware that with continued practice of the skill he has
already acquired, he can broaden his knowledge of the
language on his own, if necessary, and be rewarded for
the efforts he has put into his classroom study. The
student should be urged, therefore, to apply his Russian
reading skill wherever possible in his academic work and
even beyond. The more he reads, the better and more
fluent his reading knowledge will become. The development of his Russian reading competency will prove an invaluable ancillary skill in whatever profession or ca-
reer he is preparing for, and will also serve to broaden
his human perspective.

Proof of the pudding is in the eating, as the say-
ing goes. The author, therefore, would welcome comments
or suggestions for improvement from instructors who have
taught the entire course, as well as from students who
have completed it.

Ruth L. Pearce
Bryn Mawr College

TOPIC 1

1.0 Location of someone or something, or the place where
an action takes place, may be expressed by adverbs such
as здесь *'here'*, там *'(over) there'*, дома *'at home'*, etc.
More commonly, location is expressed by a prepositional
phrase functioning as an adverb.

1.1 Most prepositions govern a single case, e.g. около
чего *'near sthg.'*, над чем *'above sthg.'*, у чего *'at/by
sthg.'*. Some prepositions, however, govern more than one
case. The grammatical and occasionally even the lexical
meanings of such prepositions are determined by the case
of their dependent noun or pronoun: в школе (prep.) *'in
school'*, в школу (acc.) *'in(to) school'*, со стола (gen.)
'from (the top of) the table', со словарём (instr.) *'with
a dictionary'*, величина с яблоко (acc.), *'the size of an
apple'*, говорить о чём-нибудь (prep.) *'to talk about sthg.'*
опереться о стол (acc.) *'to lean against a table'*; по
улице (dat.) *'along (the surface of) the street'*; по пояс
(acc.) *'up to the waist'*.
　　Below are some of the most frequently encountered
prepositions denoting spatial relationships and the constructions in which they most frequently occur. The case
governed by each preposition is indicated by the appropriate case of the interrogative pronouns КТО and ЧТО.

1.2 For tables of noun, adjective, and pronoun endings,
see IC Appendix I-III. For a complete list of the most
commonly used prepositions and the cases they govern, see
IC Appendix VI.[1]

2.0 The following prepositions govern only the case indicated by the interrogative pronouns.

	у кого/чего	*'by, at'*
	около кого/чего	*'in the vicinity of'*
	против (напротив) кого/чего	*'opposite'*
быть	перед кем/чем	*'in front of'*
	над кем/чем	*'above'*
	рядом с кем/чем	*'alongside of'*
	между кем/чем	*'between'*

[1]References to IC *(Introductory Course)* will be made
throughout this book. The student is advised to refer to
that volume for review of grammatical materials.

The following prepositions denote location (in answer to где?) only when used with the designated case.

быть	в чём	'in'
	на чём	'on'
	за чем	'behind; beyond'
	под чем	'under'

In addition to быть, the predicate verb to which the above prepositional phrases are syntactically bound may be one which designates more concretely the position or location of the subject of the sentence, e.g.:

ЛЕЖА́+   'lie (be in a lying position)'
СТОЙА́+   'stand (be in a standing position)'
ВИСЕ́+   'hang (be in a handing position)'
НАХОДИ́+ -ся   'be located'

The verb may also be one denoting an action, e.g.:

РАБО́ТАЙ+   'work'
ЖИВ+   'live'
ЗАНИМА́Й+ -ся   'be engaged in (sthg.); study'

The predicate may also be expressed by the short PPP расположен (расположена, расположено, расположены) 'located' (from РАСПОЛОЖИ́+ P 'arrange, dispose').

N.B. For verb notation used throughout this course, see IC Appendix VII.

2.1 У ЧЕГО́ AND У КОГО́

У plus inanimate noun or pronoun referring to an inanimate being denotes location of sthg. in very close proximity to sthg. ('at, by'). In contrast, о́коло denotes location in the general vicinity of sthg. ('near').

Мы стоя́ли у окна́ и смотре́ли, как де́ти игра́ли в саду́.
We stood by the window and watched the children playing in the garden.

But:
Мой стол стои́т о́коло окна́.
My desk stands near the window.

У plus animate noun or pronoun referring to an animate being means 'at X's place', 'at X's house', 'at X's'.

Мы ча́сто быва́ем у Ивано́вых.
We are often at the Ivanovs' house (We often visit the Ivanovs).

The phrase may also replace the possessive adjectives (мой, твой, свой, наш, ваш, его́, её, их).

У нас в библиоте́ке (в на́шей библиоте́ке) есть после́дний но́мер э́того журна́ла.
The last issue of that journal is in our library.

У него́ в контро́льной рабо́те (в его́ контро́льной рабо́те) бы́ли оши́бки.

   There were mistakes in his test.

Ве́чером Макси́м занима́ется у себя́ в ко́мнате (в свое́й ко́мнате).

   In the evening Maxim studies in his room.

2.2 В AND НА

   The concrete spatial meaning of В is *'in'*; НА means *'on'*. The use of one or the other preposition, however, is frequently conditioned by the noun complement. Some words require В to denote location, while others require НА. For commonly encountered В- and НА-words, see IC II, 13.0

● EXERCISE 1

Answer the questions using the words in parentheses with appropriate prepositions.

1. Где нахо́дится Музе́й Револю́ции? (у́лица Го́рького)
2. Где нахо́дятся но́вые зда́ния Моско́вского университе́та? (ю́го-за́пад Москвы́)
3. Где располо́жена Кра́сная пло́щадь? (центр Москвы́)
4. Где стои́т па́мятник вели́кому ру́сскому поэ́ту А. С. Пу́шкину? (пло́щадь Пу́шкина)
5. Где вися́т часы́? (стена́)
6. Где нахо́дится го́род Ашхаба́д? (Туркме́ния)
7. Где вы у́читесь? (университе́т)
8. На како́м этаже́ располо́жены лаборато́рии? (тре́тий эта́ж)
9. На како́м ку́рсе вы у́читесь? (второ́й курс)
10. Где вы бы́ли ле́том? (Кавка́з)
11. Где бу́дут практи́ческие заня́тия? (пе́рвая аудито́рия)
12. Где родила́сь ва́ша мать? (Фра́нция)
13. Где вы бы́ли вчера́ ве́чером? (теа́тр; клуб; конце́рт; собра́ние)
14. Где рабо́тает ваш брат? (заво́д; музе́й)
15. Где Том и Ро́берт? (экску́рсия)
16. Где сейча́с все аспира́нты? (экспеди́ция)
17. Где Анна и Ольга встре́тились? (институ́т)
18. Где вы бу́дете занима́ться за́втра? (физи́ческая лаборато́рия)
19. Где виси́т портре́т поэ́та? (стол)
20. Где располо́жены есте́ственные факульте́ты Моско́вского университе́та? (но́вые зда́ния; Ле́нинские го́ры)

(continued)

(Exercise 1, cont.)

21. Где остана́вливаются тролле́йбусы? (общежи́тие)
22. Где вы бы́ли в суббо́ту? (вы́ставка иностра́нных худо́ж-
    ников)
23. Где располо́жен Моско́вский Кремль? (бе́рег Москвы́-
    реки́)
24. Где рабо́тают фи́зики и хи́мики? (лаборато́рии)
25. Где она́ была́ в воскресе́нье? (конце́рт; зал Чайко́в-
    ского)
26. Где нахо́дится Бе́лый дом? (Вашингто́н)
27. Где постро́ен спорти́вный ко́мплекс? (Дворе́ц культу́ры)
28. Где вися́т фотогра́фии ва́шей семьи́? (моя́ ко́мната)
29. Где вы сиди́те на ле́кциях? (Бори́с)
30. Где вы бы́ли вчера́? (Лео́новы)
31. Где лежи́т фотоаппара́т? (ве́рхний я́щик)
32. Где письмо́, кото́рое вы получи́ли сего́дня у́тром?
    (слова́рь)
33. Где вы бы́ли в сре́ду? (това́рищ)
34. Где Юра? (профе́ссор; консульта́ция)
35. Почему́ ты не был на ве́чере? (экспеди́ция)
36. Где телефо́н-автома́т? (у́гол у́лицы)

3.0 Location of something *relative to something else* is
expressed by the following contructions.

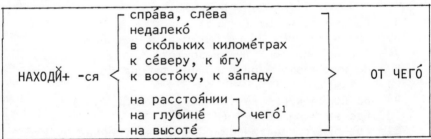

Су́здаль нахо́дится к се́веро-восто́ку от Москвы́.
   Suzdal lies to the northeast of Moscow.
Музе́й-уса́дьба Льва Толсто́го нахо́дится в пяти́десяти кило-
ме́трах от Ту́лы (на расстоя́нии пяти́десяти киломе́тров от
Ту́лы; на расстоя́нии в пятьдеся́т киломе́тров от Ту́лы).
   *The museum estate of Lev Tolstoy is 15 kms. from
   Tula.*

_____

[1]Or в X (acc.) едини́ц *'at X units of measurement'*, where
X represents a cardinal numeral in the accusative and the
unit of measurement stands in the genitive singular or
plural, as required by the numeral. See IC Appendix V C.

Озера Севан - одно из крупнейших высокогорных озёр Советского Союза - находится в Армении на высоте 1900 метров над уровнем моря.

Lake Sevan, one of the largest high altitude lakes
of the Soviet Union, is located in Armenia at a
height of 1900 meters above sea level.

★ ПОЛЕ́ЗНЫЕ СЛОВА́

когда́-то	- *at one time*
село́ ВА[1]	- *village (in prerevolutionary Rus-sia, one large enough to contain a church)*
не раз	- *more than once (see IC X, 9.0-9.1)*
сосе́д АА	- *neighbor (pl. nom.* сосе́ди, *gen.* сосе́дей)
хозя́ин АА	- *owner, proprietor; host (pl. nom.* хозя́ева, *gen.* хозя́ев)
стихотворе́ние АА	- *poem*

◆◆◆ ТЕКСТ ДЛЯ ЧТЕ́НИЯ: <u>Миха́йловское</u>

В ста двадцати́ киломе́трах от стари́нного ру́сского го́рода Пско́ва, среди́ невысо́ких холмо́в,[2] лежа́ло когда́-то небольшо́е село́ Миха́йловское. И сейча́с в па́рке недалеко́ от бе́рега ре́чки Со́роти, стои́т дом, к кото́рому ка́ждый день прихо́дят лю́ди со всех концо́в страны́. Это дом Алекса́ндра Серге́евича Пу́шкина. Здесь поэ́т рабо́тал над "Евге́нием Оне́гиным", написа́л "Бори́са Годуно́ва", здесь бы́ло со́здано бо́лее ста произведе́ний. Ря́дом с до́мом поэ́та, спра́ва от него́, нахо́дится ма́ленький до́мик - здесь жила́ ня́ня[3] поэ́та, о кото́рой с большо́й не́жностью[4] не раз писа́л А.С. Пу́шкин. А в сорока́ мину́тах ходьбы́, на расстоя́нии двух с полови́ной киломе́тров от Миха́йловского, расположено бы́ло име́ние сосе́дей А. С. Пу́шкина. Сюда́ А.С. Пу́шкин приезжа́л верхо́м[5]

(continued)

---

[1]For stress patterns and stress notation of nouns, see IC Appendix I D. The symbol ё is used to denote that when stressed, the vowel is pronounced [o] with palatalization of the preceding consonant: e.g. sg. село́, but pl. сёла. [2]холм *'hill'* [3]ня́ня *'nurse'*
[4]не́жность *'tenderness'* [5]верхо́м *'on horseback'*

или приходи́л пешко́м[1] почти́ ежедне́вно, здесь поэ́т провёл мно́го весёлых дней и вечеро́в.   Хозя́евам э́того име́ния[2] посвяти́л[3] он мно́го дру́жеских, не́жных, насме́шливых и гру́стных стихотворе́ний.

Отве́тьте на сле́дующие вопро́сы:
1. Где стои́т дом, в кото́ром А.С. Пу́шкин написа́л "Бори́са Годуно́ва"?
2. А где жила́ ня́ня поэ́та?
3. На како́м расстоя́нии от до́ма Пу́шкина бы́ло располо́жено име́ние, где поэ́т провёл мно́го весёлых вечеро́в?

4.0 In the expository style, movement *within an area, in a certain direction, relative to something*, or *at X speed* is expressed as follows.

```
ДВИ́ГА+ -ся  I
   где?                      в простра́нстве
   по чему́?                  по э́ллипсу
     'along (sthg.)'
   относи́тельно чего́?        относи́тельно земли́
     'relative to (sthg.)'
   по отноше́нию к чему́?      по отноше́нию к земле́
     'relative to (sthg.)'
   в како́м направле́нии?      в определённом направле́нии
     'in X direction'
   в направле́нии чего́?       в направле́нии со́лнца
     'in the direction of (sthg.)'
   по направле́нию к чему́?    по направле́нию к со́лнцу
     'in the direction of (sthg.)'
   с како́й ско́ростью?        с постоя́нной ско́ростью
     'at X speed'
```

Movement, as well as *state of rest relative to sthg.*, may also be expressed by the following constructions.

быть
НАХОДИ́+-ся
{ в движе́нии
  в состоя́нии движе́ния
  в поко́е
  в состоя́нии поко́я }
относи́тельно чего́?
по отноше́нию к чему́?

---

[1]пешко́м *'on foot'*   [2]име́ние *'estate'*
[3](ПО)СВЯТИ́+ кому́ *'dedicate to'*

При поступа́тельном движе́нии все то́чки те́ла дви́жутся в простра́нстве по одина́ковым траекто́риям.

*In forward motion all points of the body move in
space along the same trajectories.*

Луна́ дви́жется относи́тельно Земли́.

The Moon moves relative to the Earth.

Е́сли те́ло нахо́дится в поко́е относи́тельно Земли́ (по отноше́нию к Земле́), то оно́ нахо́дится в движе́нии относи́тельно звёзд (по отноше́нию к звёздам).

*If a physical body is at rest relative to Earth,
then it is in motion (it moves) relative to the
stars.*

Приближа́ясь к Со́лнцу, плане́ты дви́жутся с бо́льшей ско́ростью, удаля́ясь от Со́лнца они́ дви́жутся с ме́ньшей ско́ростью.

*When approaching the sun, the planets move at a
greater speed; when moving away from the sun they
move at a lesser speed.*

★ ПОЛЕ́ЗНЫЕ СЛОВА́

одно́ и то же	— *(one and) the same*
соверше́нный	— *absolute, utter; perfect*
БРОСА́Й+ I } БРО́СИ+ P }	— *throw*
предме́т АА	— *object, thing; article*
вверх (adv.)	— *up, upward(s)*
cf. вверху́	— *overhead, above*
тот же (та же, то же, те же)	— *the same*
сле́довательно	— *consequently*
пряма́я (subst. adj.)	— *a straight line*
поко́й A	— *tranquility; immobility*

◆◆◆ ТЕКСТ ДЛЯ ЧТЕ́НИЯ:

Движе́ние одного́ и того́ же те́ла относи́тельно ра́зных систе́м отсчёта[1] мо́жет быть соверше́нно разли́чным. Так для наблюда́теля, кото́рый нахо́дится на па́лубе[2] парохо́да,[3] предме́т, кото́рый лежи́т на па́лубе парохо́да, неподви́жен. А для наблюда́теля, кото́рый нахо́дится на берегу́, он дви́жется.

Ка́мень,[4] кото́рый бро́сили вертика́льно вверх с па́лубы равноме́рно дви́жущегося парохо́да, па́дает на то же ме́сто и

(continued)

---

[1]систе́ма отчёта *'point of reference'* (cf. отсчёт *'report, account'*)   [2]па́луба *'deck'*   [3]парохо́д *'steamboat'*
[4]ка́м/е/нь *'stone'*

движется, следовательно, по отношению к палубе по прямой.
Для наблюдателя, который стоит на берегу, камень движется
по параболе. Если какое-либо тело находится в покое по
отношению к Земле, то оно находится в движении по отношению к Солнцу. Абсолютно неподвижных тел в природе не
существует.

Based on the above information, mark each of the following statements П (правильно) or Н (неправильно).
1. Человек, едущий в поезде, движется относительно наблюдателя, стоящего на станции.
2. Тела, неподвижные по отношению к Земле, движутся относительно Солнца.
3. Человек, стоящий на станции, находится в состоянии по-
коя по отношению к Солнцу.
4. Человек, едующий в поезде, находится в покое относительно самого поезда.

★ ПОЛЕЗНЫЕ СЛОВА

скорость АС   - speed
  cf. скоро   - quickly, fast, soon
полный (чего?)   - full (of)
  (полон, полна, полно)
(ПРО)ДЛИ+ -ся   - last, go on, continue
  cf. длинный   - long
всего (adv.)   - in all, all told
благоприятный   - favorable
последовательно   - in succession

♦♦♦ ТЕКСТ ДЛЯ ЧТЕНИЯ:

    Луна движется по своей орбите со скоростью около
1 км/с, т.е. быстрее ружейной пули.[1] Следовательно, её
тень с большой скоростью движется по земной поверхности
и не может надолго закрыть какое-то одно место на земном
шаре. Поэтому фаза полного затмения[2] длится всего несколько минут, чаще всего две-три минуты, а в самых бла-
гоприятных условиях - около семи минут.

    Таким образом, лунная тень, двигаясь по Земле, опи-
сывает узкую, но длинную полосу, на которой последовательно наблюдается полное солнечное затмение.
Ответьте на вопросы: 1. Почему тень Луны не может надолго
закрыть какое-то одно место на земном шаре? 2. Сколько
времени длится фаза полного солнечного затмения?

[1]ружейная пуля 'bullet'   [2]затмение 'eclipse'

5.0 The place *to which* or *from which* movement of someone or something is directed may be expressed by adverbs such as сюда́ '*(to) here (cf. hither)*', отсю́да '*from here*', туда́ '*(to) there (cf. thither)*', отту́да '*from there*', домо́й '*home(ward)*', or more commonly by a prepositional phrase.

The interrogative adverbs eliciting the direction of the movement are: куда́? '*(to) where (cf. whither)*' and отку́да? '*from where (cf. whence)*'.

The predicate verb to which such a prepositional phrase is bound syntactically may be one denoting an action such as *placing, receiving, sending, giving* and the like, or it may be one of the prefixed or non-prefixed verbs of locomotion. Because of their grammatical peculiarities, the verbs of locomotion will be treated separately in Topic 8. Here, other frequently encountered verbs denoting movement to or from a place will be presented with the constructions usually associated with them.

5.1 Verbs of placing, like their counterpart verbs denoting location, are differentiated according to the position in which the direct object of the verb is placed. The question word eliciting the place is куда́ '*(to) where*'. The prepositions В, НА, ЗА, and ПОД take the *accusative* when used with such motion verbs (accusative of the goal).

КЛА́Д+ I
ПОЛОЖИ́+ P } - *put (into a lying position)*
  (кни́гу на стол; кни́гу в портфе́ль;
   бума́гу под кни́гу)
(ПО)СТА́ВИ+ - *put (into a standing position)*
  (кни́гу на по́лку; ла́мпу на стол)
ВЕША́Й+ I
ПОВЕ́СИ+ P } - *hang (sthg.) up*
  (карти́ну на сте́ну; костю́м в шкаф)

               ЧТО?
               КУДА́?

Contrast the use of the accusative with these motion verbs and the use of the prepositional with corresponding verbs denoting location.

КУДА́?	ГДЕ?
Я положи́л газе́ту на стол.	Газе́та лежи́т на столе́.
I put the newspaper on the table.	*The newspaper is (lying) on the table.*

(continued)

КУДА́?	ГДЕ?
Ви́ктор поста́вил слова́рь на по́лку.	Слова́рь стои́т на по́лке.
Victor put the dictionary on the shelf.	*The dictionary is (standing) on the shelf.*
Сестра́ пове́сила костю́м в шкаф.	Костю́м виси́т в шкафу́.
Sister hung the suit in the closet.	*The suit is (hanging) in the closet.*

● EXERCISE 2

Answer the questions using the words in parentheses with appropriate prepositions.

1. Куда́ лабора́нт поста́вил прибо́р? (шкаф)
2. Куда́ ты положи́л чи́стую бума́гу? (ни́жний я́щик пи́сьменного стола́)
3. Куда́ Сэм положи́л мой уче́бник? (стол)
4. Вы не зна́ете, куда́ я положи́ла свои́ часы́? (тетра́дь)
5. Где виси́т ваш шарф? (стул)
6. Куда́ Мари́на пове́сила шарф? (стул)
7. Куда́ ты пове́сишь фотогра́фию дете́й? (стол)
8. Где вися́т географи́ческие ка́рты? (сте́ны; кла́ссная ко́мната)
9. Куда́ ты кладёшь э́ти докуме́нты? (портфе́ль)
10. Где лежи́т бума́га? (пи́сьменный стол)

5.2 *Removal of something from a place* is expressed by the verbal constructions given below. The interrogative adverb to which the prepositional phrase is the answer is отку́да? *'from where'*.

брать I взять P } — *take*	
(кни́гу из портфе́ля; кни́гу со стола́)	
ДОСТАВА́Й+ I ДОСТА́Н+ P } — *get, take*	
(бума́гу из стола́; кни́гу с по́лки)	ЧТО? ОТКУ́ДА?
ВЫНИМА́Й+ I ВЫ́НУ+ P } — *take, pull out of*	
(де́ньги из карма́на)	
УБИРА́Й+ I убра́ть P } — *remove, clear away*	
(журна́лы со стола́)	

For the conjugation of брать, see IC V, 12.0; for the conjugation of взять, see IC VI, 11.1.

5.2.1 The prepositions used with these verbs are: из чего́
when the object is removed from within something; с чего́
when the object is removed from the top of something.

Кни́га лежа́ла на столе́. А́лла убрала́ её со стола́.
>   *The book was lying on the table. Alla cleared it
>   away from the table.*

Бума́га лежа́ла в столе́. Я взял бума́гу из стола́.
>   *The paper was in the desk. I got the paper from the
>   desk.*

N.B. Вынима́ть (вы́нуть) is used only with из, since the
verb itself connotes removal from within something.

Ми́ша вы́нул из портфе́ля конспе́кты и стал занима́ться.
>   *Misha took the abstracts out of the briefcase and
>   began to study.*

5.2.2 Убира́ть I, убра́ть P, in addition to indicating the
removal of something from a place (in answer to отку́да),
may also be used in contructions designating the *place to
which* something is removed (in answer to куда́).

Лабора́нт убра́л прибо́ры в шкаф (на по́лку).
>   *The lab assistant put the instruments away in the
>   closet (on the shelf).*

5.2.3 Брать I, взять P отку́да? denote removal of something from a place where the object happens to be at the
time of the verbal action (взять со стола́, из карма́на).
With В and НА plus the prepositional (in answer to где),
they denote removal of something from a place where the
object is normally to be found.

```
брать (взять) кни́гу в библиоте́ке
   to take (check) a book out of the library
```

● EXERCISE 3

Answer the questions using the words in parentheses
with appropriate prepositions.

1. Где вы взя́ли э́тот журна́л? (библиоте́ка)
2. Где вы взя́ли э́тот уче́бник? (ка́федра ру́сского языка́)
3. Отку́да она́ доста́ла де́ньги? (карма́н)
4. Куда́ ты убрала́ мои́ кни́ги? (шкаф)
5. Отку́да он взял уче́бник хи́мии? (пе́рвая по́лка)
6. Где у неё лежа́ла тетра́дь? (портфе́ль)
7. Отку́да она́ вы́нула тетра́дь, когда́ она́ ста́ла занима́ть-
   ся? (портфе́ль)

(continued)

(Exercise 3, cont.)
8. Где мо́жно взять микроско́п? (лаборато́рия)
9. Куда́ вы обы́чно кладёте свои́ тетра́ди? (я́щик пи́сьменного стола́)
10. Отку́да мо́жно доста́ть чи́стую бума́гу? (стол)

★ ПОЛЕ́ЗНЫЕ СЛОВА́

часть AC	– *part*
шкаф (в шкафу́) AB	– *closet*
ли́чный	– *personal, private*

◆◆◆ ТЕКСТ ДЛЯ ЧТЕ́НИЯ: Кабине́т Ле́нина

В той ча́сти Кремля́, кото́рая нахо́дится ря́дом с Кра́сной пло́щадью, располо́жено большо́е зда́ние с зелёным ку́полом и кра́сным фла́гом над ним. В э́том зда́нии рабо́тает Сове́т Мини́стров Сою́за ССР.

На тре́тьем этаже́ э́того зда́ния жил и рабо́тал В. И. Ле́нин с ма́рта 1918 го́да до декабря́ 1922 го́да. Его́ рабо́чий кабине́т и кварти́ра сохраня́ются, как музе́й. В кабине́те Ле́нина всё оста́лось таки́м, каки́м бы́ло при его́ жи́зни. В це́нтре ко́мнаты стои́т небольшо́й стол, на нём стои́т насто́льная ла́мпа, стоя́т телефо́ны, лежа́т записны́е кни́жки и карандаши́. На стена́х вися́т географи́ческие ка́рты. В кни́жных шкафа́х – кни́ги, кото́рыми по́льзовался Влади́мир Ильи́ч. Здесь в кабине́те о́коло 2 ты́сяч книг, а в ли́чной библиоте́ке В. И. Ле́нина о́коло 8,5 ты́сяч книг на 23 языка́х ми́ра.

Отве́тьте на сле́дующие вопро́сы:
1. Где нахо́дится зда́ние, в кото́ром жил и рабо́тал В. И. Ле́нин?
2. Опиши́те кабине́т Ле́нина.

5.3 *Transmission of something from one person to another* is expressed by the following constructions.

дава́ть I} дать P	что? кому́?	*'give'*	кни́гу студе́нту
брать I} взять P	что? у кого́?	*'borrow from'*	кни́гу у студе́нта
(ПО)ДАРИ́+	что? кому́?	*'give (as a present)'*	кни́гу ма́льчику
ВОЗВРАЩА́Й+ I} ВЕРНУ́+ P	что? кому́?	*'return'*	кни́гу това́рищу
отдава́ть I} отда́ть P	что? кому́?	*'give back, relinquish'*	кни́гу това́рищу

Студе́нты да́ли преподава́телю конспе́кты.

The students gave their abstracts to the instructor.

Где вы взя́ли э́ти кни́ги?   Я взял их у това́рища.

Where did you get those books?   I got them from a friend.

Кому́ ты пода́ришь э́тот альбо́м?

To whom will you give this album (as a present)?

На́до верну́ть (отда́ть) това́рищу кни́ги, кото́рые вы взя́ли у него́.

You must return to your friend the books you borrowed from him.

Оле́г купи́л себе́ но́вый магнитофо́н.   Ста́рый он о́тдал мла́дшему бра́ту.

Oleg bought himself a new tape-recorder.   He gave his old one to his younger brother.

- ● EXERCISE 4

Answer the questions using the constructions дать кому́ and взять у кого́, as in the model.

Model: Э́та ва́ша кни́га?   Нет...

- Нет, я взял её у Ольги.
- Нет, мне её дала́ Ольга.

1. Это твоя́ газе́та?   Нет,...
2. Это ваш уче́бник фи́зики?   Нет,...
3. Это ваш спра́вочник?   Нет,...
4. Это ваш портфе́ль?   Нет,...
5. Это ваш магнитофо́н?   Нет,...
6. Это ва́ши карандаши́?   Нет,...
7. Это ваш фотоаппара́т?   Нет,...

- ● EXERCISE 5

Fill in the blanks with the correct form of дать or отда́ть as appropriate.

1. Я ви́дел у това́рища кни́гу, кото́рую я давно́ хоте́л прочита́ть.   Това́рищ _____ мне э́ту кни́гу.   Я прочита́л кни́гу за два дня и _____ её ему́.
2. Това́рищ попроси́л у меня́ ру́сско-англи́йский слова́рь. Я _____ ему́ слова́рь.
3. Я не знал, что сего́дня мне нужны́ бу́дут табли́цы логари́фмов, и я _____ их това́рищу.

5.4 *Transmission of something from one place to another*
is expressed by the following constructions.

ПОСЫЛÁЙ+ I послáть Р } 'send' (пошлю́, пошлёшь, послáл, послáла)	что?	⌈ кому? ⎢ куда? ⌊ откуда?
ПРИСЫЛÁЙ+ I прислáть Р }'send' (пришлю́, пришлёшь, прислáл, прислáла)	что?	{кому́? откýда?
ПОЛУЧÁЙ+ I ПОЛУЧИ́+ Р } 'receive'	что?	{от когó? откýда?

N.B. The difference between посылáть I послáть Р and
присылáть I прислáть Р is analogous to the difference between пойти́ and прийти́. The prefix ПО- marks the beginning of the action; the prefix ПРИ- marks arrival at the
goal.
   Я послáл своéй сестрé письмó из Варшáвы.
      I sent a letter to my sister from Warsaw.
   Эти журнáлы прислáли мне друзья́.
      These journals were sent to me by friends.

● EXERCISE 6

   Отвéтьте на слéдующие вопрóсы.

   1. Кому́ вы послáли э́то письмó?
   2. Откýда Рóберт получи́л телегрáмму? Кто её послáл?
   3. Кто вам прислáл таки́е интерéсные кни́ги?
   4. Что ты пошлёшь Ли́дии на день рождéния?
   5. Откýда вы получи́ли э́ти пласти́нки?

5.5 *To assume a physical position* is expressed by the
verbs given below. The corresponding positional verbs
are СИДÉ+ *'sit'*, ЛЕЖÁ+ *'lie'*, and СТОЙÁ+ *'stand'*.

САДИ́+ -ся I сесть Р } 'sit down' (ся́ду, ся́дешь; сел, сéла)	куда́?	⌈ на стул ⎢ за стол ⌊ к окнý
ЛОЖИ́+ -ся I лечь Р } 'lie down' (ля́гу, ля́жешь; лёг, леглá, леглó)	куда́?	{на дивáн на пол
ВСТАВÁЙ+ I ВСТÁН+ Р } 'stand up, rise'	откýда?	{из-за столá[1] с постéли

[1]ИЗ-ЗА in its spatial meaning means *'from behind'*, the
opposite of ЗА *'behind'*.

Note that the imperfective verbs садиться and ложиться have perfective partners *without* the particle -ся. Cf. становиться I, стать P *'to become'*.

● EXERCISE 7

Translate the following sentences.

1. На́ши де́ти встаю́т в семь часо́в и ложа́ться спать в де́вять часо́в.
2. Ва́ся встал из-за стола́ и подошёл ко мне.
3. Больно́й лежа́л в больни́це две неде́ли.
4. По́сле того́, как Ви́ктор верну́лся домо́й, он лёг на дива́н и на́чал чита́ть вече́рнюю газе́ту.
5. Сади́тесь, пожа́луйста, сюда́ ря́дом со мной.
6. В кино́ он всегда́ сади́лся в тре́тий и́ли четвёртый ряд.
7. У сестры́ боле́ла голова́ и она́ легла́ спать о́чень ра́но.
8. Ма́льчик вошёл в ко́мнату, сел за стол и стал что́-то писа́ть.
9. Когда́ профе́ссор вошёл в аудито́рию, студе́нты вста́ли.

5.6   In the expository style, movement of something *to or from a place*, or *to X distance* is usually rendered by the following constructions.

ДВИ́ГА+ -ся I	*'move'*	куда́ (к чему́?)
ПЕРЕДВИ́ГАЙ+ -ся I }	*'move,*	в каку́ю сто́рону?
ПЕРЕДВИ́НУ+ -ся P	*shift'*	*'in X direction'*
ПЕРЕМЕША́Й+ -ся I }	*'move,*	на како́е расстоя́ние?
ПЕРЕМЕСТИ́+ -ся P	*shift'*	*'to X distance'*
ПЕРЕМЕША́Й+ I }	*'move,*	что? куда́?
ПЕРЕМЕСТИ́+ P	*shift (sthg.)'*	

Фронт дви́жется к се́веро-за́паду.
   The front is shifting to the northwest.
Е́сли помести́ть соль и во́ду в оди́н сосу́д, соль раствори́тся.
   If salt and water are placed in a single vessel, the salt dissolves.

★ ПОЛЕ́ЗНЫЕ СЛОВА́

су́тки A (pl. only)   - a 24-hour period (gen. су́ток)
ОТДЕЛЯ́Й+ (-ся)I } от чего - *separate from something*
ОТДЕЛИ́+ (-ся)P

♦♦♦ ТЕ́КСТЫ ДЛЯ ЧТЕ́НИЯ:

Дрейфу́ющая льди́на[1] перемести́лась на се́вер. Она́ перемеща́ется за су́тки на семь киломе́тров. Тепе́рь льди́на нахо́дится в ста сорока́ пяти́ киломе́трах от ближа́йшего бе́рега.

᙭᙭᙭᙭᙭᙭᙭᙭᙭᙭᙭᙭

Дви́жущийся полуо́стров

Ара́вия - э́то часть Африки, кото́рая неда́вно, всего́ о́коло миллио́на лет наза́д, отдели́лась от контине́нта и перемести́лась на две́сти с ли́шнем киломе́тров к се́веро-восто́ку. Образова́лась тре́щина,[2] кото́рую заполни́ли во́ды Кра́сного мо́ря. Проце́сс расшире́ния Кра́сного мо́ря продолжа́ется. Арави́йский полуо́стров и сейча́с дви́жется в сто́рону от Африки. Че́рез миллио́ны лет ме́жду ни́ми бу́дет уже́ огро́мный океа́нский зали́в.[3]

● EXERCISE 8

Translate the following sentences into Russian.

1. Where did you put the books I gave you? They're over there on the table.
2. May I borrow your dictionary? I've already given it to Linda. She'll return it to me tomorrow.
3. My mother's picture hangs on the wall over my desk.
4. I put the tickets over there under that book.
5. Tolstoy's house in Moscow is preserved as a museum.
6. Where did you get that book?
7. My sister sent me a telegram from Odessa. I got it yesterday.
8. My brother bought himself a new television set and gave me his old one.
9. When are you going to return the tape-recorder (магнитофо́н) you borrowed from me?
10. The planets move relative to the sun.
11. An object lying (transl. 'which lies') on the deck of a moving steamship is at rest relative to an observer on the deck. But to (transl. 'for') an observer on the shore, the object moves.
12. The moon's shadow moves over the earth's surface with great speed. Therefore, lasts only a few minutes.

(continued)

---

[1]дрейфу́ющая льди́на *'drifting iceberg'*   [2]тре́щина *'rift'*
[3]зали́в *'gulf'*

(Exercise 8, cont.)

13. The Arabian peninsula was separated from Africa about a million years ago and continues to move to the northeast.
14. Canada is north and Mexico is south of the U.S.
15. New York is 90 miles (миль) from Philadelphia.

TOPIC 2

1.0 For *defining something* or *identifying someone*, the following constructions are the most frequently used.

```
Что (есть) что?
    Что - э́то что.
    быть чем/кем
Что явля́ется чем?
Кто явля́ется кем?
Что представля́ет собо́й что (acc.)?
Что слу́жит чем?
Что (nom.) называ́ется чем?
    Что (acc.) называ́ют чем?
Чем называ́ется что (nom.)?
    Чем называ́ют что (acc.)?
```

Луна́ - есте́ственный спу́тник Земли́.
Луна́ - э́то есте́ственный спу́тник Земли́.
Луна́ явля́ется есте́ственным спу́тником Земли́.
   The moon is a natural satellite of Earth.
М.В. Ломоно́сов был крупне́йшим ру́сским учёным XVIII в.
   M.V. Lomonosov was a most distinguished Russian scientist of the 18th century.
Шар представля́ет собо́й кру́глое геометри́ческое те́ло.
   A sphere is a round geometrical body.
Медь слу́жит материа́лом для изготовле́ния электри́ческих проводо́в.
   Copper is used in (lit. 'serves as the material for') the manufacture of wiring.
Ли́ния, по кото́рой дви́жется то́чка, называ́ется траекто́рей то́чки.
Ли́нию, по кото́рой дви́жется то́чка, называ́ют траекто́рией то́чки.
   The line along which a point moves is (called) the trajectory of the point.
Деформа́цией называ́ется измене́ние фо́рмы те́ла.
Деформа́цией называ́ют измене́ние фо́рмы те́ла.
   Deformation is the change in the form of a physical body.

1.1 CONSTRUCTIONS WITH БЫТЬ ЧЕМ/КЕМ AND ЯВЛЯ́ТЬСЯ ЧЕМ/КЕМ

In sentences with the predicate verb expressed by
быть (in any form except the present tense) and явля́ться,
the predicate complement stands in the instrumental case.
The subject of the verb (nom. case) designates what is
specific, distinctive, or individual. The predicate instrumental designates the generic or universal. Either
the nominative or the predicate instrumental may begin
the sentence, depending on which functions as the sentence
theme. The rheme (new information) stands last in the
sentence. See IC II, 9.4; 14.3.

Кем был Н.И. Лобаче́вский?
Н.И. Лобаче́вский был выдаю́щимся ру́сским матема́тиком
девятна́дцатого ве́ка.
Who was N.I. Lobachevsky?
N.I. Lobachevsky was an outstanding Russian mathe-
matician of the 19th century.
Кто был выдаю́щимся ру́сским матема́тиком девятна́дцатого
ве́ка?
Вы́дающимся ру́сским матема́тиком девятна́дцатого ве́ка был
Н.И. Лобаче́вский.
Who was an outstanding Russian mathematician of the
19th century?
An outstanding mathematician (one of the outstanding
mathematicians) of the 19th century was N.I. Loba-
chevsky.

When the predicate instrumental in such constructions
stands first in the Russian sentence, it is usually translated as the subject of the English sentence.

Движе́ние мате́рии име́ет разли́чные фо́рмы: механи́ческую,
электромагни́тую, теплову́ю, и т.д. Просте́йшим ви́дом
движе́ния мате́рии явля́ется механи́ческое движе́ние.
Movement of matter has various forms: mechanical,
electromagnetic, thermal, etc. The simplest type
of movement of matter is mechanical motion.

1.2 Представля́ет собо́й что (acc.) identifies something
by a distinctive structure (see IC VIII, 11.0).

Кит представля́ет собо́й большо́е млекопита́ющее.
The whale is a large mammal.
Пла́тина представля́ет собо́й серебри́сто-бе́лый мета́лл.
Platinum is a silvery white metal.

1.3 Служи́ть чем identifies something by its use. The construction occurs in set phrases, such as: служи́ть материа́лом, служи́ть приме́ром, служи́ть сре́дством, служи́ть исто́чником, служи́ть сырьём. See IC VI, 2.2.

Уголь слу́жит не то́лько то́пливом, но и сырьём для хими́ческой промы́шленности.

Coal is used not only as a fuel, but also as a raw material for the chemical industry.

1.4 НАЗЫВА́ЮТ ЧТО (АСС.) ЧЕМ; ЧТО (NOM.) НАЗЫВА́ЕТСЯ ЧЕМ
     For expressing the passive voice by an active construction, see IC IV, 13.0.
     The subject of называ́ется and the direct object of называ́ют denote what is being identified. The predicate instrumental is the appellative. When the appellative is a *proper noun*, however, it stands in the nominative.

Наиме́ньшая части́ца вещества́, кото́рая сохраня́ет его́ сво́йства, называ́ется моле́кулой (наиме́ньшую части́цу... называ́ют моле́кулой).

The smallest particle of substance which retains its properties is called a molecule.

Косми́ческий кора́бль, на кото́ром Ю.А. Гага́рин соверши́л полёт, называ́лся "Восто́к-1".

The space ship on which Y. A. Gagarin made his flight was called Vostok I.

1.4.1 The question for eliciting the appellative is: Как называ́ется что? Как называ́ют что? For eliciting identification of the appellative the question is: Что (nom.) называ́ется чем? Что (acc.) называ́ют чем?

Как называ́ется нау́ка о произво́дственных отноше́ниях?
Нау́ка о произво́дственных отноше́ниях называ́ется политэконо́мией.

What is the science of production relations called?
The science of production relations is called economics.

Что называ́ется политэконо́мией?
Политэконо́мией называ́ется нау́ка о произво́дственных отноше́ниях (политэконо́мией называ́ют нау́ку о...).

What is economics? Economics is the science of production relations.

N.B. Называ́ться is never used when referring to persons. When asking for someone's name, the question is: Как вас зову́т? The answer may be in the instr. (Меня́ зову́т Ива́ном), or in the nom. (Меня́ зову́т Ива́н). More formally the question is: Как ва́ше и́мя и о́тчество? Как ва́ша фами́лия?

● EXERCISE 1

Answer the following questions using the words in parentheses for the answers.

1. Каки́е ре́ки явля́ются са́мыми больши́ми прито́ками Во́лги? (Ока́ и Ка́ма)
2. Как называ́ется центра́льная пло́щадь Ленингра́д? (Дворцо́вая пло́щадь)
3. Кто был пе́рвым космана́втом? (Ю.А. Гага́рин)
4. Кем был А.С. Пу́шкин? (велича́йший ру́сский поэ́т)
5. Что называ́ется диа́метром? (хо́рда, кото́рая прохо́дит че́рез центр окру́жности)
6. Како́й музе́й в Ленингра́де явля́ется одни́м из крупне́йших музе́ев ми́ра? (Ленингра́дский Эрмита́ж)
7. Кака́я нау́ка - одна́ из основны́х нау́к о приро́де? (фи́зика)
8. Что тако́е треуго́льник? (пло́ская геометри́ческая фигу́ра)
9. Как называ́ют наиме́ньшую части́цу вещества́, кото́рая сохраня́ет его́ сво́йства? (моле́кула)
10. Что тако́е движе́ние по ине́рции? (сво́йство всех материа́льных тел)

2.0 When defining or identifying something by stating its *purport* or *gist* the following constructions are used.

что состои́т что заключа́ется	⌈ в чём ⎢ в том, что... ⌊ в том, что́бы (+ infinitive)
быть	⌠в том, что... ⌡в том, что́бы (+ infinitive)

Осо́бенность э́той рабо́ты состои́т (заключа́ется) в разрабо́тке но́вой тео́рии.
> *The advantage of this work consists in the development of a new theory.*

Заслу́га э́того учёного состои́т (заключа́ется) в том, что он разрабо́тал но́вую тео́рию.
> *The merit of this scientist lies in the fact that he developed a new theory.*

Зада́ча, кото́рая стои́т пе́ред энерге́тиками, состои́т (заключа́ется) в том, что́бы найти́ но́вые исто́чники эне́ргии.
> *The task which contronts power engineers is to find new sources of energy.*

Де́ло в том, что причи́ны э́того явле́ния ещё не устано́вле-
ния.
   The fact of the matter is that the causes of this
   phenomenon have not yet been established.
Де́ло бы́ло не в том, что́бы опрове́ргну́ть э́ту тебри́ю, а в
том, что́бы разрабо́тать но́вую.
   It was not a question of refuting this theory, but
   of developing a new one.

2.1 СОСТОЯ́ТЬСЯ (ЗАКЛЮЧА́ТЬСЯ) В ТОМ, ЧТО...
     СОСТОЯ́ТЬСЯ (ЗАКЛЮЧА́ТЬСЯ) В ТОМ, ЧТО́БЫ...
     'to consist (lie) in the fact, that...'
   For the use of the pronoun ТО as case marker for
subordinate noun clauses, see IC X, 5.0; 6.0.
   The conjunction ЧТО introduces a subordinate noun
clause whose predicate is in the indicative mood to indicate that the verbal action is actually realized in
time. The conjunction ЧТО́БЫ marks the verbal action of
the subordinate clause as one that is *unrealized at the*
time of the action of the main clause. After что́бы the
verb is always in the past tense (conditional-subjunctive),
if the subject of the subordinate clause is different
from that of the main clause. The verbal action is expressed by the infinitive, if the subject is the same as
that of the main clause. See IC X, 1.0, and the examples
given above in 2.0.

2.1.1 Что́бы plus past tense of the verb (conditional-
subjunctive) is also used after modal verbs such as хоте́ть
'to want', ЖЕЛА́Й+ *'wish'*, ТРЕ́БОВА+ *'demand'*, ВЕЛЕ́+ *'com-*
mand', or after modal predicate words expressing the necessity or desirability of performing a *yet unrealized*
action (на́до, ну́жно, необходи́мо, жела́тельно). It may also introduce a purpose clause (для того́,) что́бы *'in order*
to', с тем, что́бы *'for the purpose of'*, or an indirect
imperative (see IC X, 3.0-3.2; 4.0-4.1). The verbal action in such subordinate clauses is also unrealized at
the time of the action of the main verb of the sentence.
Цель революционе́ров состоя́ла в том, что́бы све́ргнуть мо-
на́рхию и завоева́ть полити́ческие свобо́ды.
   The goal of the revolutionaries was to overthrow the
   monarchy and gain political freedoms.
Необходи́мо, что́бы все прису́тствовали на собра́нии.
   It is essential for all to be present (that all be
   present) at the meeting.

Бы́ло прика́зано, что́бы мы собрали́сь ро́вно в два ча́са.
*We had been ordered to gather at two o'clock sharp
(lit. 'It had been ordered that we gather at two
o'clock sharp).*
Мы спеши́ли, что́бы не опозда́ть на ле́кцию.
We hurried so as not to be late for the lecture.
Преподава́тель про́сит, что́бы мы пришли́ к нему́ за́втра.
*The instructor requests that we come to see him to-
morrow.*

● EXERCISE 2

Insert the conjunction что or что́бы as required by each
sentence. In which sentences could either conjunction
be used? How would the choice of conjunction alter the
meaning of the sentence?

1. Мне ка́жется, _____ вы меня́ хорошо́ по́няли.
2. Он хоте́л, _____ все его́ хорошо́ по́няли.
3. На́до, _____ вы отдохну́ли и пото́м продолжа́ли рабо́-
   тать.
4. Ва́жно, _____ рабо́та была́ зако́нчена в срок.
5. Эксперимéнт подтверди́л, _____ пéрвое предположéние
   пра́вильно.
6. Зада́ча экономи́ческой рефо́рмы состои́т в том, _____
   повы́сить эффекти́вность обще́ственного произво́дства.
7. Рабо́чие стре́мятся к тому́, _____ вы́полнить план на
   110%.
8. Бы́ло я́сно, _____ он не хоте́л уча́ствовать в рабо́те.
9. Она́ попроси́ла, _____ това́рищи ей помогли́.
10. Де́ло бы́ло в том, _____ он не хоте́л рабо́тать над
    э́той те́мой.
11. Брат написа́л, _____ Анна прие́хала к нему́ ле́том.
12. На́ша зада́ча заключа́ется в том, _____ следи́ть за ра-
    бо́той прибо́ров.
13. Ну́жно бы́ло, _____ уча́стники экспеди́ции познако́ми-
    лись с маршру́том пе́ред отъе́здом.
14. Учи́тель тре́бовал, _____ ученики́ писа́ли аккура́тнее.
15. Дире́ктор приказа́л, _____ всё бы́ло гото́во к пе́рвому
    сентября́.
16. Сло́во да́но челове́ку, _____ он сообща́л свои́ мы́сли
    други́м.
17. Все жи́тели находи́лись на пло́щади, _____ ждать на-
    ча́ла ми́тинга.

(continued)

(Exercise 2, cont.)

18. Жела́тельно, _____ все аспира́нты-фило́логи уча́ство-
вали в диалектологи́ческой экспеди́ции _____ глу́бже
узна́ть свой родно́й язы́к.
19. Ну́жно бы́ло, _____ больно́й принима́л э́то лека́рство.
20. Необходи́мо, _____ врач прие́хал сего́дня.

2.1.2 Do not confuse СОСТОЙА́+ В ЧЁМ *'consist in, lie in'*
with СОСТОЙА́+ ИЗ ЧЕГО́ *'consist of'*, which expresses the
composition of something (see Topic 3, 1.1).

★ ПОЛЕ́ЗНЫЕ СЛОВА́

населе́ние	– *population*
духо́вный	– *spiritual*
cf. дух АА	– *spirit*
гра́мотный	– *literate*
гра́мотность	– *literacy*
гра́мота	– *reading and writing*
бра́ться I взя́ться P } за что	– *to take up sthg.; set to work on sthg. (see IC V, 12.0; VI, 11.1)*
УТВЕРЖДА́Й+ I УТВЕРДИ́+ P }	– *assert, affirm; firmly establish*
cf. твёрдый	– *hard, firm*

◆◆◆ ТЕКСТ ДЛЯ ЧТЕ́НИЯ: Леквида́ция негра́мотности в Росси́и

    В 1917 году́ три че́тверти населе́ния Росси́и бы́ло не-
гра́мотно. В пе́рвые го́ды по́сле револю́ции вся страна́ взя-
ла́сь за кни́гу, создава́лась сеть[1] школ и библиоте́к, те́хни-
кумов и ву́зов. Зада́ча состоя́ла не то́лько в том, что́бы
научи́ть люде́й чита́ть. Она́ заключа́лась и в том, что́бы
утверди́ть социалисти́ческую идеоло́гию во всех сфе́рах ду-
хо́вной жи́зни о́бщества, в том, что́бы созда́ть социалисти́-
ческую культу́ру.

Отве́тьте на сле́дующие вопро́сы:
1. Кто тако́й негра́мотный челове́к?
2. В чём заключа́лась гла́вная зада́ча ликвида́ции негра́мот-
ности в Росси́и по́сле револю́ции?

---

[1]сеть *'network'*

★ ПОЛЕЗНЫЕ СЛОВА

сравнительно	– *comparatively*
тонкий	– *thin*
слой	– *layer, stratum*
мощный	– *powerful, strong*
ПРОСТИРАЙ+ -ся	– *extend, stretch*

♦♦♦ ТЕКСТ ДЛЯ ЧТЕНИЯ: Строе́ние Со́лнца

Строе́ние Со́лнца сло́жное. Пове́рхность Со́лнца, ви́димая на не́бе в ви́де ди́ска, представля́ет собо́й ни́жний слой со́лнечной атмосфе́ры и называ́ется фотосфе́рой. Над ней нахо́дится сравни́тельно то́нкий слой – хромосфе́ра. Температу́ра в ней растёт с высото́й. В хромосфе́ре происхо́дят наибо́лее мо́щные взры́вы[1] – хромосфе́рные вспы́шки.[2] Вы́ше хромосфе́ры простира́ется со́лнечная коро́на, состоя́щая из прото́но-электро́нного га́за. Кинети́ческая температу́ра коро́ны составля́ет о́коло 1 000 000° K.[3]

Отве́тьте на вопро́сы:
1. Что называ́ется фотосфе́рой?
2. Как называ́ется сравни́тельно то́нкий слой Со́лнца, находя́щийся над фотосфе́рой?
3. Что происхо́дит в хромосфе́ре?
4. Что тако́е со́лнечная коро́на?

3.0 Persons and things may be particularized or identified by *qualifiers* (adjectives or constructions functioning as adjectives, viz. relative clauses and participial constructions).

3.1 Attributive (long) adjectives and long participles agree in case, number and gender with the noun they modify. Predicate adjectives may be either long or short, and stand either in the nominative case (long or short form) or in the instrumental (long form only). They agree in gender and number with the noun to which they refer. Short past passive participles, which always function as the sentence predicate, agree with the subject in number and gender.

---

[1] взрыв *'explosion'*   [2] вспы́шка *'flash, burst'*
[3] о́коло одного́ миллио́на гра́дусов Ке́львина. The Kelvin scale measures temperatures as 273° plus the centigrade value. Absolute zero is minus 273° centigrade.

3.2 The attributive interrogative pronoun-adjective is
какой (какая, какое; какие) *'what (kind of)'*. The predicate interrogative pronoun-adjective is каков (какова,
каково; каковы) *'what'*.

  Какую структуру имеет сахар? Сахар имеет простую
структуру.
> *What is the structure of sugar (lit. 'what kind of
> structure does sugar have')? Sugar has a simple
> structure.*

  Какова структура сахара? Структура сахара - проста.
> *What is the structure of sugar? The structure of
> sugar is simple.*

4.0 THE SHORT PREDICATE ADJECTIVE
  For the formation of short adjectives and for the
distinction in meaning between the long and short forms
of some adjectives, see IC III, 12.0-12.4.

4.1 After the zero verb, most predicate adjectives may
be used either in the long or the short form with no distinction in meaning. In expository writing the short
form occurs more frequently than the long form.

  Вода в этом озере - прозрачная, чистая.
  Вода в этом озере - прозрачна, чиста.
> *The water in this lake is clear and pure.*

With the past or future tense of быть, the predicate adjective occurs most frequently in the long form instrumental (see IC VI, 4.0). The short and, less freuquent-
ly, the long form nominative may also be used.

  Вода в этом озере была прозрачной (прозрачна, прозрачная).

4.2 The short predicate adjective is *obligatory* in the
following instances.

4.2.1 When the subject of the sentence is это; всё; всё
это; одно; то, что; всё, что.

  Всё, что он рассказал, было очень интересно.
> *Everything he related was very interesting.*

  Одно непонятно: почему он сам не пришёл.
> *One thing not clear is why he didn't come himself.*

4.2.2 When the subject of the sentence is modified by
каждый *'each'*; всякий *'any'*; любой *'any'*; подобный *'similar, like'*; такой *'such a'*.

Такое решение задачи возможно.
Such a solution of the problem is possible.
Подобное поведение нежелательно.
Such behavior is undesirable (lit. 'Behavior like that...').
Каждая его лекция была интересна.
Each one of his lectures was interesting.

4.2.3 When the predicate is a passive participle or an adjective derived from a verb with the suffix -им, -ем (-ом) (see IC VIII, 20.1).
Ваша помощь неоценима.
Your help is invaluable.
Поведение мальчика невыносимо.
The boy's behavior is unbearable.
Работа уже выполнена.
The work has already been completed (lit. 'fulfilled /carried out').

4.2.4 When the quality denoted by the adjective is restricted or limited in some way. The restriction or limitation may be expressed by a complement syntactically dependent on the adjective. Note the following typical constructions.

богат беден } чем?	известен замечателен инетересен } чем? тем, что...
благоприятен 'favorable' вреден 'harmful' труден 'difficult' удобен 'convenient' полезен 'useful' характерен 'characteristic' } для кого? для чего?	
известен 'well known' интересен 'interesting' свойствен 'characteristic' } кому?	

Сибирь богата полезными ископаемыми.
Siberia is rich in commerical (lit. 'useful') minerals.
Эти события нам всем известны.
These events are well known to all of us.
Эта статья интересна тем, что она даёт новое решение некоторых вопросов.
This article is intersting for giving a new solution to certain problems.

4.2.4.1 The limitation or restriction may also be expressed by an adverb or adverbial phrase, or by a subordinate purpose clause introduced by чтобы.

Этот вывод теоретически правилен.
This inference is theoretically correct.

С точки зрения материализма материя вечна и бесконечна.
*From the point of view of materialism matter is
eternal and infinite.*

Прочность лунной поверхности достаточна, чтобы осуществить мягкую посадку.
*The lunar surface is firm enough to effect a soft
landing (lit. 'the firmness of the lunar surface is
sufficient to...').*

4.3 Short predicate adjectives referring to size, usually accompanied by a complement expressing restriction or
limitation, denote an *excess of the quality* (*too* X).

велик	'too big'	
широк	'too wide'	
длинен	'too long'	кому?
мал	'too small'	для чего?
узок	'too narrow'	
короток	'too short'	

Новый прибор велик для нашей лаборатории.
The new apparatus is too large for our laboratory.
Для такой большой семьи эта квартира мала.
This apartment is too small for such a large family.
Это пальто ему узко.
*This overcoat is too tight (lit. 'too narrow') for
him.*
Его брат молод, чтобы служить в армии.
His brother is too young to serve in the army.
N.B. The adjective большой does not have a short predi-
cate form. When required, the short forms of великий are
used instead (велик, велика, велико; велики).
Эти туфли мне велики.
These slippers are too big for me.

● EXERCISE 3

Put the adjectives in parentheses in their proper form.

1. Эта задача очень _____ для студентов первого курса.
   (трудный)

(continued)

(Exercise 3, cont.)

2. Раидоакти́вное излуче́ние в больши́х до́зах _____ для жи́зни. (вре́дный)
3. Нефть была́ _____ мно́гим дре́вним наро́дам. (изве́стный)
4. Подо́бные расте́ния о́чень _____. (ре́дкий)
5. Сего́дня библиоте́ка _____. (закры́тый)
6. Изложе́ние материа́ла в э́той статье́ сли́шком _____. (многосло́вный)
7. С то́чки зре́ния нове́йших тео́рий ваш вы́вод _____. (оши́бочный)
8. Но́вая телевизио́нная ба́шня _____. (высо́кий)
9. Ра́ньше счита́ли, что За́падная Сиби́рь _____ поле́зными ископа́емыми. (бе́дный)
10. Почти́ всё, что мы ви́дели на вы́ставке, бы́ло _____. (замеча́тельный)
11. Вы должны́ бо́льше занима́ться. Это _____. (необходи́мы)
12. Ка́ждый из э́тих вопро́сов _____. (ва́жный)
13. То, что они́ предложи́ли, бы́ло _____. (интере́сный)
14. Нам да́ли о́чень _____ зада́чу. (тру́дный)
15. Движе́ния хиру́рга бы́ли _____ и то́чными. (бы́стрый)
16. Профе́ссор был _____. (больно́й)
17. Контро́льная рабо́та была́ о́чень _____. (тру́дный)
18. Фо́сфор, как и азо́т,[1] соверше́нно _____ для всех живы́х суще́ств. (необходи́мый)

5.0 For identifying or particularizing something by a *property*, the following verb plus noun (or noun clause) combinations are typical of the expository style.

ИМЕ́Й+ что (acc.)		*'have, possess'*
ОТЛИЧА́Й+ -ся } чем; тем, что		*'be distinguished by;*
ОБЛАДА́Й+		*possess'*

5.1 Noun complements of ОТЛИЧА́Й+ -ся and ОБЛАДА́Й+ may be the words сво́йство *'property'* or осо́бенность *'peculiarity'*, or Fem. II nouns denoting a quality and formed from adjective stems with the suffix -ость. Cf. the following examples.

акти́вный	*'active'*	→ акти́вность	*'activity'*
изме́нчивый	*'changeable'*	→ изме́нчивость	*'changeability'*
твёрдый	*'hard'*	→ твёрдость	*'hardness'*
эласти́чный	*'elastic'*	→ эласти́чность	*'elasticity'*
лёгкий	*'light'*	→ лёгкость	*'lightness'*
про́чный	*'durable, sound'*	→ про́чность	*'durability, soundness'*

[1]азо́т *'nitrogen'*

Алма́з отлича́ется необыча́йной твёрдостью и я́рким бле́ском.

A diamond is distinguished by its remarkable hardness and striking brilliance (lit. 'is remarkably hard and strikingly brilliant').

Этот прибо́р облада́ет высо́кой чувстви́тельностью.

This instrument is very sensitive (lit. 'possesses high sensitivity').

Не́которые полиме́ры име́ют це́нные сво́йства полупроводнико́в.

Certain polymers are valued for their properties as semiconductors.

Note also the following constructions.

ОБЛАДА́Й+	{ сво́йством способностью }	+ infinitive

Кислоро́д облада́ет сво́йством (спосо́бностью) вступа́ть в реа́кцию с большинство́м элеме́нтов.

Oxygen reacts with most elements (lit. 'possesses the property of entering into a reaction with the majority of elements').

По́чва облада́ет спосо́бностью уде́рживать во́ду и минера́льные со́ли, необходи́мые для пита́ния расте́ний.

Soil is capable of retaining water and mineral salts necessary for feeding plants (lit. 'possesses the ability to retain ...').

5.2 For describing *someone's ability*, ОБЛАДА́Й+ and ОТЛИЧА́Й+ -ся may be used in formal writing or speech as a substitute for the stylistically neutral у кого́ (есть) что, or noun (pronoun) plus predicate adjective construction.

Он облада́ет поразительной па́мятью. (У него́ поразительная па́мять.)

He has a wonderful memory.

Она́ отлича́ется больши́м умо́м. (Она́ о́чень у́мная.)

She is distinguished by her great intellect. (She is very intelligent.)

★ ПОЛЕ́ЗНЫЕ СЛОВА́

стекло́ BA   - *glass (material)*

кислота́ BA   - *acid (pl. nom.* кисло́ты, *gen.* кисло́т*)*

♦♦♦ ТЕКСТ ДЛЯ ЧТЕ́НИЯ: <u>Нить из стекла́</u>

    Мы привы́кли к тому́, что стекло́ твёрдо, хру́пко, не-
эласти́чно. Но ока́зывается, из стекла́ де́лают нить, а по-
то́м из э́той ни́ти изготовля́ют ткань, кото́рая облада́ет
о́чень це́нными сво́йствами. Стекля́нная нить отлича́ется
большо́й про́чностью. Она́ не мо́кнет[1] в воде́, кислота́ не
ока́зывает на неё никако́го де́йствия. Стекля́нные ни́ти и
тка́ни испо́льзуют в авиацио́нной промы́шленности, в элек-
тропромы́шленности.

Отве́тьте на сле́дующие вопро́сы:
1. Каки́ми сво́йствами облада́ет обы́чное стекло́?
2. Как по-англи́йски стекля́нная ткань?
3. Почему́ стекля́нные тка́ни испо́льзуются в авиацио́нной
промы́шленности, в электропромы́шленности?

6.0 RELATIVE CLAUSES
    Relative (кото́рый) clauses function as adjectives to
qualify a noun antecedent. The relative pronoun agrees
with its antecedent in gender and number, but takes the
case in which it functions in its own clause. The relative clause itself stands immediately after, or as close
as possible to, its antecedent.
  Кни́ги, кото́рые вам нужны́ в тече́ние семе́стра, вы мо́жете
получи́ть в библиоте́ке.
    *You can obtain the books you need during the semes-
    ter in the library.*
  Енисе́й - э́то могу́чая сиби́рская река́, в кото́рую впада́ет
Ангара́.
    *The Yenesei is a mighty Siberian river into which
    flows the Angara (lit. 'into which falls the Angara').*
N.B. When the relative pronoun is in the genitive and
functions as an attribute of a noun in its own clause, it
occupies the position of *second element* of its clause.
A similar construction is sometimes used in English. See
below, 12.2.
  Аму́р, длина́ кото́рого составля́ет 2850 км., игра́ет ва́жную
роль в эконо́мике Да́льнего Восто́ка.
    *The Amur, whose length is 2850 km. (lit. 'the length
    of which is'), plays an important part in the econ-
    omy of the Far East.*

---
[1]Cf. мо́крый *'wet'*

Твёрдым те́лом в меха́нике называ́ют тако́е те́ло, рассто-
я́ния ме́жду любы́ми части́цами кото́рого во всё вре́мя дви-
же́ния остаю́тся неизме́нными.

*In mechanics a solid body is one in which all parti-
cles maintain the same distances among themselves
during the entire period of motion (lit. 'in mechanics a solid body is a body, the distances between
any particles of which remain unchanged during the
entire period of movement').*

7.0 LONG PARTICLES

Long active or passive participle constructions are
used frequently in the written language to replace relative clauses. For the formation and use of the long participles, see IC VIII, 14.0-19.0.

В Москве́ на у́лице Кали́нина стои́т Дом Дру́жбы, выделя́ю-
щийся свое́й необы́чной архитекту́рой (кото́рый выделя́ет-
ся).

*In Moscow on Kalinin Street stands the Dom Druzhby
which is distinguished by its unusual architecture.*

По́ле, образу́емое электри́ческим то́ком, называ́ется магни́т-
ным по́лем (кото́рое образу́ется).

*A field formed by an electrical current is called a
magnetic field.*

Одни́м из лу́чших архитекту́рных произведе́ний, со́зданных
ру́сским архите́ктором Казако́вым, счита́ется зда́ние в Крем-
ле́, в кото́ром сейча́с нахо́дится Сове́т Мини́стров СССР
(кото́рое со́здал ру́сский архите́ктор Казако́в).

*One of the best architectural works created by the
Russian architect Kazakov is considered to be the
building in the Kremlin in which the Council of Min-
isters is now located.*

7.1 EXPRESSION OF TIME IN THE LONG ACTIVE PARTICIPLES

Present active participles are formed from imperfective verbs only; past active participles are formed from
both imperfective and perfective verbs.

A *present active* or *past active imperfective* participle indicates action occurring simultaneously with that
of the predicate verb. When the predicate verb is in the
present tense, only the present active participle is used.

The *past active perfective* participle denotes action
brought to conclusion prior to that of the predicate verb,
or to the moment of speech.

Недалеко́ от кольцево́й автодоро́ги, окружа́ющей Москву́, нахо́дятся но́вые жилы́е райо́ны.

> *Not far from the circular expressway which girdles (girdling) Moscow are new residential districts.*

За до́мом находи́лся большо́й парк, спуска́ющийся (спуска́вшийся) к реке́.

> *Behind the house was a large park which sloped away towards the river.*

Пе́рвый из доше́дших до нас пла́нов Москвы́ был соста́влен в XVI ве́ке (пе́рвый из пла́нов Москвы́, кото́рые дошли́ до нас).

> *The first of the plans of Moscow which have come down to us was drawn up in the 16th century.*

7.2 EXPRESSION OF TIME IN THE LONG PASSIVE PARTICIPLES

Long present passive participles which are formed from imperfective verbs only denote action occurring at the moment of speech; long past passive participles which are formed from perfective verbs denote action brought to conclusion prior to the moment of speech.

Вопро́с, изуча́емый мно́гими учёными, ещё не получи́л оконча́тельного реше́ния (кото́рый изуча́ется).

> *The question which is being studied by many scientists has not yet been solved conclusively.*

Вопро́с, обсуждённый на собра́нии, вы́звал живу́ю диску́ссию (кото́рый был обсуждён).

> *The question which was discussed at the meeting prompted a lively debate.*

● EXERCISE 4

Change the relative clauses in the following sentences to participial constructions.

1. Мно́го интере́сных исто́рий мо́жно рассказа́ть о лю́дях, кото́рые живу́т в э́том го́роде.
2. Мы все живём на одно́й плане́те. Слова́ - живём на одно́й плане́те - в на́ше вре́мя предполага́ют ми́рное сосуществова́ние госуда́рств, кото́рые име́ют разли́чный обще́ственный строй.
3. Рабо́чие, кото́рые стро́ят но́вую шко́лу, хотя́т зако́нчить её к нача́лу уче́бного го́да.
4. В журна́лах, кото́рые получа́ют на́ши студе́нты, мно́го интере́сных стате́й.
5. Аспира́нты прие́хали к писа́телю, кото́рый написа́л но́вую по́весть о сове́тской молодёжи.

(continued)

(Exercise 4, cont.)

6. Источником почти всех видов энергии, которая используется человеком, являются солнечные лучи.
7. Новый метод, который разработали сотрудники нашей
   лаборатории, применяется во многих экспериментах.
8. В Москве растёт число жилых зданий, которые собирают из готовых деталей, сделанных на заводах.
9. Закон всемирного тяготения, который открыл Ньютон,
   объяснил движение планет по орбите.
10. Закон о сохранении и превращении энергии, который
    открыли учёные в XIX веке, объясняет многие явле-
    ния живой природы.
11. Человек, который является частью природы, является
    в то же время продуктом общественной жизни.
12. Средневековье отделено от нашего времени многими
    столетиями развития общества и революциями, кото-
    рые изменили лицо человечества.

8.0 To identify something by *color*, *shape*, or *form*, the
following constructions are used.

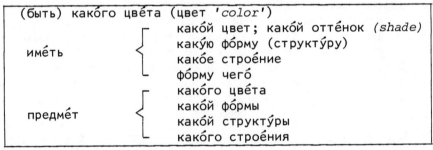

Аметист - фиолетового цвета (имеет фиолетовый цвет).
  An amethyst is violet in color.
Земля имеет форму элипсоида.
  Earth is ellipsoidal in shape.
Золото - металл жёлтого цвета.
  Gold is a yellow metal.
В реакции участвуют вещества сложного строения.
  *Substances with a complex structure take part in
  the reaction.*

8.1 Various shades of a basic color are denoted by the
following word formations.

For a less intense color (suffix -ова-)

жёлтый	*'yellow'*	→ желтоватый	*'yellowish'*
синий	*'(dark) blue'*	→ синеватый	*'bluish'*
красный	*'red'*	→ красноватый	*'redish'*
розовый	*'pink'*	→ розоватый	*'pinkish'*

For a lighter shade (cf. светлый *'light, bright'*)

светло-зелёный	*'light green'*
светло-коричневый	*'light brown'*
светло-жёлтый	*'light yellow'*

For a brighter shade (cf. яркий *'bright, clear'*)

ярко-жёлтый	*'bright yellow'*
ярко-зелёный	*'bright green'*
ярко-синий	*'bright blue'*

For a darker shade (cf. тёмный *'dark'*)

тёмно-красный	*'dark red'*
тёмно-жёлтый	*'dark yellow'*
тёмно-коричневый	*'dark brown'*

Note also the suffix -ИСТ- which forms adjectives from
nouns and denotes the quality or property characteristic
of the noun, or the existence of that quality or property
in great abundance.

серебро	*'silver'*	→ серебристая луна	*'silvery moon'*
золото	*'gold'*	→ золотистые волосы	*'golden hair'*
камень	*'stone'*	→ каменистая дорога	*'stony road'*
глина	*'clay'*	→ глинистая почва	*'clay soil'*

★ ПОЛЕЗНЫЕ СЛОВА

облако АВ	– *cloud (gen. pl.* облаков)
прозрачный	– *transparent, clear*
стадия АА	– *stage*
отдельный	– *separate, individual*
лёд	– *ice (gen.* льда)
(ПО)СТАРАЙ+ -ся	– *endeavor, try*
оттён/о/к АА	– *shade, hue*
частота ВА	– *frequency (pl. nom.* частоты, *gen.* частот)
cf. часто	– *often*
и др.	– и другие

♦♦♦ ТЕКСТ ДЛЯ ЧТЕНИЯ: Серебристые облака

   В марте 1958 в Антарктике наблюдалось впервые очень
красивое и очень редкое явление природы - серебристые
облака. Они прозрачны, их яркость меняется на разных
стадиях образования и развития. При малой яркости они

(continued)

сине-голубо́го цве́та, с увеличе́нием я́ркости цвет стано́вит-
ся белесова́тым, а в отде́льных слу́чаях на облака́х возни-
ка́ет желтова́тый отте́нок.

   Об э́тих облака́х изве́стно, что они́ состоя́т из кри-
ста́лликов льда, что они́ мо́гут появля́ться при усло́вии ни́з-
кой температу́ры (до -80° С). Сама́ же причи́на появле́ния
серебри́стых облако́в пока́ не ясна́, хотя́ учёные стара́лись
найти́ связь ме́жду частото́й появле́ния серебри́стых облако́в
и разли́чными явле́ниями, наприме́р, вре́менем го́да, ци́клами
со́лнечной акти́вности и др.

Отве́тьте на сле́дующие вопро́сы:
1. Како́е явле́ние приро́ды наблюда́лось впервы́е в Антра́рктике?
2. Чем отлича́ются серебри́стые облака́?
3. Когда́ они́ мо́гут появля́ться?

9.0 Identification of something by *taste* or *smell* is expressed by the following constructions.

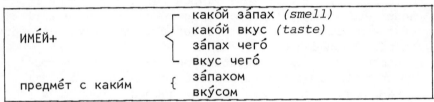

Азо́тная кислота́ име́ет ре́зкий за́пах.
   Nitric acid has an acrid odor.
Азо́тная кислота́ - э́то бесцве́тная жи́дкость с ре́зким за́-
пахом.
   Nitric acid is a colorless liquid with an acrid odor.

9.1 In addition to the above constructions, identification by *smell* may also be expressed as follows.

ЧТО (nom.) ПА́Х(НУ)+ I *'smell, have an odor'*

Ро́зы прия́тно па́хнут.
   Roses have a pleasant odor.
The same verb may also be used impersonally.

(где) па́хнет (па́хло) чем

В лаборато́рии па́хнет (па́хло) эфи́ром.
   There is (was) a smell of ether in the laboratory.
В во́здухе па́хло се́ном.
   There was a smell of hay in the air.

An alternate construction for пáхнуть used impersonally (see immediately above) and completely synonymous in meaning is the following construction (cf. IC VIII, 11.0).

(где) чу́вствуется (чу́вствовался) зáпах чего́

В лаборато́рии чу́вствуется (чу́вствовался) зáпах эфи́ра.
В во́здухе чу́вствовался зáпах сéна.

● EXERCISE 5

Read and translate the following.

1. Грéйпфрут - субтропи́ческий фрукт овáльной фо́рмы, жёлтого цвéта, с кисловáтым вку́сом и прия́тным зáпахом.

2. Сини́льная кислотá (HCN) явля́ется сильнéйшим я́дом.[1] Это бесцвéтная жи́дкость с неприя́тным вку́сом и рéзким зáпахом. Во рту́[2] он вызывáет ощущéние темноты́.

3. Пáхнут ли лучи́? Скáжем, лучи́ Рентгéна? Рентгенóлог скáжет, что при рабóте рентгéновском аппарáта в во́здухе всегдá чу́вствуется зáпах озóна. Этот газ образу́ется, когдá рентгéновские лучи́ прохóдят чéрез во́здух. Но речь идёт о том, пáхнет ли сáми лучи́. До сих пор этого никтó тóчно не знáет.

10.0 Identification of something by the *material of which it is made* is expressed by

Предмéт из чего́

пласти́нка из свинцá	- *a plate made of lead*
рези́на из пескá	- *silicon rubber*
вáза из бéлого мрáмора	- *a white marble vase*

An alternate expression is an adjective formed from a noun denoting a material.

свинцовáя пласти́нка	- *a lead plate*
песóчные часы́	- *an hourglass (lit. 'a sand clock')*
серéбряная лóжка	- *a silver spoon*
меховáя шáпка	- *a fur cap*
брóнзовый пáмятник	- *a bronze monument*

---

[1] яд *'poison'*   [2] р/о/т *'mouth'*

★ ПОЛЕЗНЫЕ СЛОВА

цена ВА	- price; worth, value
cf. ценный	- valuable
денежный	- monetary
cf. деньги	- money (pl. only; gen. денег)
СТОЙИ+ (что?)	- cost (sthg.)

♦♦♦ ТЕКСТ ДЛЯ ЧТЕНИЯ: <u>Рубль</u>

В Древней Руси мерой цены служили серебряные бруски.[1] Если вещь стоила меньше, чем брусок, то отрубали[2] такую часть, которая была нужна. Эти отрубленные части назывались рублями. Отсюда и пошло название основной денежной единицы России.

11.0 Objects may be particularized *quantitatively* as follows.

иметь	какие размеры	
	размеры в X (acc.) единиц	*(precise measurement)*
	размеры до X (gen.) единиц	*(upper limit of measurement)*
	размеры порядка чего[3]	*(approximate measurement)*
предмет	каких размеров	
	размером в X (acc.) единиц	*(precise measurement)*
	размером до X (gen.) единиц	*(upper limit of measurement)*
	размером порядка чего	*(approximate measurement)*
	на X (acc.) единиц	*(total possible capacity)*

The size or dimension (размер) may be expressed in terms such as: вес *'weight'*; глубина *'depth'*; длина *'length'*; ёмкость *'capacity'*; объём *'volume'*; площадь *'area'*; напряжение *'tension; voltage'*; сила *'force, power, capacity'*; ширина *'width'*.

На полке стоят сосуды различных размеров.
On the shelf are vessels of various sizes.

___

[1]брус/о/к *'bar'*   [2]отрубать *'chop off'*
[3]поряд/о/к *'order'*

Бассе́йн име́ет незначи́тельную (небольшу́ю) глубину́.
The swimming pool is not very deep.
Для о́пыта нужна́ ко́лба ёмкостью в две́сти миллили́тров.
A flask with a capacity of 200 mls. is needed for
the experiment.
Для о́пыта нужна́ ко́лба на две́сти миллили́тров.
For the experiment a 200 ml. flask is needed.
Неда́вно в на́шем го́роде постро́или но́вый теа́тр на 300
мест.
A new 300-seat theater was recently built in our
city.
О́стров отделя́ет от материка́ проли́в ширино́й в три кило-
ме́тра.
The island is separated from the mainland by a gulf
three kms. in width.

11.1 For the instrumental of measurement (предме́т раз-
ме́ром...), see IC VI, 2.0; 2.3.

11.2 Alternate constructions for име́ть разме́р в X (acc.)
едини́ц, предме́т разме́ром в X (acc.) едини́ц are: име́ть
разме́р X (gen.) едини́ц, предме́т разме́ром X (gen.) едини́ц.
На́ воду спущено́ но́вое су́дно водоизмеще́нием в де́сять ты́-
сяч тонн (водоизмеще́нием десяти́ ты́сяч тонн).
A new vessel with a 10,000-ton displacement has been
launched.

11.3 Note also the following constructions.

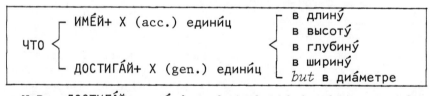

N.B.   ДОСТИГА́Й+ чего́ *'reach (sthg.)'* in this type of
construction emphasizes the considerableness of the size.
У́лица Го́рького в Москве́ достига́ет шести́десяти ме́тров в
ширину́.
Gorky Street in Moscow is 60 meters wide (lit. 'at-
tains 60 meters in width').
Пла́вательный бассе́йн ''Москва́'' име́ет со́рок пять ме́тров в
диа́метре.
The swimming pool "Moscow" is 45 meters in diameter.

11.4 The size or dimension may also be particularized as
follows.

Вес метеори́та - одна́ то́нна.

Вес метеори́та составля́ет одну́ то́нну.

Вес метеори́та достига́ет одно́й то́нны.

The weight of the meteorite is (amounts to) one ton.

♦♦♦ ТЕКСТ ДЛЯ ЧТЕ́НИЯ: Зна́ете ли вы,

...что протяжённость[1] Кремлёвских стен составля́ет 2
киломе́тра 235 ме́тров;

...что сте́ны Моско́вского Кремля́ име́ют 20 ба́шен;

...что са́мым высо́ким сооруже́нием[2] в Москве́ до́лгое
вре́мя счита́лась колоко́льня[3] Ива́на Вели́кого в Кремле́ (81
метр);

...что в настоя́щее вре́мя са́мое высо́кое сооруже́ние в
Москве́ - Останки́нская телевизио́нная ба́шня (о́коло 540 ме́-
тров);

...что на террито́рии Кремля́ нахо́дится "Царь-пу́шка"[4]
(ве́сом о́коло 40 тонн), отли́тая[5] в 1586 году́ ру́сским ма́с-
тером Андре́ем Чо́ховым и "Царь-колоко́л" (ве́сом в 200 тонн),
отли́тый в 1735 году́ Ива́ном Мото́риным;

...что са́мая больша́я пло́щадь Москвы́ - Кра́сная пло́-
щадь (о́коло 75 тыс. кв. ме́тров);

...что са́мый широ́кий проспе́кт Москвы́ - Ленингра́д-
ский. Его́ ширина́ достига́ет 120 ме́тров;

...что назва́ние Москва́ име́ют пять городо́в в разли́ч-
ных частя́х США , в Шотла́нде есть посёлок[6] Москва́, а в Па-
ри́же у́лица с таким назва́нием.

★ ПОЛЕ́ЗНЫЕ СЛОВА́

о́стров AB	- *island (nom. pl.* острова́)
су́тки A	- *day (i.e. a 24-hour period)*
	(pl. only; gen. су́ток)
ОБЪЯВЛЯ́Й+(-ся)I }	
ОБЪЯВИ́Й+(-ся)P	- *declare, announce*
ПРЕКРАЩА́Й+(-ся)I }	
ПРЕКРАТИ́+(-ся)P } что?	- *stop, discontinue (sthg.)*
одна́ко	- *however*
ОБНАРУ́ЖИВАЙ+(-ся)I }	
ОБНАРУ́ЖИ+(-ся)P }	- *detect, discover*

_____   (continued)

[1]протяжённость '*length*'   [2]сооруже́ние '*structure*'
[3]колоко́льня '*bell tower*'   [4]пу́шка '*cannon*'   [5]отли́ть
'*pour out, cast*'   [6]посёлок '*village, settlement*'

ЛИША́Й+ I } кого́ (acc.)?
ЛИШИ́+ P } чего́?   *- deprive s.o. of sthg.*

покро́в AA   *- cover*
cf. КРОЙ+   *- cover*

◆◆◆ ТЕКСТ ДЛЯ ЧТЕ́НИЯ: Остров Су́ртсей

    14 ноября́ 1963 го́да в Атланти́ческом океа́не у ю́жных берего́в Исла́ндии произошло́ подво́дное вулкани́ческое изверже́ние,[1] и над пове́рхностью океа́на подня́лся небольшо́й вулкани́ческий о́стров. За су́тки но́вый о́стров вы́рос: он уже́ име́л приме́рно 10 ме́тров в высоту́ и не́сколько сот ме́тров в длину́. На деся́тый день изверже́ния длина́ о́строва была́ о́коло 300 ме́тров, ширина́ до 650 ме́тров, а высота́ - до 100 ме́тров. Остров получи́л назва́ние Су́ртсей и был объя́влен исла́ндским госуда́рственным запове́дником.[2] К декабрю́ 1964 го́да о́бщая пло́щадь о́строва составля́ла 2,4 квадра́тных киломе́тра. В 1967 году́ изверже́ние прекрати́лось. Одна́ко в конце́ ма́я 1965 го́да был обнару́жен но́вый вулкани́ческий оча́г,[3] располо́женный в 800 ме́трах к восто́ку от Су́ртсея. С самолёта в э́том ме́сте был обнару́жен но́вый о́стров. В сентябре́ он дости́г 67 ме́тров в высоту́ и 650 ме́тров в диа́метре.

    Но э́тот о́стров оказа́лся недолгове́чным. Он был лишён брони́рующего[4] покро́ва, и во́ды океа́на дово́льно бы́стро размы́ли[5] его́.

Отве́тьте на сле́дующие вопро́сы:
1. Как называ́ется но́вый вулкани́ческий о́стров, находя́щийся у ю́жных берего́в Исла́ндии?
2. Ско́лько вулкани́ческих острово́в находи́лось там в ма́е 1965 го́да?
3. А ско́лько их там сего́дня?

12.0   Persons or things may be particularized or identified by constructions denoting their *source* or *origin*, *to whom they may belong*, or *to whom or to what they may pertain*. Such constructions may consist of possessive pronouns (его, её, их; свой), or, more frequently, of nouns in the genitive.

---

[1]изверже́ние *'eruption'*   [2]запове́дник *'sanctuary'*
[3]оча́г *'seat, center'*   [4]брони́рующий *'protecting'*
[5]*'washed away'*

12.1   For the use of его́, её, их versus свой, see IC IV,
10.0.   Remember that because the possessive pronoun-
adjective свой always refers back to the subject of the
sentence, it cannot be used to modify the subject, and
therefore is not normally used in the nominative.

An exception to this rule is the following construction in which свой, although modifying the grammatical
subject, refers to the *logical* subject which stands first
in the sentence.

у кого́ (есть)	свой уче́бник
	своя́ кни́га
	своё ме́сто
	свои́ ве́щи

● EXERCISE 8

Fill in the blanks with an appropriate possessive pronoun (мой, твой, наш, ваш, его́, её, их, or свой).

1. Вы получи́ли письмо́ от _____ сестры́?
2. _____ сестра́ присла́ла вам письмо́?
3. Вчера́ пришёл ко мне мой брат со _____ това́рищем.
4. Вчера́ пришли́ ко мне мой брат и _____ това́рищ.
5. Он познако́мил меня́ со _____ това́рищем.
6. _____ това́рищи у́чатся в университе́те.
7. Аспира́нт зако́нчил _____ диссерта́цию, _____ диссер-
    та́цию чита́л профе́ссор.
8. Зо́я рассказа́ла мне о _____ жи́зни, рабо́те, пла́нах.
9. Что ты зна́ешь о _____ рабо́те?
10. Ли́дия написа́ла _____ бра́ту о _____ возвраще́нии в
    Ленингра́д.
11. Мы узна́ли о _____ возвраще́нии в Ленингра́д от _____
    бра́та.
12. Мой друзья́ живу́т в Нью Йо́рке, у них _____ кварти́ра.
13. Я ви́дел всё э́то _____ глаза́ми.
14. Все должны́ найти́ _____ ме́сто в жи́зни.
15. Я зна́ю э́того студе́нта и _____ сестру́.

12.2   A noun in the genitive standing immediately after
another noun (which may be in any case) functions attri-
butively to identify the preceding noun more precisely.
See IC IV, 1.0.
   Дом Толсто́го сохраня́ется как музе́й.
      Tolstoy's house in Moscow is preserved as a museum.
   П.М. Третьяко́в собира́л карти́ны ру́сских худо́жников.
      P.M. Tret'jakov collected paintings by Russian artists.

Су́щность охра́ны приро́ды состои́т в том, что́бы разу́мно испо́льзовать все биологи́ческие ресу́рсы.

The essence of nature conservation (lit. 'of the conservation of nature) consists in the rational utilization of all biological resources.

Note the attributive use of the genitive in scientific expressions which define a phenomenon: law, theory, process, and the like.

зако́н сохране́ния эне́ргии	- *the law of conservation of energy*
реа́кция окисле́ния	- *the reaction of oxidation*
тео́рия относи́тельности	- *the theory of relativity*
то́чка плавле́ния	- *the melting point*

12.2.1 Exceptions to the attributive use of the genitive occur in some commonly used expressions in which the attribute denotes a scholarly discipline. Note the following:

| ле́кция экза́мен заня́тие посо́бие | по чему́? | (по фи́зике, по ру́сскому языку́, по матема́тике, по хи́мии, и т.д.) |

With words such as факульте́т, реа́кция, лаборато́рия, кабине́т, зако́н the attribute is usually expressed by an adjective formed from the name of the scholarly discipline.

физи́ческая лаборато́рия
филологи́ческий факульте́т
хими́ческие реа́кции

When the name of the scholarly discipline is itself more narrowly defined by an adjective, only the construction with the genitive can be used.

лаборато́рия я́дерной фи́зики
кабине́т неоргани́ческой хи́мии

N.B. The noun ка́федра is used only with the attributive genitive construction.

ка́федра матема́тики
ка́федра ру́сского языка́ и ру́сской литерату́ры

★ ПОЛЕ́ЗНЫЕ СЛОВА́

| связь AA | - *connection; communication* |
| СВЯ́ЗЫВАЙ+ I } СВЯ́ЗА+ P } | - *tie (together), link, connect* |

(continued)

знак AA	- *sign, mark; signal*
кра́йне	- *extremely*
cf. край	- *edge, border; region*
по сравне́нию с чем	- *by comparison with sthg.*

♦♦♦ ТЕКСТ ДЛЯ ЧТЕ́НИЯ: Язы́к свя́зи

У живо́тных существу́ет свой "язы́к" свя́зи. Зна́ками по́льзуются ку́ры и дельфи́ны, обезья́ны и ко́шки, пчёлы и слоны́.[1] Язы́к свя́зи живо́тных кра́йне примити́вен по сравне́нию с челове́ческим. Зна́ки живо́тных конкре́тны, те́сно свя́заны с ситуа́цией. Этой по́лной конкре́тностью они́ отлича́ются от вы́сших сигна́лов.

★ ПОЛЕ́ЗНЫЕ СЛОВА́

созна́ние A	- *consciousness, awareness*
мировоззре́ние AA	- *(world) outlook, one's philosophy (cf. German 'Weltanschauung')*
познава́емый	- *cognizable*

♦♦♦ ТЕКСТ ДЛЯ ЧТЕ́НИЯ: Материали́зм

Материали́зм - одно́ из двух гла́вных направле́ний в филосо́фии. В противополо́жность[2] идеали́зму, материали́зм счита́ет, что мате́рия перви́чно, а созна́ние втори́чно. Материалисти́ческое мировоззре́ние явля́ется осно́вой маркси́стской филосо́фии. Маркси́зм утержда́ет, что мир по свое́й приро́де материа́лен и познава́ем. Мате́рия не исчеза́ет и не создаётся, она́ ве́чна и бесконе́чна. Мате́рия облада́ет ря́дом суще́ственных свойств, главне́йшим из кото́рых явля́ется движе́ние. Движе́ние, как и мате́рия, ве́чно. Движе́ние име́ет абсолю́тный всео́бщий хара́ктер, но нигде́ и никогда́ не быва́ет абсолю́тного поко́я. Движе́ние абсолю́тно, поко́й относи́телен.

★ ПОЛЕ́ЗНЫЕ СЛОВА́

ПОНИМА́Й+ I₎ что?	- *regard, interpret sthg. as*
поня́ть P ⎰ под чем?	*sthg.*
ВЫЗЫВА́Й+ I	- *call forth, evoke*
ОСУЩЕСТВЛЯ́Й+(-ся)I₎	- *put into effect, realize, bring*
ОСУЩЕСТВИ́+(-ся)P ⎰	*into being (cf. существова́ть)*

(continued)

---

[1] ку́рица A (pl. ку́ры A) *'chicken, fowl'*; обезья́на AA *'monkey'*; ко́шка AA *'cat'*; пчёла́ BA *'bee'*; слон BB *'elephant'*
[2] в противополо́жность (чему́) *'in contrast (to sthg.)'*

непосре́дственный	- *direct*
ПРИТЯ́ГИВАЙ+ I	- *draw, attract*
ме́ра AA	- *measure*
ИЗМЕРЯ́Й+ I ⎫	
ИЗМЕ́РИ+ P ⎭	- *measure, survey*

◆◆◆ ТЕКСТ ДЛЯ ЧТЕ́НИЯ: Что тако́е меха́ника

    Пе́рвое, что мы наблюда́ем во вне́шнем ми́ре начина́я с рожде́ния - э́то разли́чные фо́рмы движе́ния и взаимоде́йствия мате́рии. Са́мая проста́я фо́рма движе́ния - механи́ческое движе́ние. Мы понима́ем под механи́ческим движе́нием изме-не́ние положе́ния како́го-нибудь те́ла относи́тельно други́х тел с тече́нием вре́мени. Движе́ние всегда́ есть результа́т взаимоде́йствия ме́жду тела́ми и́ли части́цами тел. Механи́-ческие взаимоде́йствия вызыва́ют перемеще́ния тел в про-стра́нстве, и́ли измене́ние фо́рмы тел (деформа́цию). Нау́ка, изуча́ющая основны́е зако́ны механи́ческого движе́ния и взаи-моде́йствия тел, называ́ется меха́никой.

    Механи́ческие взаимоде́йствия ме́жду тела́ми приво́дят к измене́нию коли́чества движе́ния э́тих тел и осуществля́ются и́ли непосре́дственным конта́ктом (теплово́з толка́ет ваго́н, кни́га да́вит на стол), и́ли дальноде́йствием (Земля́ притя́ги-вает ка́мень, Со́лнце притя́гивает Зе́млю).

    Величина́, явля́ющаяся ме́рой механи́ческого взаимоде́й-ствия материа́льных тел и́ли части́ц, из кото́рых состои́т те́-ло, называ́ется в меха́нике си́лой. В результа́те механи́чес-кого взаимоде́йствия бу́дет изменя́ться коли́чество движе́ния. Си́ла в меха́нике измеря́ется измене́нием коли́чества движе́ния те́ла. Поэ́тому ча́сто говоря́т, что основна́я зада́ча меха́ни-ки - э́то изуче́ние движе́ния материа́льных тел под де́йствием сил.

Indicate whether each of the following statements is true or false, basing your answers on the facts presented in the above text.

1. Меха́ника изуча́ет зако́ны движе́ния одного́ те́ла относи́-тельно друго́го в тече́ние вре́мени.

2. Деформа́цией называ́ются измене́ния положе́ния тел в про-стра́нстве.

3. Перемеще́ния тел в простра́нстве происхо́дят в результа́те механи́ческих взаимоде́йствий.

4. В меха́нике си́лой называ́ется величина́ взаимоде́йствия тел и́ли их части́ц.

5. Непосре́дственный конта́кт ме́жду двумя́ тела́ми приво́дит к измене́нию коли́чества их движе́ния.

(continued)

6. Количество движения изменяется в результате механического взаимодействия.
7. В механике мы понимаем под силой меру механического
взаимодействия тел или их частиц.

★ ПОЛЕЗНЫЕ СЛОВА

воля A   — (free) will
РУКОВОДИ+ I чем   — lead, guide, be in charge of
НАПРАВЛЯЙ+ I }   — direct (sthg.)
НАПРАВИ+ P } что
 cf. направление   — direction
собственность A   — property; ownership
 собственность на средства   — ownership of the means
   производства   production
 государственная соб-   — State property
   ственность
благосостояние A   — welfare
 cf. благо   — benefit
 and состояние   — condition
равный   — equal
обстоятельство AA   — circumstance
церковь AC   — church (gen. церкви, instr.
                                   церковью)
управление AA   — administration, government, op-
                                   eration, management
законодательный орган   — legislative body
исполнительный орган   — executive body
одинаковый   — the same; equal
ИЗБИРАЙ+ I/избрать P   — elect
независимо от чего   — regardless of (sthg.); indepen-
                                   dent of (sthg.)
 cf. зависеть от чего   — to depend on (sthg.)

◆◆◆ ТЕКСТ ДЛЯ ЧТЕНИЯ: Конституция Союза Советских
Социалистических Республик — основной закон Советского
Государства

      Союз Советских Социалистических Республик есть со-
циалистическое общенародное государство, выражающее волю
и интересы рабочих, крестьян и интеллигенции, трудящихся
всех наций и народностей страны. Коммунистическая партия
является руководящей и направляющей силой советского общества. Основу экономической системы СССР составляет социалистическая собственность на средства производства.
Основной формой социалистической собственности является
(continued)

госуда́рственная со́бственность.   Исто́чником ро́ста обще́ст-
венного бога́тства, благосостоя́ния наро́да и ка́ждого чело-
ве́ка явля́ется свобо́дный труд сове́тских люде́й.

Сове́тское гражда́нство явля́ется еди́ным для всего́ Со-
ю́за ССР.   Ка́ждый граждани́н сою́зной респу́блики явля́ется
граждани́ном СССР.   Гра́ждане СССР - равны́ пе́ред зако́ном
незави́симо от происхожде́ния, по́ла, образова́ния, нацио-
на́льной и ра́совой принадле́жности, отноше́ния к рели́гии,
ме́ста жи́тельства и други́х обстоя́тельств.   Це́рковь в СССР
отделена́ от госуда́рства, и шко́ла - от це́ркви.

Сою́з Сове́тских Социалисти́ческих Респу́блик - еди́ное
сою́зное многонациона́льное госуда́рство, кото́рое объедини́-
лось с други́ми сове́тскими респу́бликами в Сою́з Сове́тских
Социалисти́ческих Респу́блик.

Основна́я фо́рма госуда́рственного управле́ния СССР -
Сове́ты.   Они́ явля́ются непосре́дственной организа́цией са-
ми́х трудя́щихся.   Вы́сшим законода́тельным о́рганом явля́ется
Верхо́вный Сове́т Сою́за ССР, вы́сшим исполни́тельным о́рганом
- Сове́т Мини́стров СССР.   Верхо́вный Сове́т СССР состои́т из
двух пала́т: Сове́та Сою́за и Сове́та Национа́льностей.   Пала́-
ты Верхо́вного Сове́та СССР - равнопра́вы.   Сове́т Сою́за
представля́ет интере́сы всех трудя́щихся.   В Сове́те Нацио-
на́льностей ка́ждая респу́блика предста́влена одина́ковым
коли́чеством депута́тов незави́симо от величины́ террито́рии
и населе́ния.   На се́ссиях Верхо́вного Сове́та избира́ется
Прези́диум Верхо́вного Сове́та СССР.   Ме́жду се́ссиями Верхо́в-
ного Сове́та СССР фу́нкции вы́сшего о́ргана госуда́рственной
вла́сти осуществля́ет Прези́диум Верхо́вного Сове́та СССР.

Отве́тьте на сле́дующие вопро́сы.
1.   Как называ́ется основно́й зако́н Сове́тского госуда́рства?
2.   Как называ́ется основно́й зако́н на́шей страны́?
3.   Что составля́ет осно́ву экономи́ческой систе́мы Сове́т-
ского Сою́за?
4.   Что явля́ется основно́й фо́рмой социалисти́ческой со́б-
ственности?
5.   Кто явля́ется граждани́ном СССР?
6.   Объясни́те, что тако́е "Сою́зная респу́блика".
7.   Ско́лько в Сове́тском Сою́зе респу́блик?
8.   Что тако́е Сове́ты?
9.   Чем явля́ется Верхо́вный Сове́т СССР?
10. А чем явля́ется Сове́т Мини́стров СССР?
11. Из ско́льких пала́т состои́т Верхо́вный Сове́т СССР?
12. Кака́я пала́та представля́ет интере́сы трудя́щихся?
13. Чем отлича́ется Сове́т Национа́льностей?

● EXERCISE 9

Translate the following sentences into Russian. Use
the vocabulary and constructions found in the preceding
reading passages.

1. The main goal in eliminating illiteracy in Russia
   after the Revolution was to teach the people how
   to read and write.
2. A.P. Borodin was not only a remarkable composer.
   He was also well known for his scientific works in
   the field of chemistry.
3. The surface of the sun, which is called the photo-
   sphere, is the lower stratum of the solar atmosphere. Above it is a comparatively thin stratum
   called the chromosphere. Above the chromosphere
   extends the solar corona in which the kinetic
   temperature reaches 1,000,000° K.
4. Fiberglass differs from ordinary glass in that it
   is very strong. For this reason fiberglass is
   widely used in the aviation and electrical indus-
   tries.
5. By mechanical motion is meant the change in position of a body relative to other bodies.
6. Interaction between masses is accomplished either
   by direct contact or by remote effect.
7. The Communist Party is the guiding force of Soviet
   society.
8. Deformation is the change in the shape of a mass.
9. The basis of the economic system of the Soviet Union is socialist ownership of the means of production.
10. According to the Constitution of the USSR every
    citizen of the Soviet Union is equal before the
    law.
11. Materialism, the basis of Marxist philosophy, main-
    tains that matter is eternal and infinite and that
    motion is its most important property.

1.0 The composition of something may be stated in its totality or in part.

1.1 *Total composition* of something is expressed by the following verbal construction.

(что) состои́т из чего́?	*'(sthg.) consists of X'*

Со́лнечная атмосфе́ра состои́т из не́скольких слоёв.
The solar atmosphere consists of several strata.
Верхо́вный Сове́т СССР состои́т из двух пала́т.
The Supreme Council of the USSR consists of two Chambers.

1.2 The express *partial composition* of sthg., the following constructions are used.

что	⌐ содержит что (acc.)?	*'X contains sthg.'*
	содержится в чём?	*'X is contained in sthg.'*
	⌐ вхо́дит в соста́в чего́?	*'X forms a part of sthg.'*

Чугу́н соде́ржит при́меси ма́рганца, се́ры и фо́сфора.
Cast iron contains admixtures of manganese, sulphur, and phosphorus.
В чугуне́ соде́ржатся при́меси ма́рганца, се́ры и фо́сфора.
In cast iron there are admixtures of manganese, sulphur, and phosphorus.
В соста́в Сове́тского Сою́за вхо́дит 22 автоно́мных респу́блик.
The Soviet Union includes 20 autonomous republics.

2.0 To indicate that someone or something is *one of a number of similar persons or things*, or forms *part of a category of similar items*, the following verbal constructions are used.

(что)	⌐ отно́сится ┌ к чему́?	┐ *'belong to',*
	принадлежи́т ⌐ к числу́ чего́?	*'be numbered*
	⌐ вхо́дит во что?/в число́ чего́? ┘	*among'*

Рома́н А.Н. Толсто́го "Война́ и мир" принадлежи́т к числу́ лу́чших произведе́ний ру́сской и мирово́й литерату́ры (принадлежи́т к лу́чшим произведе́ниям...).
Tolstoy's novel <u>War and Peace</u> is one of the best works of Russian and world literature.

Зо́лото, серебро́ и мета́ллы плати́новой гру́ппы отно́сятся
к числу́ драгоце́нных мета́ллов (...отно́сятся к драгоце́н-
ным мета́ллам).

> Gold, silver, and the metals of the platinum group
> are numbered among the precious metals.

3.0 The *ratio of the part to the whole* is expressed as
follows.

(что) составля́ет каку́ю часть чего́
  '(sthg.) constitutes X part of sthg.'

кака́я часть
како́е коли́чество   }   чего́ прихо́дится {   на до́лю чего́
ско́лько проце́нтов   на что
  'X part (quantity, per cent) of sthg. is composed
  of Y'

Вода́ составля́ет 65% ве́са челове́ка.
> *Water constitutes 65% of a human being's weight.*

На до́лю минера́льных соле́й прихо́дится от 2 до 5% сухо́го
ве́са живо́го вещества́.
> *Mineral salts constitute from 2 to 5% of the dry*
> *weight of a living substance.*

16,3% о́бщего числа́ а́томов земно́й коры́ прихо́дится на
до́лю кре́мния.
> *Sixteen and three-tenths per cent of the total num-*
> *ber of atoms of the earth's crust is composed of*
> *silicon.*

В моле́кула воды́ на оди́н а́том кислоро́да прихо́дится два
а́тома водоро́да.
> *In a molecule of water, for one atom of oxygen there*
> *are two atoms of hydrogen.*

На Ти́хий океа́н прихо́дится 50% водно́й пове́рхности Земли́.
> *The Pacific Ocean contains 50% of the Earth's water*
> *surface.*

• EXERCISE 1
Read and translate the following sentences.

  1. Откры́тие зако́на сохране́ния эне́ргии отно́сится к вели-
     ча́йшим нау́чным откры́тиям.
  2. Кро́ме кре́мния[1] и углеро́да,[2] в гру́ппу углеро́да вхо́дят
     герма́ний, о́лово,[3] свине́ц.[4]
  3. Исто́рия отно́сится к гуманита́рным нау́кам.
                (continued)

---

[1]кре́мний *'silicon'*   [2]углеро́д *'carbon'*
[3]о́лово *'tin'*   [4]свине́ц *'lead'*

(Exercise 1, cont.)

4. В Сове́тском Сою́зе лю́бят кни́ги и мно́го чита́ют. Миллио́ны люде́й беру́т кни́ги в библиоте́ке. На ка́ждого челове́ка прихо́дится 16 библиоте́чных книг в год.

5. На всю ма́ссу Земно́й коры́ прихо́дится 2600 тонн плуто́ния.

6. Юпи́тер почти́ целико́м состои́т из водоро́да, на до́лю ге́лия прихо́дится то́лько 10%, а на все остальны́е элеме́нты - не бо́лее 5%.

7. В СССР на 500 челове́к прихо́дится оди́н врач.

8. На кислоро́д прихо́дится 21% атмосфе́ры Земли́.

9. Прибо́р состои́т из переда́тчика и двух генера́торов.

10. В соста́в прибо́ра вхо́дит переда́тчик.

11. Водяно́й пар,[1] находя́щийся в атмосфе́ре, не соде́ржит никаки́х соле́й.

12. Ещё в нача́ле про́шлого столе́тия бы́ло устано́влено, что в кро́ви[2] челове́ка соде́ржится желе́зо.

13. Всё живо́е состои́т в основно́м из четырёх элеме́нтов: углеро́да, азо́та,[3] кислоро́да и водоро́да.

14. Азо́т составля́ет 78% атмосфе́ры Земли́.

15. В соста́в Сове́тского Сою́за вхо́дит 15 сою́зных респу́блик.

4.0 The preposition ПО plus a cardinal numeral expresses the *ratio in the distribution or pricing of something (X amount each).*

In this use ПО is always followed by the dative of a numeral when that numeral is *one*, either expressed or understood. The accusative is always used when the numeral is два, три or четыре, and is usually used with other numbers as well. The case of the counted object is in accordance with the usual rules that govern their use with numerals (see IC Appendix V, C).

Ка́ждая из сою́зных респу́блик избира́ет в Сове́т Национа́льностей по 11 депута́тов.

Each of the Union Republics elects 11 deputies (a- piece) to the Council of Nationalities.

Да́йте мне, пожа́луйста, пять ма́рок по де́сять копе́ек.

Please give me 5 ten kopek stamps.

Мать дала́ де́тям по я́блоку (по одному́ я́блоку; по пять конфе́т).

Mother gave the children an apple each (five pieces of candy each).

---

[1]пар *'steam; vapor'*   [2]кровь *'blood'*   [3]азо́т *'nitrogen'*

★ ПОЛЕЗНЫЕ СЛОВА

власть АС	– *power*
советская власть	– *Soviet power, the Soviet form of government, the Soviet regime*
ОТРАЖАЙ+ I ОТРАЗИ+ Р }	– *reflect (back)*
(совместное) заседание	– *(joint) meeting*
заместитель АА	– *deputy; substitute*

♦♦♦ ТЕКСТ ДЛЯ ЧТЕНИЯ: <u>Высшие органы власти Советского</u>
<u>государства</u>

    Высшим органом государственной власти Советского Со-
юза является Верховный Совет СССР, избираемый на четыре
года. Так как Советский Союз - многонациональное государство, Верховный Совет СССР состоит из двух палат: Совета Союза, в котором представлены общие интересы всех
граждан СССР, независимо от их национальности, и Совета
Национальностей, отражающего в своей деятельности специ-
фические интересы народов СССР, связанные с их националь-
ными особенностями.

    В Совет Союза избирается один депутат от 300 тысяч
человек населения. А в Совет Национальностей выбирают по
32 депутата от каждой входящей в состав СССР союзной республики независимо от количества её населения. Каждая из
двадцати автономных республик посылает в Совет Национáль-
ностей по 11 депутатов, каждая из 8 автономных областей
- по 5 депутатов, каждый из 10 национальных округов - по
одному депутату.

    Высшим органом государственной власти союзной рес-
публики, является Верховный Совет этой республики. От
какого количества населения избирается депутат в Верховный Совет республики, установлено Конституцией каждой
республики.

    Верховный Совет СССР на совместном заседании обеих
палат избирает свой Президиум, который ведёт всю работу
между сессиями Верховного Совета. Президиум Верховного
Совета СССР состоит из 37 человек. В него входят: Пред-
седатель Президиума, 15 заместителей Председателя (по одному от каждой союзной республики), Секретарь Президиума
и 20 членов Президиума.

    Высшим исполнительным органом государственной власти
в стране является Совет Министров СССР, который формиру-
ется Верховным Советом и ответствен перед ним.

(continued)

Отве́тьте на сле́дующие вопро́сы.
1. Какова́ структу́ра Верхо́вного Сове́та СССР?
2. Ско́лько сою́зных респу́блик, автоно́мных респу́блик, автоно́мных областе́й и национа́льних округо́в вхо́дит в соста́в СССР?
3. От како́го числа́ гра́ждан выбира́ют депута́та в Сове́т Сою́за?
4. Ско́лько депута́тов выбира́ют в Сове́т Национа́льностей от ка́ждой сою́зной респу́блики?
5. Из ско́льких челове́к состои́т Прези́диум Верхо́вного Сове́та СССР?

1.0 *To compare* is expressed by the verbs сравни́ть and сопоста́вить in the following constructions.

```
СРА́ВНИВАЙ+ I ┐
СРАВНИ́+ P   │ } что и что } (по чему́?)
            │   что с чем
СОПОСТАВЛЯ́Й+ I │
СОПОСТА́ВИ+ P ┘
```

N.B. The constructions что и что and что с чем denote the items under comparison; по чему́ denotes the basis on which the comparison is made.

The verb сопоста́вить is used in conjunction with words denoting abstract concepts, rather than concrete objects.

Сравни́м бе́лый и кра́сный фо́сфор по их сво́йствам.
Let's compare the properties of white and red phosphorus.

В э́том о́пыте мы сра́вниваем бе́лый и кра́сный фо́сфор.
In this experiment we are comparing white and red phosphorus.

Пре́жде чем приня́ть како́е-либо реше́ние, сопоста́вьте все "за" и "про́тив".
Before making a decision, weigh (lit. 'compare') all the pros and cons.

2.0 *Similarity and dissimilarity* based on comparison are expressed variously.

2.1
одина́ков(ый)	'the same; identical'	} по чему́?
разли́чный	'different'	
(разли́чен)		

Температу́ра пове́рхности Вене́ры на дневно́й и ночно́й стороне́ плане́ты одина́кова.
The surface temperature of Venus is the same (identical) on the day and the night side of the planet.

Алма́з и графи́т разли́чны по свои́м сво́йствам.
Diamonds and graphite have different properties.

2.2
один и тот же	'(one and) the same'
тот же (са́мый), что...	'the same as...'
не тот, (что...)	'not the same (as...)'

Матема́тику на пе́рвом и второ́м ку́рсе чита́ет оди́н и тот
же профе́ссор.
> *The first and second year courses in mathematics are*
> *given by the same professor.*

Матема́тику на второ́м ку́рсе чита́ет тот же са́мый профе́с-
сор, что на пе́рвом ку́рсе.
> *The second year course in mathematics is given by*
> *the (very) same professor as the first year course.*

- Посмотри́, у нас те же места́, что на про́шлой неде́ле.
-- Нет, места́ не те, что бы́ли на про́шлой неде́ле.
> *"Look, we have the same seats as we did last week."*
> *"No, the seats are not the same ones as last week."*

N.B. Не тот is also used as the equivalent of the English 'wrong'.

Он взял в библиоте́ке не ту кни́гу.
> *He took the wrong book out of the library.*

Ма́ша написа́ла не то упражне́ние.
> *Masha wrote the wrong exercise.*

2.3

тако́й же..., как (и)...	*'the same X as...'*
так же (...), как (и)...	*'the same (...) as...';* *'as X as Y'*

N.B. Тако́й же..., как (и)... functions as an attributive adjective and is used with nouns and long adjectives. Так же (...), как (и)... functions as an adverb to modify adverbs, or as a short adjective to modify
a short predicate adjective.

У Бори́са тако́й же магнитафо́н, как у меня́.
> *Boris has the same kind of tape recorder as I have.*

Как де́лать э́то упражне́ние? - Так же, как и предыду́щее.
> *How should this exercise be done? The same way as*
> *the preceding one.*

Э́та зада́ча для меня́ так же трудна́, как для вас.
> *This problem is as difficult for me, as for you.*

● EXERCISE 1

Read and translate the following sentences.

1. Тита́н ле́гче желе́за, но облада́ет тако́й же про́чностью,
   как и желе́зо.
2. Со́лнце сего́дня тако́е же я́ркое, как и вчера́.
3. Мы с Анто́ном сдава́ли экза́мен в оди́н и тот же день.
4. Таки́е ре́зко разли́чные по свои́м сво́йствам вещества́,
   как графи́т и алма́з, явля́ются лишь ра́зными фо́рмами
   элеме́нта углеро́да.

(continued)

(Exercise 1, cont.)

5. Металл и пластмасса одинаковы по прочности, но различны по весу.

6. Сила тяготения[1] на полюсах и на экваторе имеет неодинаковую величину.

7. Сопоставив результаты опыта с расчётными данными,[2] исследователь пришёл к выводу, что верной оказалась первоначальная гипотеза.

8. Мне пришла в голову та же самая мысль, что и Нине.

9. Валерий живёт на том же этаже, что Андрей.

10. В читальном зале я обычно сижу на том же месте.

11. Дом номер 3 и дом номер 1 построены по том же проекту.

12. Наш преподаватель любит одну и ту же фразу повторять несколько раз.

★ ПОЛЕЗНЫЕ СЛОВА

опыт АА	- *experiment; experience*
ПОЗВОЛЯЙ+ I } кому делать что	- *permit s.o. to do sthg.*
ПОЗВОЛИ+ P	
значит	- *it means, that is to say*
наследство АА	- *inheritance*

♦♦♦ ТЕКСТ ДЛЯ ЧТЕНИЯ: Изменяются ли белки?

Не так давно был поставлен интересный опыт. Взяли египетскую мумию, пролежавшую в саркофаге около 5000 лет, выделили из неё белки[3] и изучили их. Оказалось, что эти белки точно такие же, как современные.

Зёрна ячменя[4] и пшеницы,[5] взятые из древних могил[6] и имеющие возраст нескольких тысяч лет, при посебе[7] всходили так же, как и современные ячмень и пшеница. Значит, белки этих древних зёрен точно такие же, как современные. Следовательно, природа обладает определённым механизмом, позволяющим передавать по наследству в тысячах и десятках тысяч поколений[8] одни и те же свойства белков.

                        (continued)

---

[1]тяготение '*gravity*'   [2]расчётные данные '*calculated data (theoretical figures)*'   [3]бел/о́/к '*protein*'
[4]ячмень '*barley*'   [5]пшеница '*wheat*'   [6]могила '*grave*'   [7]при посеве '*in sowing*'   [8]поколение '*generation*'

On the basis of the information given in the above paragraph, label the following sentences П (пра́вильно) or Н
(непра́вильно).
1. Белки́, взя́тые из еги́петской му́мии, оказа́лись таки́ми
же, как и совреме́нными.
2. О́пыты, проведённые учёными, доказа́ли, что совреме́нные
и дре́вние белки́ соверше́нно одина́ковы по свои́м сво́йствам.

2.2 *Similarity or resemblance* of persons and things may
also be expressed by the following adjective constructions.

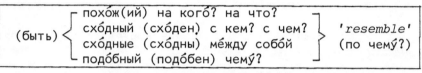

Грейпфру́т по вку́су похо́ж на апельси́н и лимо́н.
> In taste grapefruit resembles an orange and a lemon.

Очерта́ния берегов́ых ли́ний Австра́лии схо́дны с очерта́ни-
ями берегов́ых ли́ний Африки.
> The contours of the coast lines of Australia and the
> contours of the coast lines of Africa have features
> in common.

Большинство́ звёзд по свои́м разме́рам подо́бно Со́лнцу.
> The majority of stars are similar in size to the Sun.

Note also the following verbal construction.

| напомина́ть что (по чему́) | 'be reminiscent of sthg.' |

Геологи́ческое строе́ние Антаркти́ды напомина́ет геологи́-
ческое строе́ние Ю́жной Аме́рики.
> The geological structure of Antarctica bears a re-
> semblance to the geological structure of South Amer-
> ica.

2.5 *Dissimilarity* may be expressed by the verb отлича́ть-
ся in the following construction.

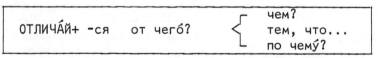

Алма́з отлича́ется от графи́та строе́нием кристалли́ческой
решётки (по строе́нию кристалли́ческой решётки).
> A diamond differs from graphite by the structure of
> its crystal lattice.

Инéртные гáзы отличáются от другѝх химѝческих элемéнтов тем, что онѝ не соединя́ются ни с какѝми элемéнтами.
Inert gases differ from other chemical elements in that they do not combine with any other elements.

Note also the construction:

в отлѝчие от чегó	'unlike sthg.' 'in contradistinction to sthg.'

Инéртные гáзы в отлѝчие от другѝх химѝческих элемéнтов не вступáют в реáкции.
Inert gases, unlike other chemical elements, do not enter into reactions.

2.5.1 *Total dissimilarity* is expressed by the following constructions.

не имéть ничегó óбщего с чем

Самолёты и подвóдные лóдки, сóзданные человéком, не имéют ничегó óбщего со свойми живыми прототипами - птѝцами и рѝбами.
Planes and submarines, which are man-made, have nothing in common with their living prototypes, birds, and fish.

★ ПОЛÉЗНЫЕ СЛОВÁ

как раз	– *just, exactly*
громáдный	– *vast, huge, enormous*
cf. огрóмный	– *huge*
УКÁЗЫВАЙ+ I } УКАЗÁ+ P } на что	– *show, indicate sthg.*
ПОДТВЕРЖДÁЙ+ I } ПОДТВЕРДѝ+ P }	– *confirm, corroborate*
cf. твёрдый	– *firm, hard*
вы́вод AA	– *deduction, inference*
противорéчие AA	– *contradiction*

♦♦♦ ТЕКСТ ДЛЯ ЧТÉНИЯ: Гипóтеза о происхождéнии материкóв

Существýет гипóтеза, что в дрéвние временá на Землé был едѝнственный огрóмный материк.[1] Но потóм какóй-то стрáшный толчóк[2] расколóл[3] материк на кускѝ.[3] Эти кускѝ
(continued)

---

[1]материк 'continent'   [2]толчóк 'tremor'
[3]расколóть на кускѝ 'split...into pieces'

стали отдельными материками, которые мы теперь называем
Африкой, Евразией, Америкой, Австралией.

В доказательство этой гипотезы учёные приводят много
фактов. Например, очертания береговых линий Австралии
сходны с очертаниями береговых линий Африки (Австралия
как раз входит в выступ Африки), контуры Америки очень
напоминают контуры Азии. Кроме того, материки, разделён-
ные громадными пространствами океанов, сходны по своему
растительному и животному миру.

Новые факты, подтверждающие эту гипотезу, были получены в результате исследований в Антарктиде. Здесь об-
наружены залежи каменного угля,[1] относящиеся к последнему
периоду палеозойской эры. Этот факт указывает на то, что
в далёкие времена здесь был совсем другой климат, очень
похожий на экваториальный, то есть можно предположить,
что шестой континент был когда-то экваториальной страной.
Учёные нашли также, что геологическое строение Антарктиды
напоминает геологическое строение Южной Америки - там
даже горообразование шло одинаково.

Хотя доказательств много, учёные не спешат сделать
окончательный вывод, слишком много ещё в этой загадке[2]
противоречивых фактов.

Ответьте на следующие вопросы.
1. С чем сходны очертания береговых линий Австралии?
2. Контуры какого материка напоминают контуры Азии?
3. Какой климат был когда-то в Антарктиде?
4. Геологическое строение какого материка напоминает
   строение Южной Америки?

3.0 To express the *equivalence or correspondence of
something to something else*, the following verb and adjective constructions are used.

РАВНЯЙ+ -ся чему?	} *be equal to*
(быть) равен (равна, равно, равны) чему?	
СООТВЕТСТВОВА+ чему?	- *correspond to*
СОСТАВЛЯЙ+ что?	- *constitute, comprise (sthg.)* (*be equal to*)

Угол А равен углу В.
   Angle A is equal to angle B.

---

[1]*'deposits of coal'*   [2]загадка *'riddle, enigma'*

Ма́сса ядра́ Гала́ктики равня́ется приме́рно 50-ти миллио́-
нам масс Со́лнца.

> *The mass of the nucleus of the Galaxy is approxi-*
> *mately 50 million times the mass of the Sun.*

Результа́ты пе́рвого экспериме́нта и результа́ты второ́го
экспериме́нта не соотве́тствуют друг дру́гу.

> *The results of the first and second experiments do*
> *not correspond.*

Во́зраст Земли́ составля́ет приме́рно 5 миллиа́рдов лет.

> *The Earth is approximately 5 billion years old.*

● EXERCISE 2

Read and translate the following sentences.

1. Ма́сса континента́льных льдов[1] Земли́ равня́ется 30 мил-
   лио́нам куби́ческих киломе́тров.
2. Ско́рость движе́ния Со́лнца равна́ 250 киломе́трам в се-
   ку́нду.
3. Минима́льное расстоя́ние от Земли́ до Вене́ры составля́ет
   143 миллио́на киломе́тров.
4. Температу́ра кристаллиза́ции вещества́ и температу́ра
   его́ плавле́ния[2] равны́.
5. Расстоя́ние от Со́лнца до ядра́ Гала́ктики составля́ет 30
   ты́сяч световы́х лет.

4.0 *Dissimilarity between two persons or items* may be
expressed as the *difference in the degree of a quality*
attributed to both.

4.1 Qualitative comparison is expressed by an adjective
in the comparative degree in either its simple or compound form.

длине́е { чего́? чем что?	в X (acc.) раз
бо́лее } дли́нный чем что? ме́нее	на X (acc.) едини́ц

For the formation of the comparative and for expressing the second part of the comparison, see IC V,
7.0-7.3.4; 10.0-10.2. For expressing gradations in the
comparison, see IC V, 11.0-11.6.

N.B. To express a lesser degree of the quality, only the compound comparative with the adverb ме́нее is possible.

---

[1] л/ё/д *'ice'*   [2] температу́ра плавле́ния *'melting point'*

Пове́рхность мирово́го океа́на в три ра́за бо́льше пове́рх-
ности (в три ра́за бо́льше, чем пове́рхность) контине́нтов
и острово́в.

> *The world ocean surface is three times greater than*
> *the surface of the continents and islands.*

Ура́льские го́ры ни́же Кавка́зских гор (ни́же, чем Кавка́з-
ские го́ры).

> *The Ural Mountains are lower than the Caucasus.*

Второ́й вариа́нт реше́ния бо́лее просто́й (бо́лее прост),
чем пе́рвый (про́ще пе́рвого).

> *The second version of the solution is simpler than*
> *the first.*

4.1.1 A comparison of the manner in which two actions
are performed is denoted by the comparative of an adverb,
which in form coincides with the simple form of the comparative adjective. See IC V, 9.0.

Свет распространя́ется во мно́го раз быстре́е, чем звук
(быстре́е зву́ка).

> *Light travels many times faster than sound.*

Макси́м чита́ет по-ру́сски лу́чше меня́.

> *Maxim reads Russian better than I do.*

4.2 When comparing *three or more items*, the highest degree of the quality is expressed by the *superlative* in
its simple or compound form.

са́мый интере́сный наибо́лее интере́сный интересне́йший	⎰ из чего́? ⎨ среди́ чего́? ⎱ где?
интере́снее	⎰ всего́ ⎨ всех ⎱ , чем все

For the formation of the simple and compound forms
of the superlative, see IC IV, 18.0-18.1; V, 8.0. For
the meaning of superlatives in -ЕЙШИЙ, -АЙШИЙ, see IC IV,
18.2.

★ ПОЛЕ́ЗНЫЕ СЛОВА́

кислоро́д AA   - *oxygen*
во́здух A   - *air*
по пра́ву   - *rightly*
во-пе́рвых   - *in the first place*
  cf. also во-вторы́х '*secondly*', во-тре́тьих '*thirdly*'
кроме́ того́   - *besides, moreover*

◆◆◆ ТЕКСТ ДЛЯ ЧТЕ́НИЯ: <u>Контра́сты в ми́ре элеме́нтов</u>

Са́мый распространённый элеме́нт в земно́й коре́ - кислоро́д: его́ 49,13%, а са́мый ре́дкий - ине́ртный газ ксе́нон. Его́ ме́ньше, чем кислоро́да, в 6 миллиа́рдов раз.

Наибо́лее тяжёлый из всех га́зов - радо́н. Он в 7,5 ра́за тяжеле́е во́здуха. Са́мый лёгкий среди́ га́зов - водоро́д.[1] Он в 14,4 ра́за ле́гче во́здуха. Водоро́д по пра́ву занима́ет пе́рвое ме́сто в табли́це Менделе́ева. Во-пе́рвых, э́тот просте́йший элеме́нт явля́ется са́мым распространённым в Со́лнечной систе́ме и Вселе́нной, а кро́ме того́, водоро́д - са́мый лёгкий элеме́нт в жи́дком и газообра́зном состоя́нии.

Ле́гче всех мета́ллов - ли́тий. Он почти́ вдво́е ле́гче воды́ и пла́вает[2] да́же в бензи́не. Наибо́лее тяжёлый из всех элеме́нтов - мета́лл о́смий. Он в 22,5 ра́за тяжеле́е воды́ и то́нет в са́мой тяжёлой жи́дкости - рту́ти.[3]

Отве́тьте на сле́дующие вопро́сы по-ру́сски:
1. Како́й газ са́мый тяжёлый? А како́й из всех га́зов са́мый лёгкий?
2. Како́й элеме́нт са́мый распространённый в Со́лнечной систе́ме и Вселе́нной? А како́й элеме́нт явля́ется са́мым распространённым в земно́й коре́?
3. В ско́лько раз мета́лл ли́тий ле́гче, чем вода́? А во ско́лько раз мета́лл о́смий тяжеле́е воды́?

Прочита́йте и переведи́те сле́дующий текст:

Сре́дняя продолжи́тельность жи́зни в дореволюцио́нной Росси́и (по да́нным 1896-1897 гг.) составля́ла 32 го́да, в настоя́щее вре́мя она́ составля́ет 70 лет, а поколе́ние,[4] роди́вшееся в 1975 году́, бу́дет жить в сре́днем 75 лет.

Обшая сме́ртность по сравне́нию с дореволюцио́нным вре́менем в СССР сни́зилась в 4 ра́за, де́тская - в 6 раз.

5.0 *Qualitative and quantitative differences* between two items may also be expressed by the verbs превосходи́ть *'to exceed/ to surpass'*, превыша́ть *'to exceed'*, and уступа́ть *'to yield (to)'*. Note the constructions used with these verbs.

---

[1]водоро́д *'hydrogen'*　　　　　[2]ПЛА́ВАЙ+ *'float'*
[3]ртуть *'mercury'*　　　　　　　[4]поколе́ние *'generation'*

```
                ┌─ ПРЕВОСХОДЍ+ I ┐
                │  превзойтѝ P   │ } что? (асс.)        ┐  по чему́?
                │  УСТУПА́Й+ I    │                     │  в X (асс.) раз
        что ┤   │  УСТУ́ПИ+ P     │ } чему́?             ├  на X (асс.)
                │  ПРЕВЫША́Й+ I   │                     │  едини́ц
                └─ ПРЕВЫ́СИ+ P    │ } что? (асс.)       ┘
```

Железобето́н по ка́чествам превосхо́дит желе́зо и де́рево.

> *The qualities of reinforced concrete surpass those*
> *of iron and wood.*

Расстоя́ние до ближа́йшей к нам звезды́ превыша́ет рассто-
я́ние до Со́лнца в 270 ты́сяч раз.

> *The distance to the star closest to us is 2,700*
> *times greater than the distance to the Sun (lit.*
> *'exceeds the distance to the Sun by 2,700 times').*

На ле́тнем не́бе о́чень хорошо́ видна́ Вене́ра, в ию́ле её
я́ркость уступа́ет я́ркости то́лько Со́лнца и Луны́.

> *Venus is very visible in the summer sky. In July*
> *only the Sun and the Moon are brighter (lit. 'its*
> *brightness yields only to the brightness of...').*

★ ПОЛЕ́ЗНЫЕ СЛОВА́

объём	АА	- *volume*
луч	ВВ	- *ray*

● EXERCISE 3

Read and translate the following sentences and passages.

1. Объёмы звёзд-гига́нтов в миллио́ны и да́же миллиа́рды
   раз бо́льше объёмы Со́лнца.
2. Ско́рость совреме́нных самолётов превыша́ет ско́рость
   зву́ка.
3. Ско́рость косми́ческих луче́й близка́ к ско́рости све́та,
   да́же у са́мых ме́дленных и тяжёлых части́ц она́ бо́льше
   100-200 ты́сяч киломе́тров в секу́нду.
4. Ско́рость мо́лнии[1] в 40 раз вы́ше ско́рости артиллери́й-
   ского снаря́да.[2]
5. Объём земли́ в 1380 раз ме́ньше объёма Юпи́тера.
6. Обнару́жено, что наблюда́емая на́ми часть Вселе́нной
   расширя́ется. Чем да́льше от нас Гала́ктика, тем
   быстре́е она́ от нас удаля́ется. При э́том уже́ обна-
   ру́жены ско́рости удале́ния, кото́рые превыша́ют 40 ты́сяч
   (continued)

---

[1]мо́лняя *'lightning*
(military)'   [2]артиллери́йский снаря́д *'shell*

(Exercise 3, cont.)
    киломе́тров в секу́нду.   Приро́да э́того явле́ния оста-
    ётся пока́ ещё не совсе́м я́сной.
7. Что́бы расшифрова́ть[1] хими́ческое строе́ние инсули́на -
    одного́ из наибо́лее просты́х белко́в[2] - потре́бовалось
    10 лет интенси́внейшей и трудне́йшей рабо́ты.
8. Своего́ отдалённого пре́дка[3] - неандерта́льца - мы при-
    вы́кли представля́ть низколо́бым,[4] со ско́шенным под-
    боро́дком.[5]   После́дние иссле́дования показа́ли, что
    неандерта́лец не уступа́л совреме́нному челове́ку по
    разме́ру мо́зга.[6]

● EXERCISE 4

Read the following passage. Then label the sentences
given below either П (пра́вильно) or Н (непра́вильно),
basing your answers on the information given in the
passage.

    Са́мая краси́вая у́лица в Ленингра́де - э́то Не́вский
проспе́кт, центра́льная у́лица го́рода.   Но э́то не са́мая
дли́нная у́лица Ленингра́да.   По длине́ Не́вский проспе́кт
уступа́ет Моско́вскому проспе́кту, протяжённость кото́рого
превыша́ет де́сять киломе́тров.   Неда́вно на́чали стро́ить
у́лицу, кото́рая превзойдёт Моско́вский проспе́кт по длине́
в че́тыре с ли́шним ра́за.

1. Са́мая дли́нная у́лица Ленингра́да превы́сит Моско́вский
проспе́кт по протяжённости на три́дцать с ли́шним кило-
ме́тров.
2. Моско́вский проспе́кт уступа́ет Не́вскому проспе́кту по
длине́.

---

[1]расшифрова́ть *'to decipher'*   [2]бело́к *'protein'*
[3]пре́док *'ancestor'*   [4]cf. лоб *'forehead'*
[5]ско́шенный подбородо́к *'receding chin'*
[6]мозг *'brain'*

1.0 Grammatically the perfective presents the verbal
action as a single unit - an action begun, performed,
and brought to completion (fulfilled action), frequently
with a result obtained (resultative action). For an ex-
planation of aspect and aspectual formation, see IC VI,
8.0-11.3. For aspect and time expressions, see IC VII,
7.0 and Topic 6, 3.0-7.0.
    Серге́й вы́шел из до́ма ра́но у́тром. (fulfilled action)
        Sergej left the house early in the morning.
    Ма́льчик реши́л все зада́чи. (resultative action)
        *The boy solved (found the answers to) all the prob-
        lems.*
    The imperfective names the action without reference
to its beginning or end. It may simply identify the type
of action, e.g. *read* (not write or listen), *run* (not walk
or ride), etc., or it may depict the action in its progress, or as one that is repeated or habitual.
    Вчера́ на уро́ке ученики́ писа́ли дикта́нт. (imperfective:
naming the type of action)
        Yesterday in class the pupils wrote a dictation.
    Когда́ Ири́на пришла́ ко мне (perfective: fulfilled ac-
tion), я писа́ла (imperfective: action in progress)
свой докла́д.
        When Irene came to see me, I was writing my paper.
    На про́шлой неде́ле преподава́тель объясня́л э́то пра́вило
не́сколько раз (imperfective: repeated action), но Во-
ло́дя его́ всё ещё не понима́ет.
        *Last week the instructor explained the rule several
        times, but Volodya still doesn't understand it.*
    From these basic grammatical meanings are derived
all the uses of both the imperfective and the perfective.
Depending on the context in which the statement is made,
the lexical meaning of the verb, the information the
speaker wishes to convey, as well as some other factors,
the choice of either imperfective or perfective verb im-
parts to the statement various nuances of meaning. In
this section some of the most frequently occurring uses
of the aspects will be presented. You are already familiar with some of them.

2.0 SIMULTANEOUS VERSUS SEQUENTIAL ACTION

Two or more actions occurring simultaneously, or
with no reference to their sequence are expressed by the
imperfective.

Мы шли и расска́зывали друг дру́гу о себе́.

We walked along and told each other about ourselves.

В свобо́дное вре́мя мы чита́ли, писа́ли пи́сьма, разгова́ри-
вали и игра́ли в ка́рты.

In our free time we read, wrote letters, chatted,
and played cards.

One action brought to conclusion before another is begun
(sequential action) is expressed by the perfective.

В чита́льный зал вошёл молодо́й челове́к. Он сра́зу сел
за стол и стал что́-то писа́ть.

Into the reading room came a young man. He immedi-
ately sat down at a table and began to write some-
thing.

3.0 THE IMPERFECTIVE TO DENOTE A SINGLE COMPLETED ACTION

A single action brought to completion is usually expressed by a perfective verb. However, when attention is
focused not on the fulfillment of the action, or its result, but on whether the action itself did (or did not)
indeed occur; or, when emphasis is not on the verbal action, but on some other element of the sentence, the imperfective is used. Compare the meanings of the following pairs of sentences.

- Ты чита́л после́дний но́мер журна́ла "Сове́тский Сою́з"?
-- Нет, не чита́л.

"Did you read the last issue of Sovetskij Sojuz?"
"No, I didn't."

(The speaker is not interested in knowing whether his
companion has finished reading the magazine. He wants
to know whether or not the action took place.) But:

- Я могу́ дать вам э́тот журна́л. Я его́ уже́ прочита́л.

"I can give you that magazine. I've already read
(finished reading) it."

Кто писа́л э́тот рома́н?
Этот рома́н писа́л Толсто́й.

Who wrote this novel?
This novel was written by Tolstoy.

(The novel has obviously been completed. Interest, however, is focused on who the author was.) But:

Аспира́нт написа́л о́чень интере́сный докла́д.

> *The graduate student wrote a very interesting report.*

(Here emphasis is on the result of the action.)

Сего́дня мы обе́дали в два часа́.

> *Today we had dinner at two o'clock.*

(Dinner is over and we have finished eating. The emphasis in this sentence is not on the fact that we have dined, but on the time the action took place.) <u>But:</u>

Вы пообе́дали? Тогда́ пойдём.

> *Have you had dinner? Then let's go.*

(Here we want to know whether the action has been completed, so that we can proceed to another action.)

● EXERCISE 1

Identify the aspect of the verbs in each of the following sentences and explain their aspectual meaning. Translate each sentence. Can the distinction between imperfective and perfective meanings be rendered in English in all of these sentences?

1. Когда́ я пришёл к това́рищу, он гото́вился к выступле́нию на семина́ре.
2. Выступле́ние аспира́нта оказа́лось о́чень интере́сным. Ви́дно бы́ло, что он хорошо́ подгото́вился.
3. Вчера́ на заня́тиях мы чита́ли но́вый текст и переводи́ли его́.
4. Вчера́ на заня́тиях мы прочита́ли но́вый текст и перевели́ его́.
5. Преподава́тель прочита́л студе́нтам но́вый текст, пото́м стал задава́ть вопро́сы.
6. Ко́ля весь ве́чер чита́л э́ту статью́.
7. Студе́нты возвраща́лись домо́й и ве́село разгова́ривали.
8. Брат верну́лся домо́й с рабо́ты о́чень по́здно и сейча́с же лёг спать.
9. Когда́ Ви́тя учи́л но́вые слова́, я писа́л письмо́ сестре́.
10. Когда́ по́езд останови́лся, пассажи́ры ста́ли выходи́ть из ваго́на.
11. Когда́ я учи́лся в Ленингра́де, я ча́сто писа́л домо́й.
12. В па́рке под дере́вьями бы́ло поста́влено не́сколько скаме́ек. Здесь в свобо́дное вре́мя собира́лась молодёжь.
13. Ди́ма откры́л окно́, но оно́ сра́зу закры́лось.
14. Това́рищи внима́тельно слу́шали меня́ и никто́ из них не возража́л.[1]

(continued)

---

[1] ВОЗРАЖА́Й+ I *'object'*

(Exercise 1, cont.)
15. Алёша читал эту книгу два дня.
16. Алёша прочитал эту книгу за два дня.
17. Девушка спросила меня, откуда я приехал.
18. Когда мы выходили из метро, мы встретили одного из наших знакомых.
19. Вера получила письмо, которое она очень ждала, и быстро открыла конверт.
20. Когда Митя решал задачу, он сделал ошибку.
21. Мы закончили лабораторную работу и пошли домой.
22. В то время когда студенты отвечали на вопросы, в аудиторию вошёл декан факультета.
23. Что ты делал вечером? -- Я учил новые слова.
    А разве[1] преподаватель задавал какие-нибудь новые слова? -- Задавал.
    А ты выучил? -- Кажется, да.
24. Ты когда-нибудь посылал на почте книги?
25. Почему ты вчера не пошёл с нами в кино? -- Я встречал своего друга, который приехал из Киева.
26. Тебе нужно делать лабораторную работу по химии?
    -- Нет, я её уже выполнил.
27. Вы были очень заняты? -- Да, я переводила очень интересную статью.
28. Тебе нужна ещё газета? -- Нет, я уже прочитал её.
29. Почему тебе легко было читать новый текст? -- Я выучил все слова.
30. Ты сейчас слушал радио? -- Нет, я учил новые слова.
31. Во время экскурсии автобус где-нибудь останавливался? -- Да, он остановился на Красной площади.
32. Вы занимались в библиотеке? -- Да, я писал упражнение.
33. Борис работал в лаборатории? -- Нет, он отдыхал.
34. Преподаватель сказал, что все хорошо подготовились к экзамену.
35. Я писал эту статью целый месяц.
36. Я написал эту статью за месяц.
37. Вчера на собрании выступал Слава. Очень удачно выступил.

---

[1]разве *'really'*

4.0 THE IMPERFECTIVE TO DENOTE A TWO-WAY ACTION OR AN-NULLED RESULT

The *imperfective past tense* of a limited number of verbs may indicate within the appropriate context that the action has been undone, or that the result of an action completed in the past has been cancelled at the moment of speech. The perfective past of the same verbs indicates that the result of the action is still valid at the moment of speech.

-- Как хо́лодно здесь! Кто открыва́л окно́?
  "How cold it is here. Who had the window open?"
  (The window is now closed.)
Проходя́ ми́мо нас, он снима́л шля́пу.
  As he passed by us he took off his hat (and put it
  on again). But:
Проходя́ ми́мо нас, он снял шля́пу и поздоро́вался с на́ми.
  As he passed by us he took off his hat and greeted
  us (the hat was still off).
- Я ви́дел у тебя́ рома́н В. Некра́сова "Ки́ра Гео́ргиевна".
Дай мне его́ почита́ть.
-- Я брал э́ту кни́гу в библиоте́ку и уже́ сдал её.
  "I noticed that you had Nekrasov's novel Kira Geor-
  gievna. Would you let me read it?" (Lit. 'Give it
  to me to read.')
  "It was a library book (I took it out of the library
  and no longer have it) and I have already returned
  it." But:
- Это твоя́ кни́га?
-- Нет, я взял её в библиоте́ке.
  "Is that your book?"
  "No, I got it from the library (the book is here)."
Мой брат живёт в Калифо́рнии. Ле́том он приезжа́л ко мне.
  My brother lives in California. He came to see me
  last summer (and returned; he is no longer here).
  But:
Ко мне прие́хал мой брат.
  My brother came to see me (and is still here).
В ма́е Ольга Дми́триевна уезжа́ла из Москвы́.
  In May Olga Dmitrievna left Moscow (and returned;
  she is back now). But:
Ольга Дми́триевна уе́хала из Москвы́.
  Olga Dmitrievna left Moscow (she is not there now).
The meaning of two-way action or annulled result is most frequently found in the imperfective prefixed verbs of lo-comotion. It is also found in the verbs брать, дава́ть, от-крыва́ть, закрыва́ть, класть, убира́ть, ста́вить and others.

5.0 THE PERFECTIVE TO DENOTE A CONTINUING RESULTANT STATE

A verb in the *perfective past* may imply that the state resulting from a past action remains in force at the moment of speech. In English this meaning is frequently rendered by the present tense or the present perfect.

Я забы́л её а́дресс.
I forget his address (I have forgotten...).

Вы по́няли, что я вам сказа́л?
Do you understand what I told you (Have you understood...)?

Он привы́к мно́го рабо́тать.
He is used to working a lot (He has become accustomed...).

Ми́ша опозда́л на уро́к.
Misha is late for class (Misha has come to class late).

Сего́дня я о́чень уста́л.
I'm very tired today (The action of tiring took place in the past leaving a resultant state).

Вы с ума́ сошли́!
You're crazy (lit. 'You've gone out of your mind')!

Мне понра́вился э́тот фильм. Я хочу́ посмотре́ть его́ ещё раз.
I like that film. I want to see it again.

Го́род широко́ раски́нулся.
The city sprawls over a wide area. (The action of spreading out has already taken place. The resulting spread persists at the moment of speech.)

Он полюби́л её.
He became very fond of her (and remains fond of her).

5.1 Sentences with the imperfective past of the same verbs have different implications, depending on the lexical meaning of the verb. The imperfective may denote that:

5.1.1 The resultant state is not in force at the moment of speech:

Он её люби́л.
He loved her (but no longer does).

5.1.2 The resultant state existed in the distant past, but no reference is made to its continued existance at the moment of speech:

В де́тстве мне о́чень нра́вились таки́е расска́зы.
In my childhood I used to like such tales.

5.1.3 Repeated action:

В про́шлом семе́стре он ча́сто опа́здывал на уро́к.
Last semester he was often late for class.

5.1.4 Gradual development of the action:

Он привыка́л к свое́й рабо́те с больши́м трудо́м.
He grew accustomed to his work with great difficulty.

6.0 IMPERFECTIVE AND PERFECTIVE TO DENOTE REPEATED ACTION IN THE PAST

Repeated action is one of the basic uses of the imperfective. However, to denote that an action is repeated several times in succession, with no intervening time period between the actions, the perfective is used. The use of the perfective instead of the imperfective denotes that the action, although repeated, is regarded as a single unit because no interval of time lapsed between the performance of each action.

Я не́сколько раз повторя́л э́тот материа́л.
I went over that material several times. (Imperfective: the action was performed on repeated occasions; a time interval intervened between the performance of each action.) But:

Что́бы запо́мнить сло́во, я не́сколько раз повтори́л его́ про себя́.
In order to memorize the word I repeated it to myself several times. (Perfective: the word was repeated several times over without interruption.)

● EXERCISE 2

Determine the aspect and aspectual meaning for each of the verbs in the following sentences. Translate the sentences.

1. Мать се́ла к окну́ и перечита́ла письмо́ от сы́на не́сколько раз.

(continued)

(Exercise 2, cont.)

2. Мо́жет быть, она́ ждёт нас на у́лице? -- Нет, я то́лько что выходи́ла на у́лицу, её там нет.

3. Снача́ла мы ничего́ не ви́дели, но пото́м мы уви́дели како́й-то дви́жущийся предме́т.

4. Вы забы́ли переда́ть ему́ мою́ про́сьбу?

5. Я хочу́ спроси́ть её о её пла́нах.

6. Ле́на научи́лась рабо́тать самостоя́тельно.

7. Ве́чером мы собрали́сь у това́рища, кото́рый на сле́дующий день уезжа́л в экспеди́цию.

8. Ле́том мы впервы́е бы́ли в Ки́еве. Нам о́чень понра́вился э́тот го́род.

9. Я встава́л сего́дня, но пото́м почу́вствовал себя́ пло́хо и сно́ва лёг.

10. Отку́да у тебя́ э́тот магнитофо́н? -- У меня́ нет своего́ магнитофо́на. Этот я взял у това́рища.

11. Я снима́л фотогра́фию, что́бы лу́чше рассмотре́ть, я пото́м пове́сил её.

12. Вы принесли́ кни́гу, как вы обеща́ли? -- Я приноси́л вчера́, а сего́дня забы́л принести́.

13. Лицо́ э́того челове́ка мне знако́мо, но и́мя его́ я забы́л.

14. Анна дава́ла мне почита́ть о́чень интере́сную кни́гу.

15. В де́тстве ему́ нра́вилась опере́тта, в ю́ности он полюби́л му́зыку Чайко́вского и Бетхо́вена, Чайко́вский и сейча́с его́ люби́мый компози́тор.

16. Ты обеща́л показа́ть нам интере́сные фотогра́фии. Принёс? -- Нет, я не взял с собо́й.

17. Сего́дня я уже́ слы́шал по ра́дио после́дние но́вости.

18. Учени́к два ра́за прочита́л пе́рвое предложе́ние упражне́ния, а пото́м перевёл его́.

19. Я повторя́л э́то пра́вило уже́ не́сколько раз, но ка́ждый раз опя́ть забыва́ю.

20. Преподава́тель повтори́л вопро́с три ра́за.

21. Утром я открыва́л окно́, но сейча́с в ко́мнате опя́ть ду́шно.

7.0 ASPECT IN NEGATED SENTENCES

Both the perfective and the imperfective occur in negated sentences.

7.1   A negated imperfective verb denotes that the action
is categorically denied.   In this meaning it is frequently accompanied by negated pronouns or adverbs intensify-
ing the negation (see IC X, 9.3).   A negated imperfective verb may also imply no attempt to undertake the action or to bring it to a successful conclusion.
- Коля получил телеграмму?
-- Никакой телеграммы он не получал.
   "Did Kolya get a telegram?"
   "He didn't get any telegram."   *(Categorical denial*
   of the action.)
Мальчик ещё не решал задач, которые ему задали.
   The boy still hasn't done (tried to solve) the
   problems which were assigned to him.   (The action
   was not undertaken.)
Говорят, что эта книга где-то продаётся, но я ещё не
искал её.
   I'm told that this book is for sale somewhere, but
   I haven't looked for it yet.   (Action not under-
   taken.)

7.2   A negated perfective verb denotes that the expected
or desired result of the action was not obtained, or that
the subject expected or desired to perform the action,
but for some reason was unable to accomplish it.
Он не решил задачу.
   He didn't solve the problem.   (Unsuccessful result.)
Лена заболела и не пошла на экскурсию.
   Lena took sick and didn't go on the excursion.

8.0   SOME OBLIGATORY USES OF IMPERFECTIVE AND PERFECTIVE INFINITIVES

   After certain verbs taking an infinitive as a complement, only the imperfective can be used.   After other
verbs only the perfective infinitive is possible.

8.1   Imperfective infinitives are obligatory after any
verb meaning to *begin*, *continue*, or *stop*.
Он уже давно бросил курить.
   He stopped smoking a long time ago.
Она долго продолжала смотреть в окно.
   She continued to look out the window for a long time.
Пушкин начал писать "Евгения Онегина", когда ему было
двадцать четыре года.
   Pushkin began to write Eugene Onegin when he was
   twenty-four years old.

Как то́лько де́вочка вошла́ в ко́мнату, взро́слые переста́ли говори́ть.

> *As soon as the little girl entered the room, the grownups stopped talking.*

Imperfective infinitives are also obligatory after the verbs привыка́ть (привы́кнуть);'*to become accustomed to*' учи́ться (научи́ться) '*to learn*'.

Мы привы́кли всё де́лать самостоя́тельно.

> *We are accustomed to doing everything on our own.*

Ма́льчик научи́лся писа́ть ле́вой руко́й.

> *The boy learned to write with his left hand.*

8.2 Perfective infinitives are used after the perfective verbs забы́ть '*to forget*', успе́ть '*to have time to*', and the impersonal verb уда́ться (уда́стся, удало́сь)'*to succeed*'. (For impersonal verbs, see IC VIII, 8.3.)

Я забы́л принести́ с собо́й уче́бник.

> *I forgot to bring the textbook with me.*

Ма́ша не успе́ла прочита́ть э́ту статью́.

> *Masha didn't find the time to read that article.*

Мне удало́сь ко́нчить э́ту рабо́ту за два часа́.

> *I succeeded in getting that work done in two hours.*

9.0 ASPECT IN MODAL SENTENCES DENOTING NECESSITY AND
     OBLIGATION

The infinitive in the constructions given below denoting necessity or obligation is *normally perfective*.

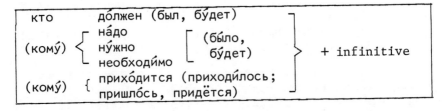

Вы должны́ прочита́ть э́ту статью́.

> *You ought to read that article.*

Вам обяза́тельно на́до посмотре́ть э́тот фильм.

> *You must be sure to see that film.*

Эти слова́ необходи́мо вы́учить.

> *It's essential to learn these words.*

Он уезжа́ет сего́дня, в понеде́льник ему́ придётся быть в Берли́не.

> *He's leaving today. He has to be in Berlin on Monday.*

Note, however, that не на́до, не ну́жно normally require an *imperfective infinitive.*

Име́ет ли смысл переписа́ть э́ту рабо́ту? -- Не на́до её перепи́сывать.

> *"Is there any sense in rewriting this work?" "You don't have to rewrite it."*

Мне не ну́жно возвраща́ть кни́гу сего́дня.

> *I don't have to return the book today.*

10.0 PERFECTIVE OR IMPERFECTIVE INFINITIVE AFTER НЕЛЬЗЯ́

Нельзя́ has two meanings depending on whether the dependent infinitive is imperfective or perfective.

10.1 Нельзя́ plus *imperfective infinitive* implies that the performance of the action is prohibited or inadvisable.

Здесь нельзя́ кури́ть.

> *Smoking is prohibited here.*

Нельзя́ чита́ть чужи́е пи́сьма.

> *You mustn't read other people's letters.*

В э́том ме́сте у́лицу нельзя́ переходи́ть, потому́ что здесь нет перехо́да.

> *You must not cross the street at this spot, because there is no crossing here.*

10.2 Нельзя́ plus *perfective infinitive* indicates the inability to achieve the desired result of the action ('it's impossible', 'one cannot').

Нельзя́ доби́ться успе́ха без большо́го труда́.

> *Success cannot be achieved without a lot of effort.*

Мы потеря́ли ключ, и тепе́рь дверь нельзя́ откры́ть.

> *We lost the key and now it's impossible to open the door.*

11.0 ASPECT IN THE IMPERATIVE

Both the perfective and the imperfective occur in imperative statements. For the formation of the imperative, see IC VIII, 13.0-13.4.

11.1 The *perfective imperative*, in accordance with the basic meaning of that aspect, indicates that the speaker is interested in the fulfillment of the action or in the realization of the result of the action requested of the person addressed.

Мы вас ждём, ответьте на вопрос.
    We're waiting. Answer the question.
Завтра непременно придите ко мне.
    Come to see me tomorrow without fail.
Помогите мне закончить эту работу.
    Help me finish this work.
Посмотрите этот фильм. Он вам очень понравится.
    Go see that film. You'll like it a lot.

11.2 In choosing the *imperfective*, the speaker may be
urging or inviting the person addressed to *proceed with
the performance of an action*, or to *continue an action*
after interruption. He could also be focusing on the
manner in which the action is to be performed, rather
than the action itself, or denote that the action is to
be a *repeated one*.
    Говорите медленее.
        Speak more slowly.
    Вы готовы? Пишите.
        Are you ready? Write.
    - Если хочешь, я тебе прочитаю свои новые стихи.
    -- Читай.
        "If you want, I'll read you my new verses."
        "Go ahead."
    Что же вы замолчали? Рассказывайте!
        Now why have you stopped (lit. 'fallen into si-
        lence')? Go on with your story.
    Каждый день делайте утреннюю зарядку.
        Do morning setting-up exercises every day.

11.3 In spoken Russian, a frequently occurring nuance
of the imperfective imperative is that of polite invitation, as opposed to the more neutral, or more categorical
command or request expressed by the perfective.
    Садитесь, пожалуйста. (Cf. Сядьте поближе к окну.)
        Do have a seat. (Cf. Take a seat closer to the
        window.)
    Приходите ко мне завтра.
        Do come to see me tomorrow.

11.4 In the expository style, the *first person plural
perfective without an accompanying pronoun* occurs frequently to denote an invitation or recommendation to perform a collaborative action (see IC VIII, 13.3).

Произведём несколько опытов. Поместим на стеклянную
пластинку настолько малую каплю ртути, что вес её не
будет играть заметной роли. Мы заметим, что капелька
примет форму шара. Раздавим её второй пластинкой в
плоскую лепёшку. Если снять верхнюю пластинку, капелька вновь примет форму шара.

> *Let's do some experiments. On a glass slide let's*
> *put a drop of mercury small enough for its weight*
> *not to be of an appreciable importance. We'll no-*
> *tice that the droplet assumes the shape of a sphere.*
> *In a flat container let's press it with a second*
> *slide. When the top slide is removed, the droplet*
> *again assumes the shape of a sphere.*

12.0 ASPECT AND THE NEGATED IMPERATIVE

A *negated perfective imperative* implies that the
speaker is concerned with *avoiding the result of the action* and is, therefore, warning against the action's
performance.

Не забудьте написать упражнение.
> *Don't forget to get the exercise written.*

Не опоздай на сегодняшнюю лекцию.
> *Don't be late for today's lecture.*

The *negated imperfective imperative* expresses *categorical prohibition:* the action is not to be undertaken.

Не покупайте учебник: я могу вам дать свой.
> *Don't buy the textbook. I can give you mine.*

Не закрывайте окно: в комнате жарко.
> *Don't close the window. It's hot here in the room.*

Не читайте этот роман: он неинтересный.
> *Don't read this novel. It's not interesting.*

● EXERCISE 3

Determine the aspect and aspectual meaning for each
verbal form in the following sentences. Translate the
sentences into idiomatic English.

1. Я ещё ничего не начинала делать, жду товарища.
2. Всем надо прийти завтра раньше, чем обычно.
3. Я плохо понял, что вы сказали. Повторите, пожалуй-
   ста.
4. Мне нужно купить новый портфель.
5. Врач сказал, чтобы больной не вставал.
6. Им не надо советоваться со мной?

(continued)

(Exercise 3, cont.)

7. За́ лето ма́льчик вы́рос. Его́ не узна́ть.
8. Ле́ктор ко́нчил выступа́ть и стал отвеча́ть на вопро́сы.
9. Сейча́с нельзя́ входи́ть в конце́ртный зал. Конце́рт уже́ начался́.
10. Эта исто́рия така́я фантасти́чная, что нельзя́ в неё пове́рить.
11. На́до узна́ть, когда́ отхо́дит по́езд. - В шесть часо́в, я уже́ узнава́л. - Отку́да тебе́ э́то изве́стно? - Я узна́л об э́том по телефо́ну.
12. Мо́жно взять у вас э́ту кни́гу? Бери́те.
13. Андре́я Ива́новича сейча́с нет. Нельзя́ сказа́ть, когда́ он вернётся.
14. Зада́ча проста́я. Мо́жно реши́ть её в уме́.
15. Этот паке́т тяжёлый, нельзя́ его́ подня́ть.
16. Сестра́ ещё не реши́ла, кака́я у неё бу́дет профе́ссия.
17. Придите к нам в суббо́ту.
18. Познако́мьте меня́ с ва́шей жено́й.
19. Не потеря́йте э́тот журна́л, он чужо́й.
20. Оле́г не прису́тствовал на уро́ке и не писа́л контро́льную рабо́ту.
21. В ко́мнате ду́шно, потому́ что сего́дня не открыва́ли окно́.
22. Больно́й не принима́л лека́рство.
23. Студе́нт пло́хо подгото́вился и не сдал экза́мен.
24. Этот вопро́с уже́ обсуди́ли? - Нет, не обсуди́ли, продолжа́ют обсужда́ть.
25. Ты говори́л с Анной по телефо́ну? - Нет, я ей не звони́л.
26. Па́вел ещё не учи́л э́ти фо́рмулы.
27. Ста́ршая сестра́ не смогла́ объясни́ть мне, как реша́ется зада́ча.
28. Опера́ция не помогла́ больно́му.
29. Ни́на получи́ла телегра́мму? - Нет, не получи́ла. Наве́рное, телегра́мма придёт за́втра.
30. Ната́ша никому́ не писа́ла о свое́й пое́здке.
31. Я не могу́ сдава́ть экза́мен, потому́ что я не повторя́л материа́ла.
32. Мой брат изуча́л мно́го языко́в, но испа́нский он не изуча́л.
33. Сла́ва зна́ет, что мы ждём его́ сего́дня? - Да, я приглаша́л его́. - А когда́ вы его́ ви́дели? - Я не ви́дел его́, я специа́льно позвони́л ему́ и пригласи́л его́ к нам.

★ ПОЛЕЗНЫЕ СЛОВА

ПРОВОДИ+ I
ПРОВЁД+ P } время   - *spend (pass) time*

пить I
 (пью, пьёшь; пил,
 пила, пило; im-
 perat. пей(те))   - *drink*
выпить P

ПРИВЛЕКАЙ+ I} внимание к
ПРИВЛЁК+ P } кому/чему   - *draw attention to s.o./sthg.*

СОСТОЙА+ -ся P   - *take place, be held*

◆◆◆ ТЕКСТ ДЛЯ ЧТЕНИЯ: Дом-музей Льва Николаевича Толстого
                        в Москве

В Москве, недалеко от магистрали,[1] которая ведёт к
новому стадиону в Лужниках и в новый юго-западный район
столицы, находится улица Льва Толстого. На этой улице в
доме №21 жил великий русский писатель Лев Николаевич Толстой. С 1882 до 1901 года почти все зимние месяцы про-
водил писатель на этой квартире.

Родился Лев Николаевич в 1828 году в Ясной Поляне,[2]
около города Тулы. В Ясной Поляне прожил он большую
часть своей жизни. А в Москву семья Толстых переехала,
потому что старшие дети писателя выросли и должны были
учиться в школе и высших учебных заведениях.[3] Ко времени переезда в Москву у Толстых было восемь детей: Сергей,
Татьяна, Илья, Лев, Мария, Андрей, Михаил и Алексей.

Московский дом писателя - двухэтажное здание с террасой. За домом расположен сад. Здесь растут деревья,
в саду высокая густая трава,[4] на дорожках жёлтый песок.[5]
Толстой очень любил этот сад.

В саду перед террасой - небольшая площадка. Летом
на этой площадке играли в крокет, а зимой её заливали
водой, и площадка превращалась в каток.[6] Лев Николаевич
вместе с детьми катался здесь на коньках.

(continued)

---

[1]магистраль '*main road*'   [2]Ясная Поляна '*Clear
Glade*' (*the name of Tolstoy's estate*)   [3]высшее
учебное заведение '*institution of higher learning*' (*For
the Soviet period it is usually referred to by its ac-
ronym*, вуз)   [4]'*tall, dense, grass*'
[5]песок '*sand*'   [6]каток '*skating rink*'

Дом Толстого находился в рабочем районе города. "Я
живу среди фабрик, - писал Толстой - каждое утро в пять
часов слышу один свисток,[1] другой, третий, десятый...
Это значит, что началась работа женщин, детей, стариков."
      Лев Николаевич вставал обычно с первыми гудками[2]
фабрик. Одевался,[3] умывался,[4] гимастикой, убирал свои
комнаты, брал топор и шёл в сарай колоть дрова.[5] После
этого пил кофе и уходил в кабинет. Здесь писатель работал обычно с 9 часов утра до 3-4 часов дня.
      После работы Толстой шёл на прогулку по Москве.
Писатель в это время обдумывал свои произведения.
      Долгие годы дом писателя привлекал к себе внимание
многих тысяч людей. Писатели, музыканты, студенты,
крестьяне приходили к Толстому за советом и помощью.
Частым гостем был Антон Павлович Чехов. В этом же доме
состоялась первая встреча Л.Н. Толстого с Алексеем Мак-
симовичем Горьким.

● EXERCISE 4

   For each verbal form in the above passage determine the
   aspect. What meaning does the aspect impart to the
   sentence?

★ ПОЛЕЗНЫЕ СЛОВА

   ВЫХОДИ+ I }
   выйти Р   } в свет   - *come out, appear*
   ВЛАДЕЙ+ I чем?   - *have (complete) command*
                                        of something
   сочинение АА   - *composition*
   разумный   - *rational*
     cf. разум   - *reason, intelligence*
     and ум   - *mind, intellect'*
   потребность АА   - *need, want, requirement*
     cf. требовать   - *to demand*
   УДЕЛЯЙ+ I }
   УДЕЛИ+ Р   } что?/кому?   - *allot sthg. to s.o.*
   справедливый   - *fair, just*
   частный   - *private*
   (ПО)ВЕРИ+ ⌠ во что?   - *believe in sthg.*
              ⌡ кому?   - *believe someone*

   ---

   [1]свисток '*whistle*'   [2]гудок '*siren*'   [3]одевать-
   ся I '*to get dressed*'   [4]умываться I '*to get washed*'
   [5]в сарай колоть дрова '*to the shed to chop firewood*'

♦♦♦ ТЕКСТ ДЛЯ ЧТЕ́НИЯ: <u>То́мас Мор (1478-1535)</u>

Сло́во "Уто́пия" вошло́ в употребле́ние в 1516 году́, когда́ вы́шла в свет кни́га замеча́тельного англи́йского мы́слителя То́маса Мо́ра под назва́нием "Золота́я кни́га, столь же поле́зная, как заба́вная, о наилу́чшем устро́йстве госуда́рства и о но́вом о́строве Уто́пия."[1]

То́мас Мор был одни́м из са́мых образо́ванных люде́й своего́ вре́мени. Он око́нчил Оксфо́рдский университе́т, свобо́дно владе́л латы́нью, знал гре́ческий язы́к. Мор -- а́втор мно́гих сочине́ний по исто́рии и поли́тике. Но са́мым гла́вным просла́вившем[2] его́ трудо́м ста́ла "Уто́пия". В ней опи́сывалось идеа́льное госуда́рство, в кото́ром была́ разу́мно организо́вана жизнь его́ гражда́н. Всё, что они́ производи́ли, принадлежа́ло о́бществу. Проду́кты распределя́лись[3] по потре́бностям. Свобо́дное вре́мя жи́тели о́строва уделя́ли нау́кам и иску́сству.

То́мас Мор пе́рвым в исто́рии изобрази́л[4] справедли́вое социалисти́ческое госуда́рство. Это была́ вы́сказанная вслух мечта́,[5] проте́ст про́тив ми́ра, в кото́ром он жил, про́тив ча́стной со́бственности, де́лавшей одни́х господа́ми, а други́х - ра́бами. То́мас Мор назва́л свой о́стров "Уто́пией" (что по-гре́чески обознача́ет "ме́сто, кото́рого нет"). Но он мечта́л о переустро́йстве о́бщества и ве́рил в возмо́жность тако́го переустро́йства, ве́рил в побе́ду[6]ра́зума и справедли́вости.

Кни́га То́маса Мо́ра оста́лась нам как замеча́тельный па́мятник борцу́-одино́чке,[7] стро́ившему широ́кие пла́ны преобразова́ния о́бщества. А сло́во "уто́пия" ста́ло жить второ́й жи́знью, оно́ ста́ло употребля́ться для обозначе́ния нереа́льной, неосуществи́мой мечты́. От э́того сло́ва образо́ваны слова́ "утопи́зм", "утопи́ческий". Самого́ То́маса Мо́ра мы называ́ем пе́рвым социали́стом-утопи́стом.

---

[1]The book written in Latin first appeared under the title *Libellus vere aureus...,* but was better known as *Utopia.* It was later translated into English as *A fruitful and Pleasant Worke of the best state of a Publyque Weale, and of the New Yl called Utopia.*   [2]ПРОСЛА́ВИ+ Р *'make famous'*   [3]РАСПРЕДЕЛЯ́Й+ *'distribute'* [4]изобрази́ть *'to depict'*   [5]мечта́ *'(day) dream'* [6]побе́да *'victory'*   [7]боре́ц-одино́чка *'a solitary champion'*

● EXERCISE 5

Determine the aspect of each of the verbal forms in
the above passage. What is the aspectual meaning of
each verb form?

● EXERCISE 6

Complete each sentence by inserting the proper form of
the verb given in parentheses. Translate the sentence
and justify the aspect used.

1. Сегодня на уроке преподаватель *(explained)* новую
   грамматику.
2. Сегодня на уроке преподаватель *(explained)* новые
   слова и студенты *(began to read)* текст.
3. Что вы *(do)* вчера вечером? Вчера вечером я *(did)*
   домашнее задание, *(watched)* телевизор и *(wrote)*
   письмо своему другу.
4. Вы долго *(read)* эту книгу?
5. В среду Анна *(read)* три статьи.
6. Я уже *(reviewed)* все тексты.
7. Утром Рита *(wrote)* два письма и *(went)* на почту.
8. Джон не *(wrote)* письмо, потому что к нему пришли
   гости.
9. Сегодня мы *(had dinner)* в столовой.
10. Мы *(had dinner)* в столовой и потом *(went)* в библи-
    отеку заниматься.
11. Когда на семинаре Джон *(read)* свой доклад, все
    (listened) внимательно.
12. Когда Джон *(finished reading)* свой доклад, мы *(be-
    gan to ask)* вопросы.
13. Когда мы *(watched)* фильм, мы *(went)* домой.
14. Когда Нина *(read)* газету, она *(gave)* её сестре.
15. Когда Нина *(read)* газету, её сестра *(prepared)* до-
    машнее задание.
16. Том правильно *(answered)* на все вопросы.
17. Почему вы не *(answer)* на моё письмо? Я никакого
    письма от вас не *(received)*.
18. Вера хорошо *(learned)* танцевать.
19. В прошлом году я почти каждый день *(met)* в троллей-
    бусе очень красивую девушку. Сегодня я её опять
    (saw). Я очень хочу *(get acquainted)* с ней.
20. Мой старший брат часто помогает мне *(solve)* задачи.

● EXERCISE 7

Translate the following sentences into Russian.

1. I can't come to see you today. I have to go meet
   my friend who is coming from Odessa.
2. The Tolstoy family moved to Moscow because the
   children had to go to school or to institutions of
   higher learning.
3. We used to spend almost all the summer months at
   the seashore.
4. Tolstoy spent a good part of his life at Yasnaya
   Polyana, but while his children were going to
   school he spent the winter months in Moscow.
5. That man is one of the most educated men of our
   time. He has a fluent command not only of English
   and French, but also of Russian and German.

TOPIC 6

1.0 TELLING TIME BY THE CLOCK

For telling time, the clock may be divided into two
parts: the right side and the left side. The point of
reference for expressing the hour and the minutes on both
sides of the clock is the full hour.

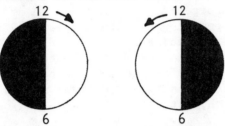

1.1 In answer to the question Кото́рый час? 'What time is
it?', the full hour is expressed by the cardinal numeral
in the nominative. (One o'clock is always час; оди́н is
never used.) Colloquially, the question is frequently
Ско́лько вре́мени?

   Сейча́с час (дня, но́чи).
>*It's now one o'clock (PM, AM).*

   Сейча́с три часа́ (дня, но́чи).
>*It's now three o'clock (PM, AM).*

   Сейча́с во́семь часо́в (утра́, ве́чера).
>*It's now eight o'clock (in the morning, in the eve-
>ning).*

The quarter and half past an hour (right side of the
clock) are expressed by the nouns че́тверть and полови́на,
respectively. The hour is expressed by the genitive
(masc.) of the appropriate ordinal numeral. The ordinal
numeral. The ordinal denotes the sequence of the sixty
minute period, starting with 12:00 (e.g. the first hour
is between 12:00 and 1:00; the second hour is between one
and two, etc.).

   Сейча́с че́тверть пе́рвого.
>*It's now a quarter past twelve.*

   Сейча́с полови́на восьмо́го.
>*It's now half past seven.*

The minutes past the hour (up to 29) are expressed simi-
larly.

   Сейча́с пять мину́т пе́рвого.
>*It's now five after twelve.*

Сейча́с два́дцать три мину́ты второ́го.
It's now twenty-three minutes after one.

1.2 On the right side of the clock, in answer to В кото́ром часу́? *'At what time?'*, the full hour, the quarter hour, as well as the minutes (up to, but not including the half hour) stand in the *accusative* after the preposition в.

(ро́вно) в четы́ре часа́
(promptly/precisely) at four o'clock
в че́тверть седьмо́го
at a quarter past six
в два́дцать пять двена́дцатого
at twenty-five minutes after eleven

'At half past' an hour is expressed by the preposition в and the *prepositional* case.

в полови́не тре́тьего
at half past two
в полови́не девя́того
at half past eight

1.3 On the left side of the clock, in answer to both questions(Кото́рый час? *'What time is it?'* and В кото́ром часу́? *'At what time?'*), the full hour is expressed by the nominative-accusative of the cardinal numeral. The minutes (up to and including 29) are expressed by the genitive of the cardinal numeral after the preposition без *'minus'*. Note the word order in the following examples.

Сейча́с без двух (трёх, четырёх) мину́т час.
It's two (three, four) minutes to one.
Сейча́с без че́тверти во́семь.
It's now a quarter to eight.
Авто́бус ухо́дит без двадцати́ пяти́ шесть.
The bus leaves at twenty-five of six.

1.4 In the official style, time is expressed in the European way.

(в) де́вять часо́в де́сять мину́т
(at) 9:10 (AM)
(в) семь часо́в три́дцать мину́т
(at) seven-thirty (AM)
(в) трина́дцать часо́в пять мину́т
(at) 13:05 (1:05 PM)
(в) восемна́дцать часо́в со́рок мину́т
(at) 18:40 (6:40 PM)

● EXERCISE 1

Read and translate the following sentences.

1. Мы прие́хали ра́но у́тром: в пять часо́в утра́.
2. Меня́ не́ было вчера́ ве́чером до́ма, я ходи́л в го́сти и верну́лся домо́й часо́в в двена́дцать.
3. Сего́дня в полови́не деся́того у Со́ни бу́дет после́дний экза́мен, а по́здно ве́чером она́ уже́ уезжа́ет домо́й.
4. Лаборато́рные заня́тия начина́ются без че́тверти два.
5. Серёжа пришёл на ле́кцию в че́тверть тре́тьего, зна́чит, он опя́ть опозда́л.
6. У нас магази́ны открыва́ются в полови́не восьмо́го утра́ и закрыва́ются в де́вять часо́в ве́чера.
7. Сего́дня в два́дцать мину́т четвёртого я до́лжен быть на консульта́ции.
8. В кото́ром часу́ вы вы́едете из Москвы́? -- В че́тверть пе́рвого.
9. Га́ле ну́жно быть на вокза́ле в семь часо́в: в де́сять мину́т восьмо́го ухо́дит по́езд.
10. Когда́ я посмотре́л на часы́, бы́ло уже́ без двадцати́ четырёх оди́ннадцать.

● EXERCISE 2

Translate the following phrases and sentences into Russian.

1. at 12:00 AM
2. at 12:00 PM
3. It's already 10:00 AM.
4. We arrived in Moscow from Leningrad at a quarter to eight in the morning.
5. The last show (сеа́нс) begins at 7:40 (translate two ways).
6. We left the dormitory at 7:10 in the morning.
7. Alla always gets up at 6:30.
8. The lecture will begin promptly (ро́вно) at 7:15 PM.
9. The plane will leave at 10:45 (translate two ways).
10. We met at the library at a quarter past four.
11. The meeting tomorrow will be at 3:30 (translate two ways).
12. Let's meet at half past two.

2.0 For expressing the day of the week, the month, the year, and the calendar date, see IC IV, 14.2, 14.3, VI 12.0-12.5. For the declension of the cardinal numerals, see IC Appendix V, B.

● EXERCISE 3

Answer the following questions using the time expressions given in parentheses.

1. Когда́ происходи́ла Потсда́мская конфере́нция? (17/VII/45)
2. В кото́ром году́ начала́сь Втора́я мирова́я война́? (1939)
3. Когда́ была́ подпи́сана Деклара́ция незави́симости? (4/VII/1776)
4. Когда́ Колу́мб откры́л Аме́рику? (1492)
5. Когда́ была́ откры́та Росси́йская Акаде́мия нау́к в Петербу́рге? (1725)
6. В кото́ром году́ был осно́ван го́род Петербу́рг? (1703)
7. Когда́ запу́щен пе́рвый иску́сственный спу́тник Земли́? (1957)
8. В како́й день у нас бу́дет экза́мен по ру́сскому языку́? (среда́)
9. Когда́ вы пое́дете на Кавка́з? (ию́нь)
10. Како́го числа́ родила́сь ва́ша дочь? (24/V/75)

3.0 To express the *period of time during which an action is in progress*, the accusative of a noun denoting the time period is used without a preposition (accusative of the extent of time). The verb is imperfective. See IC VII, 6.0.
Он гото́вился к экза́мену це́лую неде́лю.
He spent a whole week preparing for the examination.

4.0 The period of time *within which an action is begun and brought to completion* is expressed by the preposition ЗА and the accusative. The verb is normally perfective. See IC VII, 7.0.
Ста́рое зда́ние МГУ постро́или за шесть лет.
The old building of Moscow University was built in six years.

5.0 The period of time over which the *result of an action extends* is expressed by НА plus the accusative. The verb is normally perfective. It may, however, be imperfective, if it denotes annulled action (see Topic 5, 4.0).
Включи́те прибо́р на 15 мину́т.
Turn the instrument on for 15 minutes.

Мы не успе́ли поговори́ть, он ко мне заходи́л то́лько за
три мину́ты.

> *We didn't have time to talk. He dropped by to see
> me for only three minutes.*

6.0   The *lapse of a time period* is expressed by ЧЕ́РЕЗ
and the accusative.

Она́ обеща́ла обяза́тельно посла́ть нам кни́ги, и че́рез не-
де́лю мы получи́ли их все.

> *She promised to send us the books without fail and
> a week later we got them all.*

Че́рез две неде́ли они́ уе́дут в Пари́ж.

> *In two weeks (two weeks from now) they will leave
> for Paris.*

7.0   To express the *length of time separating one event
from another*, the following types of expressions are
used.

за пять дней до его́ прие́зда

> *five days before his arrival*

че́рез час по́сле его́ прие́зда

> *an hour after his arrival*

Прое́кт был утверждён за ме́сяц до нача́ла строи́тельства.

> *The design was approved a month before the start of
> the construction.*

Че́рез ме́сяц по́сле нача́ла строи́тельства в прое́кт бы́ли
внесены́ не́которые измене́ния.

> *A month after the start of the construction certain
> changes were made in the design.*

● EXERCISE 4

Read and translate the following sentences.

1. Ли́дия заболе́ла, и её положи́ли в больни́цу на неде́лю.
2. За два дня у́ровень[1] воды́ подня́лся на де́сять сантиме́-
    тров.
3. Учёный собира́л колле́кцию минера́лов мно́гие го́ды.
4. За свою́ жизнь созда́тель Третьяко́вской галере́й, П.М.
    Третьяко́в, собра́л 3500 карти́н и подари́л их го́роду
    Москве́.
5. Пётр научи́лся води́ть маши́ну за две неде́ли.
6. Эрмита́ж невозмо́жно осмотре́ть за оди́н день.
7. За год производи́тельность труда́ на э́том заво́де по-
    вы́силось на 10%.

                        (continued)

-----
[1] у́ровень '*level*'

(Exercise 4, cont.)
8. Ты не мо́жешь дать мне ваш слова́рь на два часа́?
9. За 50 лет су́мма челове́ческих зна́ний увели́чивается вдво́е.
10. Ну́жно вы́ключить[1] мото́р на не́сколько мину́т.

8.0 *Relative time* may be expressed by a prepositional phrase, a subordinate adverbial clause of time, or a verbal adverb.

8.1 Note the following constructions. For adverbial conjunctions of time, see IC IX 7.1.

```
до чего́?
до того́ как...
пе́ред чем?
пе́ред тем как...
пре́жде чем...
по́сле чего́?
по́сле того́ как...
```

The predicate of subordinate clauses introduced by the conjunctions до того́ как, пе́ред тем как, пре́жде чем may be either a personal form of the verb, or an infinitive. The infinitive is used only when the performer of the action of the subordinate clause is the same as the performer of the action of the main clause. After по́сле того́ как only a personal form of the verb is possible.

До войны́ он рабо́тал учи́телем.
Before the war he worked as a teacher.
До того́ как начала́сь война́, он рабо́тал учи́телем.
Before the war began he worked as a teacher.
До того́ как уе́хать домо́й, мы должны́ написа́ть отчёт о пра́ктике.
Before going home we must write a report on our practicum.
Пре́жде чем де́йствовать, на́до поду́мать.
Before acting one must think.
По́сле войны́ он сно́ва стал преподава́ть.
After the war he started teaching again.
По́сле того́ как зако́нчилась война́, он сно́ва стал преподава́ть.
After the war ended he started teaching again.

---

[1]вы́ключить *'to turn off'*

● EXERCISE 5

Read and translate the following sentences.

1. Реконстру́кция пло́щади начала́сь до войны́. По́сле войны́ она́ была́ продо́лжена.
2. Пре́жде чем закры́ть дверь, прове́рь,[1] взял ли ты ключ.[2]
3. Она́ начала́ изуча́ть ру́сский язы́к, до того́ как она́ прие́хала в Сове́тский Сою́з.
4. Пре́жде тем как мы начнём экску́рсию по за́лам музе́я, я расскажу́ вам исто́рию возникнове́ния э́той колле́кции карти́н.
5. До того́ как посмотре́ть в теа́тре "Три сестры́" Че́хова, я прочита́л э́ту пье́су.
6. По́сле того́ как преподава́тель ещё раз, по но́вому объясни́л нам ход реше́ния зада́чи, мы все по́няли.

8.2 Relative time may also be expressed by a *verbal adverb*, which may replace a subordinate adverbial clause of time when the performer of the action of the verbal adverb is the same as the performer of the action of the main verb of the sentence.

For the formation of verbal adverbs and their translations, see IC IX, 9.0–9.5.

The imperfective verbal adverb indicates an action occurring at the same time as that of the main verb. The perfective verbal adverb indicates action performed prior to that of the main verb.

Гото́вясь к отве́ту на экза́мене, он записа́л фо́рмулы и определе́ния.

> *In preparing his answer at the examination he jotted down formulas and definitions.*

Зако́нчив ле́кцию, преподава́тель попроси́л задава́ть вопро́сы.

> *After finishing his lecture, the instructor asked for questions.*

● EXERCISE 6

Read and translate the following sentences.

1. Оказа́вшись ря́дом с ней в авто́бусе, я заговори́л[3] с ней.

(continued)

---

[1]ПРОВЕ́РИ+ *'check'*   [2]ключ *'key'*   [3]ЗАГОВОРИ́+ *'begin to talk'*

(Exercise 6, cont.)

2. Защища́я э́тот дом, солда́ты по-ра́зному представля́ли себе́ мир по́сле войны́.

3. Да́же переста́в быть столи́цей, Ленингра́д оста́лся крупне́йшим интеллектуа́льным це́нтром страны́.

4. Зада́в вопро́с, он наде́ялся получи́ть на него́ отве́т.

5. Вспомина́я наш после́дний разгово́р, я всё бо́льше убежда́юсь,[1] что вы бы́ли тогда́ пра́вы.

6. Окружи́в экскурсово́да, тури́сты слу́шали его́ расска́з.

7. Пройдя́ по Не́вскому, мы вы́шли на Дворцо́вую пло́щадь.

8. Не́стор, мона́х[2] Ки́ево-Пече́рского монастыря́, жи́вший во второ́й полови́не XI -- нача́ле XII в., на́чал составля́ть ле́топись,[3] бу́дучи уже́ изве́стным писа́телем.

9. Ни оди́н наро́д не мо́жет жить, не вступа́я в конта́кты -- истори́ческие, торго́вые,[4] культу́рные -- с други́ми наро́дами, и пре́жде всего́ с сосе́дними.

10. Расска́зывая о жи́вописи,[5] ле́ктор пока́зывал репроду́кции карти́н.

---

[1]УБЕЖДА́Й+ -ся *'be convinced'*   [2]мона́х *'monk'*
[3]ле́топись *'chronicle'*   [4]торго́вый *'trade (adj.)'*
[5]жи́вопись *'painting(s)'*

1.0 *To teach someone something* is expressed by the following constructions.

```
(НА)УЧИ́+ кого́? + imperfective infinitive
ПРЕПОДАВА́Й+ I кому́? что(acc.)? где?
```

N.B. Преподава́ть conjugates precisely like дава́ть. See
IC VIII, 6.1.
    Бори́с научи́л мла́дшего бра́та игра́ть в ша́хматы.
        Boris taught his younger brother how to play chess.
Анастаси́я Фёдоровна преподаёт англи́йский язы́к в инсти-
ту́те.
        *Anastasia Fyodorovna teaches English at the insti-
        tute.*

2.0 *To study* and *to learn* are expressed variously. Note
carefully the distinctions in meanings and uses of the
following constructions.

```
УЧИ́+ I        что (acc.)? }   'to study (learn) something
ВЫ́УЧИ+ P                       (which must be known precise-
                               ly; memorize'
```

N.B. Nouns used with this verb denote items of limited
scope, e.g. учи́ть фо́рмулу (слова́, стихотворе́ние, пра́вило,
etc.).
    Гри́ша весь ве́чер учи́л стихотворе́ние и наконе́ц вы́учил
его́.
        *Grisha studied the poem all evening and finally
        memorized it.*
    Ученики́ пе́рвого кла́сса у́чат бу́квы.
        *First grade pupils learn the letters of the alpha-
        bet.*
    Мы вы́учили ру́сский альфави́т за не́сколько дней.
        We learned the Russian alphabet in a few days.

```
ИЗУЧА́Й+ I }  что (acc.)?    'make a study of something'
ИЗУЧИ́+ P                    'master something'
```

N.B. Изуча́ть (изучи́ть) implies a thorough study of sthg.,
a study of sthg. in depth.
    В э́том году́ я изуча́ю матема́тику, фи́зику, филосо́фию и
ру́сский язы́к.
        *This year I'm taking (lit. 'studying') math, phys-
        ics, philosophy and Russian.*

Химия изучает строение и превращение веществ.
> *Chemistry is the study of the structure and trans-*
> *formation of substances.*

Он изучил итальянский язык за год.
> *He learned Italian in a year (lit. 'He mastered').*

УЧЙ+ -ся I	} где?	'study; be a student'
ЗАНИМАЙ+ -ся I		

N.B. Both verbs may be used to connote 'be a student'
and both may be accompanied by a complement denoting an
educational institution (в школе, в техникуме, etc.), or
an academic division (на первом курсе, на кафедре русского языка, etc.). Заниматься (but *not* учиться) may
also be used in statements indicating where classroom
activities take place.

Мой брат учится ещё в школе, а я в университете.
> *My brother is still going to school, but I go to*
> *the university.*

Мать училась в консерватории.
> *Mother studied at a conservatory.*

Наша группа занимается сегодня в первой аудитории.
> *Our section is having class today in lecture room*
> *#1.*

Сегодня весь день мы будем заниматься в лаборатории.
> *We'll be working in the lab all day today.*

(НА)УЧЙ+ -ся + imperf. infinitive   'learn (how) to X'

Их дети учатся играть в шашки.
> *Their children are learning how to play checkers.*

Нина очень быстро научилась читать по-английски.
> *Nina learned to read English very quickly.*

ЗАНИМАЙ+ -ся чем?	'study sthg.; devote one's time to an activity'

В этом году я занимаюсь химией, физикой, математикой и
русским языком.
> *This year I'm taking (lit. 'studying') chemistry,*
> *physics, math, and Russian.*

Моя сестра не только учится в школе, но и занимается
музыкой.
> *My sister not only goes to school, but also takes*
> *music lessons.*

Чем ваш сын занимается в свободное время? -- Он играет
в футбол, смотрит телевизор, читает.
> *What does your son do in his free time? -- He*
> *plays soccer, watches television, and reads.*

N.B. Занима́ться (and *only* this verb) may be used without a complement to denote the act of studying, or to connote working on an assignment.

Пе́ред экза́меном всем пришло́сь мно́го занима́ться.
   Before the exam everyone had to study a lot.
Ты был свобо́ден у́тром? -- Нет, я занима́лся.
   *Were you free this morning? -- No, I was studying
   (I was doing my homework).*

3.0 *To study sthg.* or *to study (how) to X under someone's direction* is:

(НА)УЧИ́Х+ -ся + imperf. infinitive }	у кого́?
ЗАНИМА́Й+ -ся чем? I	

Па́вел занима́ется му́зыкой у изве́стного пиани́ста.
   Pavel is studying music with a famous pianist.
Де́вочка научи́лась говори́ть по-францу́зки у ма́тери.
   *The little girl learned to speak French from her
   mother.*

● EXERCISE 1

Insert the proper form of either учи́ться or занима́ться as required by the sense of the sentence.

1. Что́бы получи́ть вы́сшее образова́ние, на́до _____.
2. Он был неспосо́бным ученико́м, он мно́го _____, но пло́хо _____.
3. Этот челове́к на́чал _____, когда́ ему́ бы́ло три́дцать лет.
4. Чем _____ ваш оте́ц? -- Он преподаёт в институ́те.
5. Его́ сын уже́ рабо́тает, а его́ дочь ещё _____.
6. Вчера́ ве́чером Пьер на́чал _____ о́чень по́здно.
7. Ему́ уже́ мно́го лет, но он продолжа́ет _____.
8. Вчера́ я был у Воло́ди. Мы _____, а пото́м игра́ли в ша́хматы.
9. Ты за́нят сейча́с? Что ты де́лаешь? -- Я _____.
10. По́сле оконча́ния шко́лы я продолжа́л _____ да́льше, а мой това́рищ на́чал рабо́тать.
11. Где Андре́й? -- Он _____ в лингафо́нном кабине́те.
12. Весно́й студе́нты ча́сто _____ в па́рке.
13. Моя́ сестра́ _____ в медици́нском институ́те.
14. Джо́нни написа́л письмо́ това́рищу, с кото́рым вме́сте _____ в университе́те.
15. Сего́дня я хочу́ взять кни́ги в библиоте́ке и _____ до́ма.

(continued)

(Exercise 1, cont.)

16. В на́шем большо́м све́тлом чита́льном за́ле о́чень удо́б-
но _____ .
17. В э́том году́ к нам _____ прие́хало мно́го иностра́нных
студе́нтов.
18. Ве́ра _____ на истори́ческом факульте́те, и поэ́тому
ей ча́сто прихо́дится _____ в истори́ческой библио-
те́ке.
19. Мно́гие мои́ това́рищи _____ на вече́рных ку́рсах ино-
стра́нных языко́в.
20. Мой сын о́чень лю́бит _____ в литерату́рном кружке́.
21. Студе́нты пя́того ку́рса _____ мето́дикой преподава́ния,
гото́вятся к шко́льной пра́ктике.
22. Учёные давно́ _____ э́той нау́чной пробле́мой.
23. Ми́ша серьёзно _____ спо́ртом.
24. Что ты лю́бишь кро́ме нау́ки? -- Я _____ му́зыкой.
25. Каки́ми ви́дами спо́рта мо́жно _____ то́лько ле́том?

● EXERCISE 2

Read and translate the following sentences.

1. В про́шлом году́ у нас в институ́те учи́лись не́сколько
студе́нтов из Венесуэ́ли.
2. Э́тот ребёнок научи́лся чита́ть, когда́ ему́ бы́ло 4 го́да.
3. У О́льги хоро́ший музыка́льный слух. Она́ должна́ на-
учи́ться игра́ть на гита́ре.
4. Ра́ньше она́ не уме́ла танцева́ть, но тепе́рь она́ нау-
чи́лась и непло́хо танцу́ет.
5. На заня́тиях по фоне́тике мы у́чимся пра́вильно произ-
носи́ть зву́ки.
6. Ма́льчик всё ещё не научи́лся реша́ть таки́е зада́чи.
7. Челове́к научи́лся преодолева́ть земно́е притяже́ние и
отпра́вился в ко́смос.
8. Э́ти аспира́нты учи́лись це́лый год в Москве́ и научи́-
лись говори́ть по-ру́сски, как настоя́щие москвичи́.
9. В про́шлом году́ я научи́лся фотографи́ровать.
10. У кого́ вы научи́лись рисова́ть?

● EXERCISE 3

Fill the blanks with the proper form of the verbs indicated in parentheses.

1. Она́ *(teaches)* иностра́нных студе́нтов говори́ть по-
англи́йски.

(continued)

(Exercise 3, cont.)

2. Иностра́нные студе́нты (learned) говори́ть по-ру́сски у Еле́ны Андре́евны.

3. Студе́нты второ́го ку́рса (are studying) политэконо́мию.

4. Где ва́ши де́ти (learned) так хорошо́ говори́ть по-неме́цки?

5. Геогра́фия (is the study) пове́рхность Земли́.

6. Война́ (teaches) люде́й цени́ть мир.

7. Я (have been studying) хи́мией уже́ три го́да.

8. Когда́ мы (studied) в шко́ле, мы (took) матема́тику, литерату́ру, фи́зику и мно́гие други́е предме́ты.

9. В студе́нтческие го́ды она́ (studied) исто́рию. Она́ (was a student) на истори́ческом факульте́те.

10. Этот учёный уже́ два́дцать лет (has been studying) жизнь и де́ятельность вели́кого поэ́та.

● EXERCISE 4

Complete the Russian sentence by translating the verb given in parentheses.

1. Студе́нт (learned) наизу́сть[1] все фо́рмулы.

2. Ско́лько но́вых слов и выраже́ний вы (learn) ежедне́вно?

3. Ми́ша (is learning) рабо́тать с микроско́пом.

4. Де́вушка (learned) игра́ть э́ту сона́ту без нот.

5. Мой това́рищ (is studying) исто́рию Вели́кой Оте́чественной войны́.[2]

6. Диссерта́нт (studied) всю литерату́ру по э́тому вопро́су.

7. Эту пробле́му (have been studying) мно́гие учёные, но она́ ещё не решена́.

8. Оте́ц (taught) сы́на ката́ться на конька́х.[3]

9. В кино́ я не пойду́, мне ну́жно ещё (study).

10. Он о́чень серьёзный студе́нт, всё вре́мя (studies).

11. Я пло́хо (learned) но́вую теоре́му.

12. На пе́рвом и второ́м ку́рсах студе́нты (learn) самосто́ятельно рабо́тать.

(continued)

---

[1] наизу́сть 'by heart'　　　[2] Вели́кая Оте́чественния война́ 'The Great Patriotic War' is the name given by the Russians to the struggle against Nazi Germany on Soviet territory during World War II.　　　[3] ката́ться на конька́х 'to ice skate'

(Exercise 4, cont.)

13. Настоя́щий учёный снача́ла о́чень внима́тельно *(studies)* фа́кты, а пото́м де́лает вы́воды.
14. Он *(studies)* неме́цким языко́м два часа́ в день.
15. *(To study)* Ковале́вская пое́хала в Берли́н, где тогда́ рабо́тал оди́н из ви́дных матема́тиков того́ вре́мени, Карл Ве́йерштрассе.

❖❖❖❖❖❖❖❖❖❖❖❖❖❖❖❖❖❖❖

ПОСЛЕ́ДНЕЕ ЖЕЛА́НИЕ

Обраща́ются к челове́ку, кото́рый приговорён к сме́ртной ка́зни:[1]

- Каково́ ва́ше после́днее жела́ние?

- Я о́чень хоте́л бы в соверше́нстве изучи́ть кита́йский язы́к.

---

[1]*was condemned to death*

1.0   The unprefixed imperfective verbs of locomotion con-
stitute a small, special group of verbs which share certain semantic and grammatical peculiarities. All the
verbs in this group have the same basic meaning: 'to
move'. Each verb, however, denotes a different type of
locomotion, e.g. 'to move under one's own power', 'to
move under power other than one's own', 'to move through
water', 'to move through air', 'to move under one's own
power while carrying something on one's person', 'to move
under one's own power accompanied by someone'.[1] For each
verb there exist two imperfective stems: the unidirectional stem, which depicts the locomotion as proceeding
in one direction at a particular point in time (linear
movement); and the multidirectional stem which depicts
the action as proceeding in ways other than in one direction at a particular point in time.[2]
    The unprefixed imperfective verbs of locomotion are
further characterized by the fact that they do not connote direction of the subject's movement relative to some
point of reference. Direction is either of no concern,
or may be implied by the context or by an adverbial complement.

Я ви́дел Воло́дю из окна́ авто́буса: он шёл с де́вушкой.
*I saw Volodya from the window of the bus. He was
walking along with a girl (direction of the locomotion unknown).*

_____

[1]Other types of locomotion represented by these verbs
are: 'to move under one's own power very rapidly' (бежа́ть
'run'); 'to move (sthg.) by vehicle' (везти́); 'to move
(sthg.) by pulling' (тащи́ть); 'to move (sthg.) by urging
it forward' (гнать); 'to move by gliding or rolling over
a surface' (ката́ть(ся)); 'to move by crawling' (ползти́).
Only the most frequently used of these verbs will be presented here. Nevertheless, the grammatical rules which
apply to one of these verbs apply to all of them.
[2]Because the unprefixed verbs of locomotion, unlike all
other verbs, have two imperfective stems, they are frequently referred to as the *double imperfective verbs of
locomotion.*

Я иду́ сейча́с домо́й.

>   *I'm going home now (direction away from the place*
>   *where the speaker is presently located is indicated*
>   *by the adverb* домо́й).

Ни́на идёт из библиоте́ке.

>   *Nina is coming from (going out of) the library (di-*
>   *rection is away from a place; whether the subject*
>   *is moving towards or away from the speaker is un-*
>   *known).*

Both the unidirectional and the multidirectional imperfective verbs of locomotion may take prefixes which
change the aspect to perfective. Only unidirectional
verbs, however, form perfective partners (with the prefix по-: пойти́, пое́хать, etc. See IC VII, 6.8), and only
unidirectional verbs may combine with prefixes to denote
specific direction of the locomotion relative to some
point of reference (войти́ *'to enter'*; унести́ *'to carry*
away'). Prefixed perfective verbs formed from unprefixed
unidirectional stems have secondary imperfectives whose
roots in many cases differ from the original unprefixed
verb: е́хать I → уе́хать P → уезжа́ть I; нести́ I → принести́
P → приноси́ть I (see IC IX, 4.0-4.3).

Certain prefixes may also be added to some of the
multidirectional verb stems and perfectivize them. However, such perfective verbs do *not* form secondary imperfective (see below 7.0).

For the proper understanding of how the verbs of
locomotion are used, it is helpful to keep in mind their
morphological structure and the grammatical meanings of
their basic stems. Whether formed from the unidirectional or multidirectional stems, the meanings of the prefixed verbs always reflect the grammatical meanings of
the basic unprefixed form.

In what follows, attention will be focused primari-
ly on the meanings and uses of the verbs meaning 'to move
under one's own power' and 'to move under power other
than one's own'. In general, however, the grammatical
meanings and uses of these verbs apply as well to all
other verbs of this group.

2.0   THE UNIDIRECTIONAL VERBS

The following are the most frequently encountered
unidirectional verbs of locomotion.

идти́	'go, come, walk' (see IC V 13.0)
е́хать	'go, come, ride, drive' (see IC V, 13.0)
ВЕД+	'conduct, lead'
НЕС+	'carry (on foot)'
ПЛЫВ+	'swim, float, sail'
ЛЕТЕ+	'fly'
ВЕЗ+	'carry (by vehicle), convey'
бежа́ть	'run'

N.B. In addition to the irregularities in the conjugations of идти́ and е́хать, note the irregular present of бежа́ть.

Pres.   я бегу́   мы бежи́м

          ты бежи́шь   вы бежи́те

          он бежи́т   они бегу́т

Past   бежа́л, бежа́ла, бежа́ло, бежа́ли

2.1 The *place to which* locomotion is directed (i.e. the goal of the movement) may be expressed by adverbs such as сюда́, туда́, домо́й, or by a prepositional phrase.

идти́ е́хать	(куда́?)	{	в шко́лу
			на ле́кцию
			в Оде́ссу
			на Ура́л
			за реку́

When the locomotion is directed *towards a person*, the following construction is used.

идти́ е́хать	(к кому́?)	{	к дека́ну
			к преподава́тельнице
			к друзья́м

The *place or person from which the locomotion is directed* is expressed as follows.

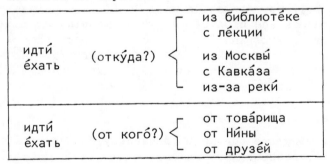

идти́ е́хать	(отку́да?)	{	из библиоте́ке
			с ле́кции
			из Москвы́
			с Кавка́за
			из-за реки́

идти́ е́хать	(от кого́?)	{	от това́рища
			от Ни́ны
			от друзе́й

N.B. B- and HA- words take the prepositions ИЗ and
C, respectively, to denote locomotion from a place. The
opposite of ЗА что *'beyond (sthg.); to the other side of
(sthg.)'* is ИЗ-ЗА чего *'from beyond; from behind'*. Movement away from a person is expressed by ОТ кого.

Сейча́с Ни́на идёт в библиоте́ку.
> *Nina is going to the library now.* <u>But:</u>

Из библиоте́ки она́ идёт домо́й.
> *From the library she is going home.*

Ле́том мы е́дем на Кавка́з.
> *In the summer we're going to the Caucasus.* <u>But:</u>

С Кавка́за мы е́дем в Сре́днюю Азию.
> *From the Caucasus we're going to Central Asia.*

Шофёр везёт тури́стов за реку́ на пляж.
> *The driver is taking the tourists to the beach on
> the other side of the river.* <u>But:</u>

Смотри́те! Из-за угла́ бежи́т к нам соба́ка!
> *Look! There's a dog running towards us from around
> the corner!*

2.2 Locomotion may also be expressed as taking place
*within an area, on a surface, along something, across
something*, etc. Note the following constructions.

идти́ е́хать (где?)	вдоль бе́рега реки́ ⎫ по бе́регу реки́ ⎭ *'along the river bank'* по у́лице *'along (on) the street'* по па́рку *'through the park'* че́рез парк *'across the park'* ми́мо па́рка *'past the park'*
лете́ть (где?)	в облака́х *'in the clouds'* над облака́ми *'above the clouds'*
плыть (где?)	по реке́ *'on the river'* по не́бе *'through the sky'*

2.3 With verbs denoting locomotion by transportation,
the *means of transportation* is expressed as follows.

е́хать (как?)	на по́езде на велосипе́де на ло́шади

Мы е́дем на вы́ставку на авто́бусе (на метро́).
> *We're going to the exhibition by bus (by subway).*

Note also the expression ⎢идти́ пешко́м⎢ *'to go on foot'*.

Compare the following constructions:

Где э́то бы́ло?   *but* Как вы е́хали?

В по́езде я чита́л газе́ту.   Игорь е́хал в Ленингра́д на
On the train I read a   по́езд.
newspaper.   *Igor traveled to Lenin-*
                                 grad by train.
В авто́бусе я встре́тил то-
ва́рища.

On the bus I met a friend.

2.4 Locomotion of ground vehicles (buses, trains, cars, taxis, etc.) is expressed either by verbs denoting 'to move under one's own power', or 'to move under power other than one's own' in both their unidirectional and their multidirectional forms.

2.4.1 Movement of vehicles with *fixed itineraries* (trolleys, buses, trains, steamships, and the like) is expressed as movement *under one's own power*.

Авто́бусы иду́т на вокза́л по э́той у́лице.

> *Buses go to the railway station by way of this street.*

28-й тролле́йбус идёт от метро́ "Университе́т" до Кры́мской пло́щади 25-30 мину́т.

> *Trolleybus 28 takes 25-30 minutes to go from the University subway station to Krymski Square).*

2.4.2 Movement of ground vehicles with *no fixed itinerary* (trucks, cars, bicycles, etc.) is expressed as movement *under power other than one's own.*

По бульва́ру е́дят грузовики́, маши́ны, велосипе́ды.

> *Trucks, cars, and bicycles are moving on the boulevard.*

2.4.3 Movement of other forms of transportation is usually expressed by verbs denoting the appropriate special type of locomotion, e.g. самолёт (вертолёт, косми́ческий кора́бль) лети́т; кора́бль (ло́дка) плывёт.

● EXERCISE 1

Read and translate the following sentences. Note that in each of these sentences the subject is in the process of moving in one direction at the moment of speech (present tense).

(continued)

(Exercise 1, cont.)

1. Мы с товарищем[1] éдем в гóрод, я везу́ егó в инститýт. Я éду в библиотéку, везу́ кни́ги.
2. На востóк лети́т самолёт, лётчик везёт пóчту археóлогам.
3. По у́лице идёт жéнщина, онá несёт пакéт в рукáх.
4. По мóрю плывёт тáнкер, он везёт нефть.
5. Чéрез у́лицу идёт экскурсовóд, он ведёт тури́стов в музéй.
6. Впереди́ иду́т студéнты, оди́н несёт портфéль, другóй - пáпку.
7. По дорóжке стадиóна бегу́т спортсмéны.
8. Парохóд плывёт из Одéссы в Ялту.
9. Этот пóезд идёт в Новосиби́рск.
10. Сегóдня делегáция учёных éдет на рóдину.
11. Пóсле кинó эри́тели иду́т домóй.
12. Вон наконéц-то идёт автóбус четы́рнадцатый!
13. В цéнтр гóрода далекó, поэ́тому мы éдем тудá на метрó.
14. Здрáвствуй, Оля. Откýда ты? -- Я иду́ с концéрта.
15. Кудá ты идёшь? -- К Натáше.
16. По какóй у́лице мы идём? Я здесь ни рáзу не был.
17. Послезáвтра я лечу́ в Братск.
18. Тáня идёт с нáми на вы́ставку? -- Нет, онá занятá: онá éдет в инститýт сдавáть экзáмен.
19. Кудá бежи́т э́тот мáльчик?
20. Мать идёт в шкóлу встречáть дóчку.
21. Лéтом я éду на дáчу к друзья́м.
22. Кудá ты идёшь? -- В лингафóнный кабинéт.
23. Ви́дите? Из тоннéля идёт пóезд.
24. Смотри́те! Серёжа несёт свою́ собáку чéрез у́лицу в рукáх!
25. Мать ведёт детéй по пáрку.

2.5 Like the present tense, the past and future also denote linear movement in progress at a past or future point in time.

Когдá мы шли на концéрт, мы встрéтили стáрого дру́га.
On our way to the concert (while we were going to the concert), we met an old friend.

---

[1]Мы с товáрищем *'my friend and I'.* Мы с кем denotes two persons, the speaker and someone else.

Note especially the use of the past and future of
the unidirectional verbs in statements in which the
speaker focuses attention not on the action itself, but
on the mode of locomotion, its direction, or some accompanying circumstance.

Ма́льчик е́хал сюда́ на велосипе́де.

The boy rode here on a bicycle.

Из Хаба́ровска в Ирку́тск на по́езде вы бу́дете е́хать 4 дня.

*It will take you four days to travel from Khaba-
rovsk to Irkutsk by train.*

Сего́дня я шёл в институ́т с одни́м из мои́х това́рищей по
гру́ппе.

*I walked to the institute today with one of my class-
mates.*

3.0 All unidirectional verbs of locomotion form perfective partners with the prefix ПО- (идти́ : пойти́; е́хать:
пое́хать; бежа́ть : побежа́ть; etc.).

Semantically, the prefix may focus attention either
on the absolute beginning of the locomotion (a change
from static position to motion), or on the start of a
new movement in a series of movements. The latter meaning of the prefix is especially evident when the verb of
locomotion does not appear first in the sentence.

Где де́ти? -- Их повели́ в парк.

*Where are the children? They were taken to the
park.*

Мы встре́тились у метро́ и пое́хали вме́сте в центр.

*We met by the subway station and rode into town
together.*

Маши́на останови́лась на углу́, пото́м пое́хала да́льше.

The car stopped at the corner and then drove on.

Like other perfective verbs, пойти́ type verbs are also
used to express sequential action.

Ни́на побежа́ла в магази́н и купи́ла себе́ но́вую тетра́дь.

*Nina ran to the store and bought herself a new
notebook.*

● EXERCISE 2

Read the following sentences. Explain the use of the
verb of locomotion in each sentence. Translate the
sentences.

1. Мы уви́дели самолёт, кото́рый лете́л по направле́нию к
   Ки́еву.

(continued)

(Exercise 2, cont.)

2. Ле́том я е́хал в Со́чи и в том же ваго́не е́хал мой това́рищ.
3. Вчера́ по́сле заня́тий мы пошли́ в кино́.
4. Начался́ дождь и де́ти побежа́ли домо́й.
5. С кем я ви́дел тебя́ у́тром? -- Я шёл с това́рищем. /
6. Куда́ ты шёл вчера́? Да́же на поздоро́вился со мной. √
   -- Я нёс часы́ в мастерску́ю и тебя́ не ви́дел.
7. Когда́ мы бу́дем е́хать по у́лице Го́рького, я вам покажу́ э́тот магази́н.
8. За́втра Никола́й Дми́триевич е́дет в   командиро́вку.
9. Когда́ я е́хал в университе́т, я реша́л кроссво́рд.
10. Оле́г попроща́лся и пошёл.
11. Из теа́тра на́ши друзья́ повели́ нас к себе́ в го́сти.
12. Где Ната́ша? Наве́рное, пошла́ на ле́кцию.
13. √ Же́нщина, кото́рая е́хала со мной на метро́, держа́ла в рука́х не́сколько де́тских книг. Она́ везла́ их де́тям одно́й из свои́х знако́мых. √
14. Когда́ мы вас встре́тили, мы шли на авто́бусную остано́вку.
15. С вокза́ла делега́ция пое́хала в гости́ницу.

4.0 THE MULTIDIRECTIONAL VERBS

The multidirectional imperfective verbs of locomotion corresponding to the unidirectional verbs given above in 2.0 are:

ХОДЙ+	*'go, come, walk'*
Е́ЗДИ+	*'go, come, drive, ride'*
ВОДЙ+	*'conduct, lead'*
НОСЙ+	*'carry (on foot)'*
ПЛА́ВАЙ+	*'swim, float, sail'*
ЛЕТА́Й+	*'fly'*
ВОЗЙ+	*'carry (by vehicle), convey'*
БЕ́ГАЙ+	*'run'*

The place (or person) to which or from which the locomotion is directed, the means of transportation, and the area in which the locomotion occurs are expressed in the same way as with the unidirectional verbs (see above 2.1-2.4).

N.B. Multidirectional verbs do *not form perfective partners.*

4.1 Ходи́ть type verbs may denote: (a) completely undirected movement; (b) repeated or habitual movement in one direction; (c) movement proceeding in more than one direction.

4.1.1 Completely undirected locomotion may merely identify the type of movement and imply the ability, inclin-
ation, or necessity to move in a particular fashion, or
familiarity with a means of transportation or a route
taken.

Лю́ди хо́дят, пти́цы лета́ют, ры́бы пла́вают.
> *People walk, birds fly, fish swim.*

Её ребёнок ско́ро начнёт ходи́ть.
> *Her child will soon start to walk.*

Са́ша уже́ прекра́сно пла́вает.
> *Sasha already swims beautifully.*

На́ши де́ти должны́ бо́льше ходи́ть пешко́м.
> *Our children should walk more.*

Вы когда́-нибу́дь лета́ли? -- Лета́л, но пе́рвый раз о́чень
боя́лся.
> *Have you ever flown? Yes, I have, but I was very
> much afraid the first time.*

4.1.2 Undirected locomotion may also denote movement
within a prescribed area proceeding not linearly, but in
any which way.

Весь день мы ходи́ли по го́роду и мно́го интере́сного ви́-
дели.
> *We walked around town all day and saw many interest-
> ing things.*

В аква́риуме пла́вают ра́зные ры́бы.
> *There are various kinds of fish swimming around in
> the aquarium.*

Мать смотре́ла, как де́ти бе́гали в саду́.
> *The mother watched the children running around the
> garden.*

4.1.3 The multidirectional verbs may denote a repeated
or habitual action in one direction. The notion of unidirectional movement then recedes into the background
and the emphasis is on the repetition of the action.

В институ́т она́ всегда́ ходи́ла пешко́м.
> *She always walked to the institute.*

Лари́са Дани́ловна ча́сто во́дит свое́й дете́й в де́тский
теа́тр.
> *Larisa Danilovna often takes her children to the
> children's theater.*

Вы ка́ждое ле́то е́здите в Крым?
> *Do you go to the Krimea every summer?*

4.1.4   In the *past tense only*, the multidirectional verbs may denote a *one time movement to and from the goal*.   The emphasis in such statements is not on the completed action, but on the goal.   Semantically the meaning is very close to ⃞Кто был где?⃞ .   Cf. Topic 5, 4.0.

В прошлом году мы ездили в Москву. (Где вы были?)
   Last year we went to Moscow (we went there and are now back).

Я только что ходила к Лёне. (Где вы были?)
   I just went to see Lena (I've just been to see Lena).

Вы из дома? -- Нет, я ходила в библиотеку.
   Did you come here from home? No, I've been to the library.

● EXERCISE 3

Read the following sentences. Determine whether the verb is unidirectional or multidirectional. Explain its use. Translate each sentence.

1. Сегодня туристы будут ездить по городу.
2. Сергей Григорьевич повезёт своего больного отца на курорт.
3. Больному нельзя ходить.
4. В Средней Азии на верблюдах[1] возят различные грузы.
5. Самолёты летают и днём и ночью.
6. На работу брат всегда ездит на автобусе, а я - на метро.
7. Студенты каждый день ходят на лекции.
8. Почтальон носит нам письма, газеты, журналы.
9. Её сыновья очень любят плавать.
10. Я обычно ношу свои книги в портфеле.
11. Зимой и летом Андрей каждый день плавает в бассейне.
12. Весной и осенью приятно ездить в деревню.
13. Откуда ты?   -- Иду с лекции по физике.
14. Кто плывёт на этом пароходе?
15. Миша ещё не ездит на велосипеде.
16. На зимние каникулы я поеду в Флориду.
17. Шофёр везёт наши вещи на вокзал.
18. Сегодня я еду на трамвае, но обычно я езжу на метро.
19. Эти рабочие идут на завод.
20. Вчера вечером мы ходили в театр.

(continued)

─────────────────
[1]верблюд *'camel'*

(Exercise 3, cont.)

21. Над о́зером лета́ют пти́цы.
22. За́втра мы, наве́рное, пойдём на бале́т, а на сле́дующий день пое́дем к друзья́м в Ри́гу.
23. Утки[1] пла́вали снача́ла у бе́рега, а пото́м поплы́ли к середи́не реки́.
24. Ната́ша е́здит к роди́телям то́лько по воскресе́ньям.
25. Гали́на во́зит на свое́й маши́не всех свои́х друзе́й.
26. Ве́ра обы́чно хо́дит на ры́нок со свое́й сестро́й.
27. Этот парохо́д идёт из Йокога́мы в Нахо́дку.
28. На о́зеро Байка́л я е́здил оди́н раз.
29. Ка́ждое у́тро Ми́ша во́дит свою́ соба́ку в парк.
30. Когда́ я бу́ду идти́ ми́мо магази́на, я куплю́ тебе́ каранда́ш.
31. Когда́ вы пойдёте на вы́ставку? -- Я уже́ ходи́ла на вы́ставку.
32. Из Нью Йо́рка до Хельси́нки мы лете́ли на самолёте, а из Хельси́нки в Ленингра́д мы е́хали на по́езде.
33. Этот авто́бус идёт на пло́щадь Маяко́вского.
34. Вы когда́-нибудь е́здили по э́той доро́ге? -- Нет, никогда́.
35. Почему́ ты хо́дишь по коридо́ру?
36. Вы пе́рвый раз лети́те на самолёте? -- Не пе́рвый. Я люблю́ лета́ть.
37. Ка́ждое у́тро я вожу́ свои́х дете́й в шко́лу.
38. Вчера́ мать води́ла дете́й к врачу́. Врач сказа́л, что все они́ здоро́вы.
39. Ири́на взяла́ у меня́ не́сколько книг и понесла́ их к себе́ домо́й.
40. Этот почтальо́н уже́ мно́го лет но́сит пи́сьма в наш дом.
41. Куда́ вы везёте э́ти ве́щи?

5.0　THE PREFIXED UNIDIRECTIONAL VERBS OF LOCOMOTION

Prefixed verbs of locomotion formed from unidirectional verbs denote movement of the subject relative to some point of reference. Each prefix gives the verb a different nuance of meaning. Like other prefixed simplex verbs, prefixed unidirectional verbs become perfective and form secondary imperfectives (cf. ПИСА́+ → ОПИСА́+ Р → ОПИ́СЫВАЙ+ I). Grammatically they function like any other perfective-imperfective pair.

Compare the secondary imperfective stems of these verbs with those of the unprefixed multidirectional stems (see above 4.0).

----
[1]у́тка *'duck'*

Unidir. Verb → (Imperfective)	Perfective	→	Secondary Imperfective
идти́	(пойти́)		
	прийти́ (IC V, 11.2.1)	(при)-ХОДЙ+	
е́хать	(пое́хать)		
	прие́хать	(при)-ЕЗЖА́Й+	
ВЁД+	(повести́)		
	при-ВЁД+	(при)-ВОДЙ+	
НЁС+	(понести́)		
	при-НЁС+	(при)-НОСЙ+	
ПЛЫВ+	(поплы́ть)		
	при-ПЛЫВ+	(при)-ПЛЫВА́Й+	
ЛЕТЕ́+	(полете́ть)		
	при-ЛЕТЕ́+	(при)-ЛЕТА́Й+	
ВЁЗ+	(повезти́)		
	при-ВЁЗ+	(при)-ВОЗЙ+	
бежа́ть	(побежа́ть)		
	прибежа́ть	(при)-БЕГА́Й+	

N.B. Note that the secondary imperfective prefixed stems of е́хать and плыть differ in shape from the (unprefixed) multidirectional stems. Note also the difference in the stress of БЕ́ГАЙ+ (multidirectional) and the prefixed secondary imperfective (при)-БЕГА́Й+.

For a list of the prefixes that most frequently attach to these verbs and their meanings, see IC IX, 4.1. Some of the prefixes in their most commonly occurring meanings will be presented below. Other meanings may be found in the dictionary.

5.1 ПРИ- denotes arrival at a place.

прийти́ прие́хать	куда́? (во что? на что?) к кому́? к чему́?

Мы пришли́ в теа́тр за де́сять мину́т до нача́ла спекта́кля.
We arrived at the theater ten minutes before show time (lit. 'before the beginning of the performance').
Де́вочка принесла́ учи́тельнице цветы́.
The little girl brought the teacher flowers.
Мы договори́лись встре́титься у теа́тра и я пришёл к теа́тру в назна́ченное вре́мя.
We arranged to meet at the theater and I got to the theater at the appointed time.

5.2 У- denotes departure of a person (or removal of an object by someone) from or to a place, and implies prolonged absence of the person or object.

| уйти́ уе́хать | { | отку́да? куда́? от кого́? к кому́? | (из чего́? с чего́?) (во что? на что?) |

Ната́ши сейча́с нет. Она́ ушла́ в институ́т.
Natasha isn't here now; she left for the institute.
Джо увёз все э́ти фотогра́фии на ро́дину.
Joe took all those photographs back home (lit. 'to his homeland').

5.3 В- (во-) denotes movement of the subject, or movement of an object by the subject of the sentence to the inside of a place.

| войти́ внести́ что? | } | во что? |

Когда́ профе́ссор вошёл в аудито́рию, студе́нты вста́ли.
When the professor entered the lecture room, the students stood up.
Внеси́, пожа́луйста, э́ти ве́щи в дом.
Please carry these things into the house.

5.4 ВЫ- denotes going out of (leaving) a place, but connotes a brief absence ('step out'); it may also focus on the actual moment of the departure of someone, rather than on the duration of the absence.

| вы́йти вы́ехать | { | отку́да? куда́? от кого́? | (из чего́? с чего́?) (во что? на что?) |

Где Ма́ша? -- Она́ вы́шла за че́м-то. Подожди́те её.
Where is Masha? She stepped out to get something. Wait for her.
Ка́ждый день оте́ц выхо́дит в во́семь часо́в.
Father leaves at eight o'clock every day.
За́втра на́ши го́сти вылета́ют на ро́дину.
Tomorrow our guests are flying home.

5.5 ПОД- denotes approaching a person or object located in close proximity to the subject.

подойти́ подéхать	(кудá?) {	к кому́? к чему́?

Он подошёл к милиционéру и спроси́л, как пройти́ в Дом Дру́жбы.

> *He went up to the policeman and asked how to get to the Dom Druzhby.*

5.6 ДО- implies attainment of a boundary, or some point on an itinerary.

дойти́ доéхать }	до чегó?

Мы дошли́ до углá и поверну́ли налéво.

> *We reached the corner and turned to the left.*

5.7 ОТ- denotes movement to a short distance away from the side of something.

отойти́ отъéхать }	от чегó?

У окнá бы́ло хóлодно, поэ́тому я отошёл от негó.
> *It was cold by the window. That's the reason I stepped away from it.*

Пóезд отхóдит чéрез нéсколько мину́т.
> *The train is pulling out in a few minutes.*

Теплохóд отплы́л от бéрега.
> *The (motor)ship pulled away from the shore.*

From the last two examples it is evident that this prefix may refer to the moment of the departure of some form of transportation. When referring to the moment of departure of a person, however, the prefix used is ВЫ- (see above 2.4).

Тури́сты вы́ехали рáно у́тром.
> *The tourists left early in the morning.*

ОТ- may also impart to a verb of locomotion the meaning 'return someone or something to the place where it is normally to be found', or 'take someone or something to the proper location'.

Я ужé давнó взял у товáрища э́ту кни́гу. Нáдо сейчáс отнести́ её ему́.
> *I borrowed this book from my friend a long time ago. I must now take it back to him.*

Телеви́зор плóхо рабóтает. Нáдо отвезти́ егó в телеви- зиóнную мастерску́ю.
> *The television set isn't working properly. It has to be taken to the repair shop.*

5.8 ЗА- may give the verb various meanings. In its
most frequently occurring use it denotes a brief stop on
the way to somewhere ('drop in; stop by').

зайти	куда? (во что?)	за кем? *'for someone'*
зае́хать	к кому́?	за чем? *'for something'*

По доро́ге домо́й Ни́на зашла́ в магази́н купи́ть что́-нибудь
на у́жин.
  *On the way home Nina stopped by the store to buy
  something for supper.*
Если хоти́те, я зайду́ за ва́ми, мы пойдём вме́сте на кон-
це́рт.
  *If you like, I'll stop by for you. We'll go to the
  concert together.*
    As a prefix, ЗА- may also retain the spatial mean-
ing of the preposition from which it is derived: за *'behind'*.

зайти	за что?
зае́хать	

Маши́на поверну́ла напра́во и зашла́ за у́гол.
  *The car turned right and drove (disappeared) around
  the corner.*
Самолёт залете́л за облака́.
  The plane flew (disappeared) behind the clouds.

5.9 ПЕРЕ- connotes movement from one side to another,
or movement from one place of residence to another.

перейти́	что?
перее́хать	че́рез что?
	отку́да? куда́?

Ю́ноша переплы́л реку́ в са́мом широ́ком её ме́сте.
  *The young man swam across the river at its widest
  point.*
Очень жа́рко. На друго́й стороне́ у́лицы нет со́лнца. Да-
ва́йте перейдём на ту сто́рону.
  *It's very hot. It's shady on the other side of the
  street (lit. 'there's no sun'). Let's cross to
  that side.*
Ну́жно перевезти́ ве́щи Алёши на его́ но́вую кварти́ру.
  Alyosha's things must be moved to his new apartment.

5.10 ПРО- connotes: (a) covering distance or time; (b)
passing sthg. by; (c) penetrating sthg. in space. Note
the following constructions.

пройти́ проéхать	что?
	ми́мо чего́? *'past sthg.'*
	сквозь что? *'through sthg. (by penetrating)'*
	чéрез что? *'across sthg.'*
	по чему́? *'through sthg.'*

N.B.   Note also the verb ПРОНИКА́Й+ I, ПРОНИ́КНУ+ P
'penetrate' which is synonymous with проходи́ть (пройти́)
in meaning (c), but whose use is restricted to referen-
ces to light, odors, dampness, etc.
Мы прошли́ дéсять киломéтров за пять часо́в.
   We covered ten kilometers in five hours.
Прошло́ врéмя.
   Time passed.
Мы проéхали свою́ остано́вку. Придётся верну́ться обра́т-
но.
   We passed our stop. We'll have to turn back.
Доро́га прохо́дит по лéсу.
   The road goes through a forest.

6.0 The *past imperfective prefixed verbs of locomotion,*
like the past of the multidirectional verbs and some
other verbs, may denote two-way action, or annulled re-
sult. (See above 4.1.4 and cf. Topic 5, 4.0.)
Он замéтил, что без него́ в его́ ко́мнату кто́-то входи́л.
   He noticed that in his absence someone had been in
   his room.
Сего́дня приходи́л к вам како́й-то человéк, но вас нé было.
   Someone came to see you today, but you weren't in
   (he came and left).
Compare the above sentences with the following:
Ната́ша пришла́. Она́ тебя́ ждёт.
   Natasha has arrived. She's waiting for you.

● EXERCISE 4

Read the following sentences. Explain the use of the
verbs of locomotion.

1. Автомоби́ль прохо́дит 60 киломéтров за час. Самолёт
   пролета́ет за час 1000 киломéтров. Косми́ческий ко-
   ра́бль дви́жется в простра́нстве со ско́ростью 11,5
   км/ч.
2. Этот спортсмéн прибежа́л к фи́нишу пéрвым и стал чем-
   пио́ном.
3. Ви́ктор придёт за́втра на лéкцию?

                    (continued)

(Exercise 4, cont.)

4. Я ждала Катю, как мы договорились, у касс вокзала, но она почему-то не пришла.
5. В перерыве[1] Ольга подошла к преподавательнице с просьбой отпустить её с занятий.
6. Я заметил свободное такси, поднял руку и машина подъехала ко мне.
7. Они доехали до площади Свердлова на автобусе, а там пошли пешком.
8. Далеко ли отсюда гостиница "Метрополь"? -- В пяти минутах ходьбы. -- Значит, я могу дойти до гостиницы пешком.
9. Мы ждали открытия магазина. Как только он открылся, мы вошли в него в числе первых.[2]
10. По дороге на лекцию я забежал в газетный киоск.
11. Лаборант уже ушёл из лингафонного кабинета.
12. Старые приборы уже унесли из лаборатории.
13. Моего брата нет дома. Он уже ушёл на работу. Он всегда выходит очень рано.
14. Картины московских художников увезут на выставку в Харьков.
15. Врача нет в кабинете. -- Он ушёл? -- Нет, он вышел ненадолго.
16. Аспирант вышел в соседнюю лабораторию достать прибор.
17. Миша купил газету и отошёл от киоска.
18. Мы побежали на остановку, потому что увидели, что автобус уже подъехал к ней.
19. Вам нужно доехать на этом автобусе до конца и там пересесть на другой автобус.
20. Идя на занятия, я на минутку забежал к товарищу.
21. Всю мебель уже вынесли из комнаты в коридор. В комнате ничего нет.
22. Она подошла к экскурсоводу, о чём-то спросила, потом отошла от него.
23. Мать взяла ребёнка за руку и перевела его через улицу.
24. На светофоре красный свет! Нельзя переходить.
25. В июне институт переезжает в новое помещение.
26. Мы ходили по городу три часа.
27. Где была ваша книга? Сестра носила её показывать своим друзьям.
28. Туристы проехали мимо большого красивого здания.
29. Алёша приносил мне на воскресенье свой магнитофон.

(continued)

---
[1]перерыв 'break, recess'   [2]в числе чего 'among'

(Exercise 4, cont.)

30. Мы с Же́ней дое́хали до пло́щади Пу́шкина на авто́бусе. Ната́ша пришла́ к па́мятнику ра́ньше нас. Она́ уви́дела нас, когда́ мы подошли́ к па́мятнику.

31. Я реши́л пойти́ в дом, где прошли́ после́дние го́ды жи́зни А.С. Пу́шкина. Там сейча́с музе́й.

32. У тебя́ с собо́й уче́бник фи́зики? -- Нет, я уже́ отнёс его́ домо́й.

33. Преподава́тель написа́л на доске́[1] фо́рмулу и отошёл от неё, что́бы все могли́ ви́деть, что́ напи́сано на доске́.

34. Де́вочку привела́ в шко́лу её мать.

35. Утром мать отвела́ до́чку в де́тский сад.

36. Ты мо́жешь проплы́ть без о́тдыха три киломе́тра?

37. Лу́чи ви́димого све́та прохо́дят че́рез око́нное стекло́.

38. Кана́л прохо́дит че́рез джу́нгли.

39. Сего́дня у́тром ко мне приходи́ла Мари́я Миха́йловна, она́ принесла́ мне но́вые журна́лы. Ве́чером я бу́ду их чита́ть.

40. Расстоя́ние от Со́лнца до Земли́ 150 миллио́нов киломе́тров. По́езд мо́жет пройти́ э́тот путь за 170 лет, е́сли он дви́жется со ско́ростью 100 ки/ч. Е́сли челове́к идёт со ско́ростью 30 киломе́тров в день, то э́тот путь он мо́жет пройти́ за 14 ты́сяч лет. Свет прохо́дит э́то расстоя́ние за 8 мину́т 20 секу́нд.

♦♦♦ ТЕКСТ ДЛЯ ЧТЕ́НИЯ: Минаре́т и а́ист[2]
(узбе́кская ска́зка)

В дре́внем узбе́кском го́роде Бухаре́ стои́т высо́кий минаре́т. Ему́ бо́льше ты́сячи лет. Наверху́ нахо́дится большо́е гнездо́,[3] в кото́ром живёт а́ист. Ка́ждую о́сень а́ист улета́ет в жа́ркие стра́ны и ка́ждую весну́ сно́ва возвраща́ется в своё гнездо́.

Одна́жды минаре́т сказа́л а́исту:

- Послу́шай, а́ист, ты так давно́ живёшь у меня́. Ка́ждую о́сень ты улета́ешь в жа́ркие стра́ны и ка́ждую весну́ ты прилета́ешь сно́ва ко мне. Почему́ ты никогда́ не принесёшь мне пода́рка?[4]

-- Како́й же пода́рок ты хо́чешь? - спроси́л а́ист.

- Принеси́ мне гало́ши.

-- Хорошо́, - сказа́л а́ист, - я принесу́ тебе́ гало́ши.

Наступи́ла о́сень. Аист улете́л, а весно́й он сно́ва

(continued)

___

[1]доска́ *'blackboard'*   [2]а́ист *'stork'*   [3]гнездо́ *'nest'*
[4]пода́рок *'present'*

прилете́л обра́тно в Бухару́.

Прошло́ не́сколько дней. Аист ничего́ не говори́л ми-
наре́ту о пода́рке. Молча́л и минаре́т. Наконе́ц минаре́т
спроси́л:

- Послу́шай, а́ист, а где же твой пода́рок?

-- Я принёс тебе́ гало́ши и поста́вил их вот сюда́ на
зе́млю. Но ты уходи́л, и их, наве́рное, кто́-то взял.

- Каки́е глу́пости[1] ты говори́шь, а́ист! Ты прекра́сно
зна́ешь, что я ты́сячу лет стою́ на одно́м ме́сте и никуда́ не
хожу́, - сказа́л минаре́т.

На э́то а́ист отве́тил так:

-- А е́сли ты никуда́ не хо́дишь, заче́м тебе́ гало́ши?

★ ПОЛЕ́ЗНЫЕ СЛОВА́

весьма́	- *very*
по ра́зному	- *in different ways*
среди́ чего́	- *among (something)*
кста́ти	- *(introductory word) incidentally, by the way*
дли́ться	- *to last (used only in 3rd. person:* дли́тся, для́тся; дли́лся, дли́лась)
ма́ло кто	- *hardly anyone*
ро́дственник	- *relative*
ве́т/е/р АА	- *wind*
вообще́ не	- *not at all*

♦♦♦ ТЕКСТ ДЛЯ ЧТЕ́НИЯ: Как пла́вают ры́бы

Мы ча́сто говори́м - "Он пла́вает как ры́ба." Одна́ко
э́то определе́ние весьма́ нето́чно, потому́ что ры́бы пла́вают
по ра́зному. Лу́чшими пловца́ми среди́ рыб мо́жно счита́ть
жи́телей откры́тых море́й: аку́лу,[2] ску́мбрию, ло́сося, т.е.
рыб с торпедообра́зной фо́рмой те́ла. Это быстрохо́дные
ры́бы. Так, ло́сось плывёт со ско́ростью 18 км. в час,
ско́рость аку́лы от 36 до 42 км. в час. Кста́ти, с большо́й
ско́ростью пла́вают и не́которые морски́е живо́тные: кит (до
40 км. в час), дельфи́ны (до 60 км. в час). Но быстре́е
всех пла́вает меч-ры́ба, кото́рая мо́жет разви́ть ско́рость
до 130 км. в час.

(continued)

---

[1] *'What nonsense!'*   [2] The fish named in this passage
are: аку́ла *'shark'*; ску́мбрия *'mackerel'*; ло́сось m. *'sal-
mon'*; кит *'whale'*; меч-ры́ба *'swordfish'*; морско́й чёрт
'devil fish'; морско́й пету́х *'sea robin'* (*lit. 'sea roos-
ter'*).

Главную работу у рыб-"быстроходов" выполняет хвост.[1] Плавники служат для равновесия и как руль.[2]

Некоторые рыбы движутся змееобразно,[3] изгибая тело. Скорость их невелика. Ещё медленее плавают рыбы, работающие только плавниками, без помощи хвоста. В тёплых морях живут летучие рыбы. Некоторые не только плавают, но и летают. Иногда полёт таких рыб длится около минуты, за это время они могут пролетать до 400 метров.

Мало кто знает, что есть рыба, которая плавает на спине вверх брюхом,[4] и такая, что может плавать хвостом вперёд, и наконец, что есть рыбы с реактивным способом передвижения.

Есть и ещё рыбы, которые не хотят плавать сами. Рыба-парусник,[5] родственница меч-рыбы, выставляет свой высокий спинной плавник из воды, как парус, и ветер несёт её по морю. Рыба-прилипала[6] передвигается, присосавшись[7] к телу крупной рыбы или корпусу корабля - словом, ездит по морю, как пассажир. Среди придонных[8] рыб есть такие, как морской чёрт и морской петух, которые не плавают, а прыгают[9] и ползают[10] по грунту.[11] Некоторые из таких рыб-прыгунов способны даже бегать по воде.

И наконец, в Красном море живёт удивительная рыба, которая вообще не плавает, а ведёт сидячий образ жизни.

On the basis of the information given in the above passage, label each of the following statements П (Правильно) or Н (Неправильно).

1. Самые лучшие пловцы среди рыб имеют торпедообразную форму тела.

2. Дельфин - это быстроходная рыба, которая живёт в открытых морях.

3. Существуют рыбы, которые вообще не плавают. Одни прыгают или ползают по дну океана, другие бегают или даже летают.

4. Быстроходные рыбы движутся главным образом с помощью хвоста.

---

[1]хвост *'tail'*   [2]руль *'rudder'*   [3]змея *'snake'*
[4]брюх *'belly'*   [5]cf. парус *'sail'*   [6]cf. прилипать *'adhere to'*   [7]cf. сосаться *'suck'*   [8]cf. дно *'bottom'*   [9]прыгать *'jump'*   [10]A double imperfective verb of locomotion: ПОЛЗАЙ+ (multidir.), полз+ (unidirect.) *'crawl'*.   [11]по грунту *'along the bed '(of the ocean'*

★ ПОЛЕ́ЗНЫЕ СЛОВА́

наоборо́т   - on the contrary
ПРОПУСКА́Й+I }
ПРОПУСТИ́+ P }   - let (something) through

♦♦♦ ТЕКСТ ДЛЯ ЧТЕ́НИЯ: Инфракра́сные лучи́

    Инфракра́сные лучи́ облада́ют мно́гими интере́сными
сво́йствами. Они́, наприме́р, проника́ют сквозь не́которые
непрозра́чные тела́. То́нкая деревя́нная пласти́нка и́ли
пласти́нка из пластма́ссы не заде́рживает инфракра́сных лу-
че́й. Они́ прохо́дят че́рез таки́е пласти́нки как лучи́ види́-
мого на́ми све́та прохо́дят че́рез око́нное стекло́. А око́н-
ное стекло́, наоборо́т, почти́ не пропуска́ет инфракра́сных
луче́й.

7.0 PREFIXED MULTIDIRECTIONAL VERBS OF LOCOMOTION

    Some multidirectional (imperfective) verbs may com-
bine with certain prefixes to form *perfective* verbs which
*preserve the grammatical meaning of the basic unprefixed
forms*, i.e., they denote non-linear movement. They are
used for the most part in the spoken language, and are
rarely encountered in the formal written language. Therefore, only a few of the most frequently occurring of them
are presented here for the purpose of illustrating some
of the subtleties of aspectual uses.

7.1 The prefix C- plus multidirectional verb (e.g. cxo-
ди́ть, съе́здить, сбе́гать, своди́ть) denotes a one time
round trip movement to a goal and return. This perfective form is required when the emphasis is on one of the
meanings characteristic of that aspect. The perfective
verb, therefore, may have one of the meanings that fol-
low.

7.1.1 A resultative action:
  Сего́дня я сходи́л в теа́тр за биле́тами.
    *I went to the theater for tickets today (went there,
    bought them, brought them back).*
  Мы не смо́жем повтори́ть э́тот уро́к без уче́бника.
  - Я сейча́с сбе́гаю к Ле́не за уче́бником.
    *"We won't be able to review that lesson without the
    textbook."*
    "I'll run right over to Lena to get the textbook."

Вы съездили на экскурсию по Москве? -- Да, съездил.
"Did you go on the sightseeing trip around Moscow?"
"Yes, I did."

7.1.2 Sequential action:

Вчера я съездил в деревню и привёз домой красивый бу-
кет осенних листьев.

> *I rode out to the countryside yesterday (and back)*
> *and brought home a beautiful bouquet of autumn*
> *leaves.*

После того как я сходил к другу за учебником, я стал
повторять урок.

> *After I had gone to get the textbook from my friend*
> *(and returned), I began to review the lesson.*

7.1.3 Emphasis on the time period within which the round trip was made:

Гриша сбегал в аптеку за лекарством за 15 минут.

> *Grisha ran to the drugstore for the medicine in 15*
> *minutes (there and back).*

7.1.4 In addition, such a perfective verb is required after verbs requiring a perfective infinitive (успеть, удаться, забыть), or after modal words normally requiring a perfective verb:

Сестра не успела съездить на рынок за продуктами.

> *Sister didn't find the time to drive to market for*
> *provisions.*

Надо обязательно сводить детей на выставку.

> *The children must be taken to the exhibition with-*
> *out fail.*

7.2 The prefix ЗА- plus multidirectional verb (заходить, забегать, etc.) denotes the beginning of a non-linear movement.

Раздался свисток и футболисты забегали по полю.

> *The whistle sounded and the soccer players began*
> *running around the field.*

7.3 The prefix ПО- plus multidirectional verb limits the duration of the movement in time.

Зое не спалось. Она встала, включила свет, походила
по комнате и вышла на балкон.

> *Zoya couldn't sleep. She got up, turned on the*
> *light, walked around the room for a bit, and then*
> *went out to the balcony.*

Перед состязанием спортсмены побегали немного, чтобы
размяться.

> Before the match the athletes took a short run to
> limber up.

8.0 In addition to their concrete meanings, many of the
verbs of locomotion - in both prefixed and nonprefixed
forms - have acquired figurative or abstract meanings,
or are used in set phrases. In some uses only the multidirectional verb occurs (носить имя кого 'to bear someone's name'; носить очки 'to wear glasses'). In others
only the unidirectional form occurs (время летит 'time
flies'; вести семинар 'to conduct a seminar'; нести обя-
заности чего 'to perform the duties of sthg.'). Prefixed
verbs, especially those formed with the particle -ся,
frequently acquire lexical meanings not directly trace-
able to the meaning of the root: находиться 'to be located'; производить I, произвести P 'to produce'; произ-
носить I, произнести P 'to pronounce'; приходиться I,
прийтись P 'to have to' (used impersonally only); нестись
I, понестись P 'to rush along'. To determine the meanings of such verbs, a dictionary should be consulted.

● EXERCISE 5

Read and translate the following sentences. Explain
the uses of the verbs of locomotion.

1. К вам утром приходили студенты на консультацию?
    -- Да, приходили.
2. Коля часто приходит к нам.
3. А где же была эта картина всё это время?   -- Алёша
    уносил её к себе на время.
4. Толя посмотрел на часы и побежал к автобусной ос-
    тановке.
5. Почему я не вижу вашу дочь? Где она? -- Она по-
    шла в библиотеку.
6. Лариса походила немного на свежем воздухе, потом
    опять стала заниматься.
7. Ты просил меня пойти к Коле узнать, когда он за-
    кончит эту работу. Я забыл к нему сходить.
8. Скажите, какие номера трамваев здесь ходят?
9. Почему вы не были на лекции? Мне надо было сходить
    к врачу.
10. Куда идёт этот автобус?
11. Во время каникул я успела съездить к друзьям в Ялту.

(continued)

(Exercise 5, cont.)

12. В суббо́ту мы с Ве́рой пое́дем за́ город.
13. По́сле заня́тий все шли домо́й и разгова́ривали о ра́зном.
14. Сего́дня когда́ я е́хал в авто́бусе на уро́к ру́сского языка́, я повторя́л про себя́ но́вые слова́.
15. Дире́ктор встал из-за стола́ и в волне́нии заходи́л по ко́мнате.

★ ПОЛЕ́ЗНЫЕ СЛОВА́

и́менно   - *namely; precisely*
собы́тие AA   - *event*

♦♦♦ ТЕКСТ ДЛЯ ЧТЕ́НИЯ: Рожде́ние Санкт-Петербу́рга

У э́того го́рода три и́мени. С 1703 го́да до 1914 его́ называ́ли Санкт-Петербу́ргом, пото́м Петрогра́дом, а с 1924 - Ленингра́дом.

Жизнь го́рода начала́сь в нача́ле бу́рного[1] XVIII ве́ка. В э́то вре́мя пе́ред Ру́сским госуда́рством стоя́ла больша́я истори́ческая зада́ча: сде́лать реши́тельный шаг вперёд в эконо́мике и культу́ре страны́. Именно э́ту цель име́ли рефо́рмы царя́ Петра́ I (1672-1725). Госуда́рству нужна́ была́ но́вая столи́ца - центр рефо́рм. Тако́й столи́цей стал го́род Санкт-Петербу́рг, располо́женный на реке́ Неве́.

В дре́вности э́та земля́ принадлежа́ла го́роду Но́вгороду. По ней шёл торго́вый[2] путь из Скандина́вии в Виза́нтию - "путь из варя́г в гре́ки", как его́ называ́ли ру́сские. В нача́ле XVII ве́ка э́та земля́ перешла́ в ру́ки шве́дов. Но она́ была́ необходи́ма Ру́сскому госуда́рству для разви́тия торго́вли и культу́рных свя́зей с за́падными стра́нами. Отобра́ть у шве́дов э́ту ста́рую новгоро́дскую зе́млю - вот цель, кото́рую пресле́довала Се́верная война́ (1700-1721).

Осенью 1702 го́да ру́сские войска́[3] взя́ли на реке́ Неве́ си́льную кре́пость[4] Оре́шек. Об э́той побе́де Пётр I писа́л: "Хотя́ и кре́пок оре́х был, одна́ко же счастли́во на́ми разгры́зен".[5] Че́рез год ру́сские вы́шли к де́льте Невы́. Тепе́рь мо́жно бы́ло стро́ить порто́вый го́род. Вы́брали о́стров недалеко́ от мо́ря в са́мом широ́ком ме́сте Невы́. Здесь 16 ма́я

(continued)

---

[1]бу́рный *'stormy; eventful'*   [2]торго́вый *'trade (adj.)'*
[3]войска́ *'troops (pl.)'*   [4]кре́пость *'fortress'*
[5]*"Even though the nut was a hard one, we cracked it successfully."* Оре́шек, *the name of the fortress, means 'little nut'.*

1703 го́да заложи́ли кре́пость, кото́рую назва́ли Санкт-
Петербу́рг.

Стро́или бы́стро, что́бы шве́ды не смогли́ верну́ть по-
те́рянную террито́рию.[1]   Кре́пость с шестью́ бастио́нами была́
постро́ена за полтора́ ме́сяца.   Уже́ в ноябре́ 1703 го́да к
кре́пости подошёл пе́рвый европе́йский торго́вый кора́бль из
Гола́ндии - "окно́ в Евро́пу" проруби́ли.[2]

Но одно́й кре́пости был ма́ло.   В 1704 году́ на ле́вом
берегу́ Невы́ появи́лась втора́я, Адмиралте́йская кре́пость и
верфь[3] для строи́тельства фло́та.   В том же году́ постро́или
и тре́тью, Кроншта́дтскую кре́пость.   Под защи́той трёх кре-
посте́й на́чал расти́ но́вый го́род.

Пари́ж и Ло́ндон, Берли́н и Ве́на, Рим, Москва́, Ки́ев
стро́ились века́ми.   Петербу́рг же на́до бы́ло постро́ить за
одно́-два десятиле́тия.

Санкт-Петербу́ргу - Петрогра́ду - Ленингра́ду нет ещё
300 лет.   Он совсе́м мо́лод.   Но его́ биогра́фия бога́та ве-
ли́кими истори́ческими собы́тиями, имена́ми знамени́тых люде́й,
леге́ндами и правди́выми исто́риями, похо́жими на леге́нды.

Отве́тьте на сле́дующие вопро́сы:
1. Почему́ земля́ на Неве́ была́ необходи́ма Ру́сскому госу-
да́рству?
2. Как назва́ли пе́рвую кре́пость, постро́енную на Неве́?
3. Ско́лько имён у э́того го́рода?

---

[1]верну́ть поте́рянную террито́рию 'recover the lost territory'   [2]проруби́ть 'cut through'   [3]верфь 'ship-
yard'

1.0 *Existence or non-existence, presence or absence* of someone or something is expressed by the following constructions.

где у кого	{	(есть) был (была́, бы́ло, бы́ли) бу́дет (бу́дут)	}	что (кто)
где у кого	{	нет не́ было не бу́дет	}	чего́
кто не был где (у кого́) кого́ не́ было где (у кого́)				

В на́шей библиоте́ке есть э́тот журна́л.
   That journal is in our library. (Our library has that journal.)
В на́шей библиоте́ке нет э́того журна́ла.
   That journal isn't in our library. (Our library doesn't have that journal.)
Вчера́ у нас была́ о́чень интере́сная ле́кция.
   We had a very interesting lecture yesterday.
Вчера́ у нас не́ было контро́льной рабо́ты.
   We didn't have a quiz yesterday.
В конце́ семе́стра у нас бу́дут экза́мены.
   At the end of the semester we'll have exams.
В конце́ семе́стра у нас не бу́дет экза́менов.
   At the end of the semester we'll not have exams.
Когда́ принесли́ телегра́мму, меня́ не́ было до́ма.
   I wasn't home when the telegram was delivered.
Я никогда́ не была́ в Ло́ндоне.
   I've never been to London.

1.1 The use of есть instead of the zero verb emphasizes the existence of someone or something. When the emphasis is on the quantity or quality of the subject of the sentence, rather than on its existence, есть is not used. Compare the following sentences.
   В на́шей лаборато́рии есть но́вый прибо́р.
      There is a new instrument in our laboratory. <u>But:</u>
   В на́шей лаборато́рии но́вый прибо́р.
      Our laboratory has a new instrument.
   Сего́дня у него́ есть свобо́дное вре́мя.
      He does have some free time today. <u>But:</u>

Сего́дня у него́ ма́ло свобо́дного вре́мени.

He doesn't have much free time today (lit. 'He has
little free time').

В ва́шем го́роде есть теа́тр? Да, есть.

Is there a theater in your city? Yes, there is.
But:

В ва́шем го́роде оди́н теа́тр? Нет, не́сколько теа́тров.

Is there only one theater in your town? No, there
are several.

1.2   The constructions кто не был где and кого́ не́ было где are not synonymous.

Кто не был где implies someone did not go somewhere and is the equivalent of кто не ходи́л (не е́здил) куда́.

Кого́ не́ было где expresses absence of a person from a place where he was expected to be, and is equivalent in meaning to отсу́тствовать *'to be absent'*. Compare the following sentences.

Он никогда́ не был в Ташке́нте. (Он никогда́ не е́здил...)

He has never been to Tashkent.

Когда́ я прие́хал в Москву́, дире́ктора институ́та не́ было. Сказа́ли, что он уе́хал в Ки́ев за неде́лю до моего́ прие́зда.

When I arrived in Moscow, the director of the in-
stitute wasn't there. I was told that he had gone
to Kiev a week before my arrival.

Воло́дя не был вчера́ в университе́те. Он заболе́л, и ему́ пришло́сь сиде́ть до́ма весь день.

Volodya didn't go to the university yesterday. He
took sick and had to stay home all day.

Мы давно́ не́ были у Петро́вых.

We haven't been to see the Petrovs for a long time.

1.3   In conversation, a request to give something to the speaker ('Do you have X? Would you have X?') is usually put in the negative as an expression of politeness.

Мне о́чень ну́жен но́мер телефо́на Еле́ны. У вас нет её но́мера?

I very much need Elena's telephone number. Would
you have her number?

Мне сове́товали прочита́ть одну́ статью́ в после́днем но́мере журна́ла "Огонёк". У вас нет э́того журна́ла?

I was advised to read a certain article in the la-
test issue of the magazine "Ogonyok". Would you
happen to have that magazine?

● EXERCISE 1

Answer the questions in both the affirmative and the
negative using the constructions у кого́ есть что, у
кого́ нет чего́, где есть что, где нет чего́.

1. У вас есть сего́дня практи́ческие заня́тия? Да,...
   Нет,...
2. Тебе́ нужны́ карандаши́? Да,... Нет,...
3. Как ты ду́маешь, сейча́с мо́жно купи́ть биле́ты на ба-
   ле́т? Мо́жно, я ду́маю, что... Нельзя́, я ду́маю,
   что...
4. Ты купи́л себе́ фотоаппара́т? Да,... Нет,...
5. Вам ну́жен конве́рт с авиама́ркой? Да,... Нет,...

● EXERCISE 2

Complete each sentence with a statement of non-existence
or absence. Use быть in its correct form.

1. У Та́ни бы́ли оши́бки в перево́де, а у Ле́ны...
2. В два часа́ бы́ли свобо́дные места́, а сейча́с уже́...
3. На э́той неде́ле у студе́нтов бы́ли лаборато́рные рабо́ты,
   а на бу́дущей неде́ле...
4. На на́шем факульте́те уже́ был ве́чер, а на ва́шем фа-
   культе́те ещё...
5. Лари́са забы́ла до́ма свою́ тетра́дь. Она́ не запи́сывает
   ле́кцию, потому́ что у неё...
6. Ле́кция о междунаро́дном положе́нии уже́ была́ у вас?
   - Нет, у нас ещё...
7. В Ленингра́де есть метро́, а в Арха́нгельске ещё...
8. Мари́на обеща́ла прийти́ к нам в суббо́ту, когда́ у неё
   бу́дет свобо́дное вре́мя. Сейча́с у неё...
9. В э́том году́ у нас есть телеви́зор, а в про́шлом году́
   у нас...
10. В э́той аудито́рии занима́ется пе́рвая гру́ппа, а в той
    аудито́рии...

● EXERCISE 3

Choose one of the statements given in parentheses to
complete the sentence. In which sentences could either
statement be used?

1. Ми́ша ничего́ не мо́жет сказа́ть вам о ле́кции, потому́
   что (он не был на ле́кции, его́ не́ было на ле́кции).
2. Мы наде́ялись уви́деть Ольгу у Ната́ши, но (она́ не
   была́ у Ната́ши, её не́ было у Ната́ши).

(continued)

(Exercise 3, cont.)

3. На концертах в Доме культуры мы всегда встречаем кого-нибудь из наших друзей, но в воскресенье на концерте (никто из наших друзей не был, никого из наших друзей не было).

4. Твоя сестра видела "Лебединое озеро"?[1] Нет, в Большом театре (она не была, её не было).

5. Обычно Анна Николаевна работает в библотеке до четырёх часов, но сегодня в три часа (она не была, её не было).

6. Мы очень хотим поехать в Волгоград. Там (никто из нас ещё не был, никого из нас не было).

● EXERCISE 4

For each of the following situations form a request using the construction у вас нет чего.

1. Вы в книжном магазине. Вам нужен учебник по физике для первого курса.

2. Вы в библиотеке. Вы хотите читать роман Толстого "Анна Каренина" на русском языке.

3. Вы забыли номер телефона посольства.[2] Вы спрашиваете у товарища по группе, не знает ли он этот телефон.

4. Вы хотите купить билет в театр перед началом спектакля.

5. Вы на почте. Вы хотите купить поздравительные открытки.[3]

2.0 Existence or presence of something may also be expressed by the verbs СУЩЕСТВОВА+ *'exist'*; ИМЕЙ+-ся *'be available'*; ВСТРЕЧАЙ+-ся *'be encountered'*, as well as by the short PPP распространён, распространена, распространено, распространены *'distributed'*.

что существует (как долго)
чего не существует (не существовало)

где	⌈ имеется ⌉		⌈ в каком виде
у кого { существует } что? { в каком количестве
у чего ⌊ встречается ⌋			⌊ в виде чего

где распространено что?

---

[1] *'Swan Lake'*   [2] посольство *'embassy'*   [3] поздравительная открытка *'greeting card'*

Жизнь на Земле́ существу́ет уже́ о́коло двух миллиа́рдов лет.

Life has been existing on Earth for about two billion years.

В на́шей библиоте́ке име́ется мно́го журна́лов на ру́сском языке́.

There are many Russian language journals in our library.

Свобо́дный углеро́д встреча́ется в приро́де в ви́де алма́зов и графи́та.

Free carbon exists in nature in the form of diamonds and graphite.

Берёзы о́чень распространены́ в сре́дней полосе́ Росси́и.

Birch trees are found widely throughout the central zone of Russia.

2.1 СУЩЕСТВОВА́+ *'exist'* expresses the fact of actual existence or existence in time.

Мы не зна́ем, существу́ет ли жизнь на други́м плане́тах.

We don't know whether life exists on other planets.

Мате́рия существсу́ет ве́чно.

Matter exists eternally.

Мно́гие учёные счита́ют, что Антланти́да существова́ла.

Many scholars believe that Atlantis did exist.

N.B. Не существова́ть, expressing non-existence of something, like the construction у кого́ нет чего́, is used impersonally. The object which is non-existent stands in the genitive. See IC IV, 16.3.

Абсолю́тно неподви́жных тел в приро́де не существу́ет.

There are no absolutely motionless bodies in nature.

2.2 (где) ИМЕ́Й+-ся (что) *'(sthg.) is available (somewhere)'* is interchangeable with (где) есть что.

В на́шей библиоте́ке име́ются (есть) кни́ги и журна́лы на ра́зных языка́х.

There are books and journals in various languages in our library.

2.3 (что) ВСТРЕЧА́Й+-ся (где) *'(sthg.) is encountered (somewhere)'* implies frequent occurrence of something.

Водоро́д встреча́ется в приро́де в свобо́дном и свя́занном состоя́ниях.

In nature oxygen is found in free and compound forms.

2.4 (что) распространено́ (где) '(something) is distributed (somewhere)' implies widespread distribution of
sthg.

Таки́е дере́вья распространены́ на ю́ге страны́.

*Such trees are to be found throughout the south of
the country.*

2.5 Существова́ть, име́ться, and (где) есть что are interchangeable in some contexts.

О реке́ Ангаре́ существу́ет (име́ется; есть) краси́вая ле-
ге́нда.

There is a lovely legend about the Angara River.

(где) име́ется что and (где) есть что are synonymous.
The former, however, is stylistically marked as more formal or official in tone; the latter is stylistically
neutral.

В уче́бнике на пятна́дцатой страни́це име́ется (есть) та-
бли́ца оконча́ний имён существи́тельных.

*In the textbook on page fifteen there is a table of
noun endings.*

When the context implies that something is available, is at someone's disposal, or is part of something
else with no reference to time, существова́ть cannot be
used. Only the constructions with име́ться and быть are
possible.

В лаборато́рии име́ется электро́нный микроско́п.

There is an electron microscope in the laboratory.

В расчётах име́ется (есть) небольша́я оши́бка.

There is a small error in the calculations.

У вас име́ются (есть) докуме́нты об оконча́нии сре́дней
шко́лы?

*Do you have any documents to show your graduation
from middle school?*

● EXERCISE 5

Insert in the blank one of the verbs существова́ть, и-
ме́ться, or the construction with быть. In which sentences can all three constructions be used?

1. Филосо́фы по-ра́зному отвеча́ли на вопро́с, _____ ли
   мир ве́чно и́ли он име́ет нача́ло во вре́мени.
2. В на́шей стране́ _____ огро́мные запа́сы у́гля.
3. В ботани́ческом саду́ _____ расте́ния из са́мых разли́ч-
   ных климати́ческих зон.

                    (continued)

(Exercise 5, cont.)

4. О семи чудесах[1] света _____ много легенд, но сами памятники - не легенда, они _____ в действительности, были реальным созданием человеческого гения.

5. Вся история развития физики показывает, что, по-видимому, не _____ предела[2] для наших знаний.

6. У кого _____ вопросы?

7. У вас в лаборатории _____ электронный микроскоп?

8. Книгопечатание _____ в России уже более 400 лет.

3.0 Кто (что) имеет что (acc.); кто (что) не имеет чего are used in expository writing as the equivalents of у кого (у чего) есть что; у кого (у чего) нет чего. For the genitive instead of the accusative after negated transitive verbs, see IC X, 9.2 - 9.2.4.

После запуска космической станции Луна-3 мы имеет фотографии обратной стороны Луны,

Since the launching of the space station Luna III we have photographs of the dark (lit. 'reverse') side of the moon.

Юпитер имеет пятнадцать естественных спутников, а Сатурн - девять.

Jupiter has fifteen natural satellites, whereas Saturn has nine.

По мнению большинства учёных простейшие одноклеточные организмы не имеют нервной системы.

According to the majority of scientists very simple one-celled organisms do not have a nervous system.

N.B. Abstract nouns such as право 'right', возможность 'possibility; opportunity', значение 'significance' are used only with иметь.

Все имеют право высказать своё мнение.

Everyone has the right to express his opinion.

Никто не имеет права задерживаться в лаборатории позже девяти часов.

No one has the right to linger in the laboratory after (lit. 'no later than') 9:00 PM.

Это не имеет никакого значения.

That is not at all important (lit. 'That has no significance whatsoever').

---

[1]чудо (pl. чудеса) *'wonder'*
[2]предел *'limit'*

4.0 In addition to the above constructions, the following verbs are encountered in formal and official styles
when reference is made to the existence of *resources* or
information.

ОБЛАДА́Й+ I	'possess'	} чем
РАСПОЛАГА́Й+ I	'have at one's disposal'	

Са́удовская Ара́вия облада́ет огро́мными запа́сами не́фти.
   Saudia Arabia has huge reserves of petroleum.
Они́ располага́ют все́ми ну́жными да́нными.
   They have all the necessary data.
N.B. In a negative sentence, only располага́ть is used.

● EXERCISE 6

Reword the following sentences using the verb облада́ть
or располага́ть. Make all necessary syntactic changes
and translate each sentence.

1. Нам изве́стен хими́ческий соста́в разли́чных небе́сных
   тел.
2. Сего́дня мы име́ем то́чные да́нные о земно́й атмосфе́ре.
3. Лихтенште́йн не име́ет фло́та.
4. Сове́тский Сою́з име́ет приме́рно полови́ну изве́стных
   ресу́рсов приро́дного га́за.

5.0 The absence of someone or something necessary for
realizing the action is expressed by the negative pronouns НЕ́КОГО *'there is no one'* and НЕ́ЧЕГО *'there is
nothing'* in a subjectless infinitive construction (see
IC VIII, 8.4). The absent item may be the performer of
the action expressed by the infinitive, in which case
the negative pronoun stands in the dative. More commonly the absent item is the object of the action. The negative pronoun then stands in the case required by the infinitive with or without a preposition; the person unable
to perform the action, if mentioned, stands in the dative.
Past and future tenses are expressed by бы́ло and бу́дет,
respectively.
   Because these pronouns function only as complements
of the infinitive, they do not possess a nominative form.

Gen.	не́кого	не́чего
Dat.	не́кому	не́чему
Acc.	не́кого	не́чего
Instr.	не́кем	не́чем
Prep.	не́ о ком	не́ о чём

N.B.   Note that the accusative of *both* pronouns has the same form as the genitive.

When used with prepositions, the preposition stands between the particle of negation НЕ́ (always stressed) and the pronoun itself.   Each element is then written separately: не́ с кем *'there is no one with whom'*; не́ на чём *'there is nothing on which'*.

Study the following examples which illustrate the uses and meanings of these pronouns, as well as the e-quivalent Russian constructions given for each example.

Gen.-Acc.:

Ему́ не́чего бы́ло чита́ть по доро́ге (absence of the ob-ject).   (Ничего́ не́ было, что он мог бы чита́ть по до-ро́ге).

> *He had nothing to read on the way.   (There was nothing for him to read...)*

Ей не́кого посла́ть за врачо́м (absence of the object). (Никого́ нет, кого́ она́ могла́ бы посла́ть за врачо́м.)

> *There is no one she can send for the doctor.   (She has no one to send...)*

Dat.:

Не́кому руководи́ть э́той рабо́той (absence of the subject). (Никого́ нет, кто мог бы руководи́ть э́той рабо́той.)

> *There is no one who can guide this work.*

Мне не́кому рассказа́ть об э́том (absence of the object). (Никого́ нет, кому́ я мог бы об э́том рассказа́ть.)

> *I have no one to tell this to.   (There is no one I can tell...)*

Instr.:

Ему́ не́ с кем бу́дет сове́товаться (absence of the object). (Никого́ не бу́дет, с кем он мог бы сове́товаться.)

> *There will be no one with whom he can consult.   (He will have no one to consult...)*

Prep.:

Нам не́ о чём говори́ть (absence of the object).   (Ничего́ нет, о чём мы могли́ бы говори́ть.)

> *We have nothing to talk about.   (There is nothing we can talk about.)*

5.1   Do not confuse the pronouns не́кого, не́чего with the pronouns никто́, ничто́ which are used in completely nega-ted sentences to intensify the negation.   See IC X, 9.3. In sentences with не́кого, не́чего the infinitive predi-cate is *not* negated.

Compare the meanings of the following pairs of sentences and note carefully the differences in their syntactic constructions.

Я никого́ не жду.
I'm not waiting for anyone.

Мне не́кого ждать.
I have no one to wait for.

Никто́ не дал ему́ сове́та.

No one gave him any advice.

Не́кому бы́ло дать ему́ сове́т.

There was no one to give him advice.

Вчера́ мы ничего́ не де́лали.
We didn't do anything yesterday.

Вчера́ нам не́чего бы́ло де́лать.
There was nothing for us to do yesterday.

Меня́ никто́ не встреча́л.

No one came to meet me.

Меня́ не́кому бы́ло встреча́ть.

There was no one to come to meet me.

5.2 The adverbs НÉГДЕ *'there is no place where...'*, НÉ-КУДА *'there is no place to which...'*, НÉКОГДА *'there is no time to...'*, НÉЗАЧЕМ *'there is no reason to...'* are also used in the same type of construction.

Нам не́где бы́ло остана́вливаться.
  We had no place to stop.
Ей не́куда бы́ло пойти́.
  She had no place to go.
Ему́ не́когда бы́ло убра́ть прибо́р.
  He had no time to put the instrument away.

● EXERCISE 7

Read and translate the following sentences.

1. Не́кому бы́ло нам помога́ть.
2. Мне не́ с кем посове́товаться об э́том.
3. Алёша ни о чём не рассказа́л.
4. Всё пра́вильно. Вам не́ в чём сомнева́ться.
5. Нам не́куда бу́дет пойти́ в воскресе́нье.
6. Мне не́чего подари́ть ей на па́мять.
7. Им не́ за что нас критикова́ть.
8. Я никого́ не спроси́л об э́том.
9. Не́куда положи́ть э́ти кни́ги.
10. Не́кого бы́ло спроси́ть, как пройти́ на вокза́л.
11. Сейча́с не́ у кого взять на вре́мя слова́рь.
12. Ва́ши слова́ ещё ничего́ не дока́зывают. - Здесь дока́зывать не́чего, всё я́сно.

(continued)

(Exercise 7, cont.)

13. Он ничего́ не рассказа́л нам о свое́й пое́здке. Оче-
     ви́дно, ему́ не́чего о ней рассказа́ть.
14. В до́ме о́тдыха мне не́ с кем бы́ло игра́ть в ка́рты.
15. Серёже не́чего бы́ло посла́ть това́рищу.
16. Ей не́чем писа́ть.
17. Не́кому пойти́ в магази́н.

● EXERCISE 8

Translate into Russian.

1. There were several mistakes in my translation, but
    Elena didn't have any mistakes at all.
2. Marina usually studies in the library, but she
    isn't here today.
3. I need Galya's telephone number. Would you have
    it?
4. There are several new instruments in our labora-
    tory.
5. None of us has been to Samarkand yet, but we all
    want to go there.
6. Is there a television set in your room? No, but
    there is a radio.
7. Palm trees (па́льма) are found throughout Florida
    and southern California.
8. Earth has only one natural satellite.
9. There are several hypotheses concerning the origin
    (возникнове́ние) of the solar system.
10. We have nothing to do today.
11. He sat at the table for a whole hour, but didn't
    do anything.
12. She was at the meeting yesterday, but she didn't
    talk with anyone. Evidently she had nothing to
    say (she had nothing to talk about).

★ ПОЛЕ́ЗНЫЕ СЛОВА́

обыкнове́нный	- *usual; ordinary*
cf. обы́чно	- *usually*
соста́в АА	- *composition, make-up (of sthg.)*
кругооборо́т А	- *rotation*
отли́чный от кого́/	- *different from, unlike s.o./sthg.*
чего́	
постоя́нный	- *constant*
пока́ adv.	- *for the time being*
соедине́ние АА	- *compound*
водоро́д А	- *hydrogen*

♦♦♦ ТЕКСТ ДЛЯ ЧТЕНИЯ: Что такое обыкновенная вода?

Такой воды не существует. Нигде нет обыкновенной
воды. Она всегда необыкновенная. Даже по изотопному
составу вода в природе различна. Состав воды зависит
от её истории - от того, что с ней происходило в бесконечном многообразии её круговорота в природе. Вода
дождя, например, отлична от воды озера.

Вода в природе не имеет постоянного изотопного состава, она вечно меняется, и только поэтому нельзя сказать, что где-то есть какая-то обыкновенная вода.

Что такое лёгкая вода?

И этой воды в природе нет. Такую воду с огромным
трудом приготовили учёные. Она им понадобилась для точного измерения свойств воды. Пока такая вода существует
только в нескольких крупнейших лабораториях мира, где
изучают свойства различных изотопных соединений.

Что такое тяжёлая вода?

И этой воды в природе нет. Строго говоря,[1] нужно
было бы называть тяжёлой воду, состоящую только из одних
тяжёлых изотопов водорода и кислорода, но такой воды нет
даже в лабораториях учёных. Пока она ещё никому не нужна, и незачем её готовить. Конечно, если тяжёлая вода
понадобится науке или технике, учёные сумеют найти способ, как её получить: и дейтерия и тяжёлого кислорода в
природной воде сколько угодно.

Ответьте на вопросы:
1. Почему не существует обыкновенной воды?
2. Существует ли лёгкая вода?
3. Из чего состоит тяжёлая вода?

---

[1]строго говоря *'strictly speaking'*

TOPIC 10

1.0 An action performed directly on someone or something is expressed by a transitive verb with the complement in the accusative (see IC IV, 12.1).

 Some transitive verbs denote a physical action (e.
g., to wash, to dress) which may be performed on someone
or something other than the subject of the sentence, or
on the person of the subject himself. In the latter
case, the action is called reflexive, and is expressed
by the particle -ся.

МОЙ+ (-ся) I ВЫ́МОЙ+ (-ся) P	} wash (see IC VII, 5.7) } wash (thoroughly)
УМЫВА́Й+ (-ся) I УМО́Й+ (-ся) P	} wash (face and hands)
ОДЕВА́Й+ (-ся) I ОДЕ́Н+ (-ся) P	} dress
РАЗДЕВА́Й+ (-ся) I РАЗДЕ́Н+ (-ся) P	} undress
ПРИЧЁСЫВАЙ+ (-ся)I ПРИЧЕСА́+ (-ся) P	} comb hair

 Кто сегодня бу́дет мыть посу́ду?
  Who is going to wash the dishes today? <u>But:</u>
 Как ты бы́стро умы́лся!
  How quickly you washed up!
 Мать разде́ла ребёнка и уложи́ла его́ в посте́ль.
  Mother undressed the child and put him to bed. <u>But:</u>
 Студе́нты разде́лись на пе́рвом этаже́ и подняли́сь в свою́
 аудито́рию.
  *The students took off their coats on the first
  floor and went upstairs to their lecture hall.*
Note that 'to put (sthg.) on' and 'to take (sthg.) off'
are, respectively, НАДЕВА́Й+ I, НАДЕ́Н+ P (что?); СНИМА́Й+
I, снять P (что?). These verbs are always transitive.

● EXERCISE 1

Read and translate the following sentences.

 1. Мне придётся вы́мыть посу́ду.
 2. По́сле доро́ги я с удово́льствием вы́мылся под ду́шем.[1]
 3. Кто в на́шей гру́ппе мо́дно одева́ется?
            (continued)

___
[1]душ *'shower'*

(Exercise 1, cont.)

4. Когда́ вы прихо́дите в кино́, вы снима́ете пальто́?[1]
5. В теа́тре обяза́тельно ну́жно раздева́ться.
6. У нас при́нято[2] помога́ть же́нщине надева́ть пальто́.
7. В декана́т нельзя́ входи́ть в пальто́. На́до разде́ться в гардеро́бе.
8. Я не могу́ снять лы́жный боти́нок,[3] помоги́ мне, по-жа́луйста.
9. Гри́ша так уста́л, что у него́ не́ было сил разде́ться, и он лёг на дива́н в костю́ме, то́лько снял боти́нки.
10. Ты уже́ вы́мыл ру́ки? Иди́ обе́дать.
11. Кто так хорошо́ вы́мыл о́кна?
12. Лабора́нт забы́л вы́мыть ко́лбу.[4]
13. Ты уже́ вы́мылся? Душ свобо́ден?
14. Кто тебя́ так хорошо́ причеса́л? Никто́, я сама́ при-чёсывалась.
15. У нас при́нято снима́ть шля́пу, когда́ вы вхо́дите в ко́мнату.

2.0 Verbs expressing an action performed by the subject of the sentence on the direct object, and simultaneously by the object on the subject, are verbs with *reciprocal* meaning. Reciprocal action may be expressed by verbs with or without the particle -ся, or by the pronoun друг дру́га 'each other'.

2.1 Some verbs without the particle -ся denote reciprocal action by their lexical meaning alone. The action can be performed only when two or more persons are involved.

РАЗГОВА́РИВАЙ+ I	'converse'	
БЕСЕ́ДОВА+ I	'chat'	с кем
ДРУЖИ́+ I	'be friends'	
(ПО)СПО́РИ+	'argue'	

Я дружу́ с ней с де́тства.
    We've been friends since childhood.
Вчера́ мы до́лго бесе́довали с писа́телем о литерату́ре.
    Yesterday we chatted with the writer for a long time about literature.
Они́ горячо́ спо́рили о том, кто победи́т в э́том ма́тче.
    They were arguing heatedly over who would win the match.

[1]пальто́ *'overcoat'*   [2]у нас при́нято *'it is our cus-tom'*   [3]лы́жный боти́нок *'ski boot'*   [4]ко́лба *'flask'*

2.2 Some verbs denoting a reciprocal action are verbs
which occur only with the particle -ся.

```
(ПО)ЗДОРÓВАЙ+ -ся       'greet'
ПРОЩÁЙ+ -ся I ⌐
ПОПРОСÍ+ -ся } P ⎬    'take one's leave'  ⎬ с кем
ПОПРОЩÁЙ+ -ся ⌐ ⌐
ССÓРИ+ -ся I  }
ПОССÓРИ+ -ся P }        'quarrel'
```

Почемý ты вчерá со мной не поздорóвалась?
Why didn't you say hello to me yesterday?
Входя́ в кóмнату, он вéжливо поздорóвался.
As he entered the room he politely said hello.
Пéред ухóдом он ещё раз простúлся со всéми.
*Before leaving he once more said goodbye to every-
one.*
Сёстры вéчно ссóрились.
The sisters were forever quarreling.

2.3 Other verbs in -ся with reciprocal meaning have
counterpart transitive forms. Compare the meaning of
the following verbs in -ся with their counterpart verbs
without -ся.

```
ВСТРЕЧÁЙ+ I }
ВСТРÉТИ+ P  } когó?          'meet, encounter s.o.'
(ПО)ЗНАКÓМИ+ когó? с кем?    'introduce s.o. to s.o.'
ВÍДЕ+ I    }
УВÍДЕ+ P   } когó?           'see s.o.'
```

But:

```
ВСТРЕЧÁЙ+ -ся I }
ВСТРÉТИ+ -ся P  } 'meet (by mutual agreement)' ⌐
(ПО)ЗНАКÓМИ+ -ся 'become acquainted'           ⎬ с кем
ВÍДЕ+ -ся I }
УВÍДЕ+ -ся P } 'see (visit) each other'        ⌐
```

На вéчере мы познакóмились с молоды́м поэ́том.
*At the party we met (became acquainted with) a
young poet. But:*
На вéчере Грúша познакóмил нас с молоды́м поэ́том.
At the party Grisha introduced us to a young poet.
Мы с дрýгом встрéтились у вхóда в теáтр.
*My friend and I met (by prearrangement) at the en-
trance to the theater. But:*

Вчера́ у вхо́да в теа́тр я встре́тил своего́ ста́рого дру́га,
мы до́лго не ви́делись.

> *Yesterday at the entrance to the theater I met (en-*
> *countered) my old friend. We hadn't seen each oth-*
> *er for a long time.*

2.4 Verbs which take the pronoun друг дру́га to express
reciprocal action are either intransitive verbs, or
transitive verbs whose transitivity with respect to each
of the parties participating in the action is emphasized.
For the declension of друг дру́га, see IC IX, 3.0.

ду́мать друг о дру́ге *'to think about each other'*
люби́ть друг дру́га   *'to love each other'*
помога́ть друг дру́гу *'to help each other'*

● EXERCISE 2

Read and translate the following sentences.

1. Мы с бра́том ча́сто пи́шем друг дру́гу.
2. Мать и дочь хорошо́ понима́ют друг дру́га.
3. Когда́ Ни́на успе́ла познако́миться с э́тим молоды́м
    челове́ком?
4. Друзья́ показа́ли друг дру́гу свои́ фотогра́фии.
5. С кем вы разгова́ривали по́сле ле́кции?
6. Она́ никогда́ ни с кем не спо́рила.
7. Представи́тели обе́их сторо́н встре́тятся в Ло́ндоне и
    бу́дут вести́ перегово́ры.
8. Встре́тимся в де́вять часо́в ве́чера на пре́жнем ме́сте.
9. Вчера́ он опя́ть ссо́рился с Ната́шей, на э́тот раз се-
    рьёзно.
10. Ле́на и Ма́ша уже́ давно́ не звони́ли друг дру́гу.
11. Лю́ди должны́ помога́ть друг дру́гу.
12. Возвраща́ясь домо́й мы разгова́ривали обо всём, что
    мы ви́дели.

TOPIC 11

1.0 Concession is the expression of the circumstances despite which an action takes place, or the circumstances which contradicts the result. Concession may be expressed by certain prepositions, by subordinate clauses of concession, by verbal adverbs, or by subordinate clauses with the particle ни.

2.0 Note the following preposition and conjunctions which express concession.

несмотря́ на что?	*'despite something'*
несмотря́ на то, что	*'despite the fact that'*
хотя́	*'although'*

Хотя́ он пи́шет дипло́мную рабо́ту, он продолжа́ет регуля́рно трениро́ваться.
> *Although he is writing his thesis, he is continuing to train regularly.*

Несмотря́ на его́ мо́лодость, с ним сове́туются да́же о́пытные рабо́тники.
> *Despite his youth, even experienced workers consult him.*

Он бы́стро научи́лся ходи́ть на лы́жах, несмотря́ на то́, что на его́ ро́дине никогда́ не быва́ет сне́га.
> *He quickly learned how to ski, although it never snows in his country.*

2.1 In expository writing and in the official style, the following conjunctions may also be used with concessive meaning.

в то́ вре́мя как
ме́жду тем как

Ещё 20 лет наза́д промы́шленность и тра́нспорт Сиби́ри рабо́тали на нефтепроду́ктах, привози́вшихся из други́х райо́нов страны́, в то́ вре́мя как (ме́жду тем как) гео́логи уже́ тогда́ предполага́ли, что на се́вере Сиби́ре должна́ быть своя́ нефть.
> *Twenty years ago Siberia's industry and transportation operated on petroleum products brought from other regions of the country, although even at that time geologists assumed that petroleum must exist in the north of Siberia.*

2.2 In simple sentences, concession may be denoted by
the preposition ПРИ plus a noun (prepositional case)
modified by the appropriate form of the pronoun-adjective
весь.

  При всей сло́жности созда́вшегося положе́ния...
    *Despite the complexity of the situation which has
    arisen...*
  При всём жела́нии...
    Despite the desire...
  При всех свои́х спосо́бностях...
    Despite his talents...

● EXERCISE 1

Read and translate the following sentences.

  1. Несмотря́ на то́ что вопро́с ка́жется просты́м, он сов-
     се́м не так прост.
  2. Хотя́ упражне́ние каза́лось просты́м, я выполня́л его́
     бо́льше ча́са.
  3. Студе́нт внима́тельно слу́шал ле́кцию, несмотря́ на то́
     что он запомина́л о́чень ма́ло.
  4. Хотя́ все о́чень уста́ли, они́ реши́ли сего́дня обяза́-
     тельно зако́нчить рабо́ту.
  5. При всей сло́жности созда́вшегося положе́ния вы́ход из
     него́ есть.
  6. При всех положи́тельных[1] ка́чествах пластма́ссы она́ не
     мо́жет по́лностью замени́ть мета́ллы.
  7. Разве́дка[2] не́фти в э́той райо́не была́ произведена́ в
     о́чень коро́ткие сро́ки, ме́жду те́м как усло́вия рабо́ты
     для гео́логов бы́ли чрезвыча́йно[3] сло́жны.
  8. Мой това́рищ за пе́рвый ме́сяц жи́зни в Москве́ успе́л
     завести́ мно́жество знако́мых,[4] хотя́ он почти́ не го-
     вори́л по-ру́сски.
  9. Несмотря́ на то́ что фильм о́чень ста́рый, смотре́ть его́
     интере́сно.
 10. Несмотря́ на дождь о́бе кома́нды[5] игра́ли отли́чно.

3.0 Concession may also be expressed by verbal adverbs.
For the formation and other uses of verbal adverbs, see
IC IX, 9.0-9.6.

---

[1]положи́тельный *'positive'*   [2]разве́дка *'exploration'*
[3]чрезвыча́йно *'extremely'*   [4]завести́ мно́жество зна-
ко́мых *'to strike up an acquaintance with a lot of people'*   [5]кома́нда *'team'*

Прове́рив рабо́ту мно́го раз, он так и не нашёл оши́бки. (Хотя́ он прове́рил...)

> *Although he had checked the work many times, he never found a mistake.*

Твёрдо зна́я, что он никогда́ бо́льше не вернётся в э́тот го́род, он ника́к не мог по-настоя́щему предста́вить себе́ э́того. (Несмотря́ на то́ что он твёрдо знал...)

> *Although he well knew that he would never return to that city again, he couldn't conceive it as a reality.*

★ ПОЛЕ́ЗНЫЕ СЛОВА́

всё равно́	– *all the same, anyway*
всё-таки́	– *for all that, nevertheless*
так и не	– *never*

● EXERCISE 2

Change the verbal adverb constructions in the following sentences to subordinate clauses of concession. Translate each sentence.

1. Пообеща́в вы́полнить всё, о чём его́ проси́ли, он не сде́лал ничего́.
2. Располага́я вре́менем, он всё равно́ рассказа́л о свои́х впечатле́ниях в двух слова́х.
3. Не предполага́я де́лать остано́вку в э́том го́роде, мы всё-таки оста́лись там на су́тки.
4. Очень внима́тельно осмотре́в всю карти́ну, я так и не нашёл того́ ме́ста, где она́ была́ реставри́рована.
5. Прекра́сно понима́я, как вы бу́дете волнова́ться[1] в слу́чае моего́ молча́ния, я не име́ла возмо́жности посла́ть вам ни письма́, ни телегра́ммы.

4.0 Subordinate clauses of concession formed with the particle ни have the following two types of construction.

(a) Что́ он ни говори́т...	– *No matter what he says...*
Где́ я ни иска́л...	– *No matter where I searched*
Как ни хо́лодно сего́дня...	– *No matter how cold it is today...*
Кого́ я ни спра́шивал...	– *No matter whom I asked...*
С кем я ни сове́товался...	– *No matter whom I consulted ...*
Как ни стра́нно...	– *No matter how strange...*

(continued)

_____

[1]ВОЛНОВА́+ -ся *'be disturbed'*

	Ско́лько я ни объясня́л ему́ пра́вило...	- *No matter how many times I explained the rule to him ...*
(b)	О чём бы он ни рас- ска́зывал...	- *No matter what he might talk about...*
	Когда́ бы он ни пришёл в лаборато́рию...	- *No matter when he might get to the laboratory...*
	Ско́лько бы мы ни спо́рили...	- *No matter how much we might argue...*

Constructions of type (a) above are indicative in mood; the circumstance which contradicts the result actually exists in present, past, or future time. Constructions of type (b) are used with generalizing concessive meaning. The circumstance contradicting the result is hypothetical and the verb of the subordinate clause is in the conditional-subjunctive. (See IC X, 1.0.) Note that the particle НИ does *not* negate the clause.

● EXERCISE 3

Read and translate the following sentences.

1. Что́ он ни говори́л, я ему́ никогда́ не ве́рил.
2. Как ни проста́ была́ зада́ча, над ней на́до бы́ло по-
   ду́мать.
3. Как до́лго я ни иска́л в спра́вочнике ну́жные мне да́н-
   ные, я не нашёл их.
4. Как мы ни уста́ли, на́до бы́ло идти́ да́льше.
5. Как ни нра́вится мне э́та те́ма, писа́ть курсову́ю ра-
   бо́ту я бу́ду на те́му, кото́рую мне предложи́ли ра́нь-
   ше.
6. Кого́ я ни встреча́л по доро́ге в университе́т, все
   спра́шивали, как я сдал вчера́ экза́мен.
7. Я встре́чу вас, на како́м бы самолёте вы ни прилете́-
   ли.
8. Я ника́к не мог вспо́мнить назва́ние кни́ги, как я ни
   стара́лся.
9. Он всё равно́ не изме́нит свое́й то́чки зре́ния, как бы
   мы с ним ни спо́рили.
10. Когда́ бы вы ни пришли́, я всегда́ бу́ду вам рад.
11. Я куплю́ э́тот альбо́м, ско́лько бы он ни сто́ил.
12. На како́й бы авто́бус вы ни се́ли, вы дое́дете до це́н-
    тра го́рода.
13. Ско́лько мы ни ду́мали над э́тим вопро́сом, к оконча́-
    тельному реше́нию мы не пришли́.

(continued)

(Exercise 3, cont.)

14. Как э́тот вопро́с ни тру́ден, мы найдём его́ реше́ние.

15. Ско́лько бы мы ни спо́рили, ка́ждый оста́нется при своём мне́нии.

16. Ско́лько мы ни бу́дем спо́рить, ка́ждый всё равно́ оста́нется при своём мне́нии.

1.0 The most frequently occurring conjunctions denoting cause and result are:

потому́ что	*'because'*
так как	*'because; since'*
поэ́тому	*'therefore; for that reason'*

N.B. Clauses beginning with потому́ что always stand after the main clause; clauses beginning with так как may stand either at the beginning of the sentence, or after the main clause. Since поэ́тому denotes result, clauses beginning with that conjunction stand after the main clause.

Со́ня потеря́ла библиоте́чную кни́гу, потому́ что (так как) она́ никогда́ не кладёт свои́ ве́щи на ме́сто.
> *Sonja lost the library book because she never puts her things where they belong.*

Так как Земля́ враща́ется вокру́г свое́й о́си, на Земле́ происхо́дит регуля́рная сме́на дня и но́чи.
> *Since Earth turns on its axis, Earth has a regular alternation of day and night.*

На Земле́ происхо́дит регуля́рная сме́на дня и но́чи, так как Земля́ враща́ется вокру́г свое́й о́си.
> *Regular alternation of day and night occurs on Earth because Earth turns on its axis.*

2.0 *Cause* may also be denoted by the following prepositions and conjunctions.

благодаря́ чему́?	благодаря́ тому́, что...
из-за чего́?	из-за того́, что...
от чего́?	

N.B. Благодаря́ чему́ and благодаря́ тому́, что denote cause referring only to favorable circumstances.

Из-за чего́, из-за того́, что denote cause referring to unfavorable circumstances.

От чего́ is neutral in meaning, and denotes only the cause of a change, or the origin of a condition.

The same cause may be expressed by any of the above constructions, depending on how the cause is regarded. Compare the meanings of the following sentences.

(a) Благодаря́ си́льным дождя́м река́ разлила́сь.
(b) Из-за си́льных дожде́й река́ разлила́сь.
(c) От си́льных дожде́й река́ разлила́сь.
     Because of heavy rains the river overflowed.
In sentence (a) the preposition connotes that the resulting flooding was desirable. The preposition in sentence (b) indicates that the flooding had an adverse effect. In sentence (c) от indicates a neutral attitude towards the flooding; only the fact that a change in the water level took place is noted.

● EXERCISE 1

Read and translate the following sentences.

1. От холо́дной воды́ у меня́ покрасне́ли ру́ки.
2. Благодаря́ созда́нию газопроводо́в[1] Бухара́ - Ура́л и Сре́дняя Азия - Центр дешёвое то́пливо идёт из Узбекиста́на в Москву́, в города́ Ура́ла и други́е промы́шленные це́нтры страны́.
3. Из-за плохо́й пого́ды мы не пое́хали на экску́рсию.
4. В за́ле тру́дно слу́шать конце́рты из-за того́, что здесь плоха́я аку́стика.
5. Кни́га была́ о́чень ста́рая, страни́цы в ней пожелте́ли от вре́мени.
6. Так как арго́н хими́чески ине́ртен, определи́ть его́ а́томный вес обы́чным путём невозмо́жно.
7. Из-за отсу́тствия ну́жных материа́лов пришло́сь останови́ть рабо́ту.
8. Чуму́[2] ра́ньше называ́ли чёрной сме́ртью, потому́ что от неё ги́бли[3] миллио́ны люде́й.
9. Дере́вья, бе́лые от сне́га, бы́ли похо́жи на цвету́щие я́блони.[4]

3.0 In the expository style cause and result are frequently expressed by the prepositions and conjunctions given below. The conjunctions are equivalent to the neutral conjunctions потому́ что, or поэ́тому.

------

[1]газопрово́д *'gas line'*   [2]чума́ *'the plague'*
[3]ГИ́БНУ+ *'perish'*   [4]цвету́щие я́блони *'appletrees in bloom'*

вследствие чего? вследствие того, что	'owing to'
в результа́те чего? в результа́те того, что	'as a result of'
в связи́ чего? в связи́ с тем, что	'in connection with'
в си́лу чего? в си́лу того, что	'by virtue of'
ввиду́ чего? ввиду́ того, что	'in view of'
поско́льку..., (то)	'in as much as'

★ ПОЛЕ́ЗНЫЕ СЛОВА́

сырьё ВВ	- raw material
ускоре́ние АА	- acceleration
поле́зное ископа́емое	- mineral
добы́ча АА	- extraction

● EXERCISE 2

Read and translate the following sentences.

1. В связи́ с тем, что те́мпы промы́шленного произво́дства бы́стро расту́т, потре́бность в минера́льном сырье́ в бу́дущем увели́чится.

2. Не́которые поле́зные ископа́емые вы́годнее синтези́ровать, всле́дствие того́ что их добы́ча о́чень сложна́ и дорога́.

3. В мета́ллах име́ются свобо́дные электро́ны, не свя́занные с определённым а́томом, в результа́те чего́ мета́ллы облада́ют высо́кой электропрово́дностью.

4. Ускоре́ние есть ве́ктор, в си́лу э́того оно́ характеризу́ется, кро́ме чи́сленного значе́ния, ещё и направле́нием.

5. Поско́льку а́том в це́лом нейтра́лен, сумма́рный заря́д[1] электро́нов до́лжен быть ра́вен заря́ду ядра́.

4.0 Cause may also be expressed by a *verbal adverb construction*, which more frequently than not stands first in the sentence. For verbal adverb constructions, see IC IX, 9.0-9.5.

Стара́ясь быстре́е зако́нчить рабо́ту, он це́лые дни проводи́л в лаборато́рии.

Since he was trying to finish the work as fast as he could, he spent whole days in the laboratory.

---

[1]заря́д 'charge'

Убеди́вшись, что боло́то непроходи́мо, гео́логи ста́ли ме́д-
ленно обходи́ть его́.

> *Since they were convinced that the swamp was im-
> passable, the geologists began slowly to skirt it.*

● EXERCISE 3

Read and translate the following sentences.

1. Не счита́я вопро́с оконча́тельно решённым, мы верну́-
   лись к нему́.
2. Получи́в трево́жную[1] телегра́мму, врач вы́летел в тайгу́.
3. Преви́дя затрудне́ния, свя́занные с его́ прие́здом, он
   не наста́ивал[2] на встре́че.
4. Внима́тельно чита́я статью́, он заме́тил в ней противо-
   ре́чия.
5. Прие́хав в э́тот го́род впервы́е, он пло́хо там ориенти́-
   ровался.

4.1 A verbal adverb construction denoting *condition* is
very close in meaning to that of cause. Compare the following two sentences.

Не разобра́вшись в э́том вопро́се, он допусти́л оши́бку.

> *Since he didn't understand this question, he made
> an error.*

Не разобра́вшись в э́том вопро́се, он допу́стит оши́бку.

> *If he hasn't understood this question, he will make
> an error.*

N.B. When the main verb of the sentence is in the *past
tense*, the verbal adverb construction indicates *cause*;
when the main verb is in the *future tense*, the verbal
adverb construction indicates *condition*.

● EXERCISE 4

Read and translate the following sentences.

1. Познако́мившись с рабо́тами худо́жника, я захоте́л у-
   зна́ть о нём само́м.
2. Внима́тельно чита́я статью́, вы заме́тите в ней проти-
   воре́чия.
3. Хорошо́ подгото́вившись к контро́льной, она́ вы́полнина
   все упражне́ния пра́вильно.
4. Хорошо́ подгото́вившись к контро́льной, она́ вы́полнит
   все упражне́ния пра́вильно.

---

[1]трево́жный *'disquieting'*   [2]НАСТА́ИВАЙ+ *'insist'*

♦♦♦ ТЕКСТ ДЛЯ ЧТÉНИЯ:

Свет распространя́ется в прозра́чных сре́дах: воде́, во́здухе, стекле́ и др. Ско́рость распространéния све́та в разли́чных сре́дах разли́чна и зави́сит от частоты́ колеба́-ний. Всле́дствие того́, что ско́рость распространéния све-товы́х волн в разли́чных сре́дах не одина́кова, свет, пере-ходя́ из одно́й среды́ в другу́ю, преломля́ется, т.е. меня́ет направле́ние распространéния. Бе́лый со́лнечный луч состо-и́т из луче́й разли́чных цвето́в. Поско́льку ка́ждый цвет и-ме́ет свою́ частоту́ колеба́ний, лучи́ разли́чных цвето́в пре-ломля́ются по-ра́зному в результа́те чего́ при преломле́нии бе́лый свет разлага́ется на составля́ющие его́ лучи́, образу́я спектр со́лнечного све́та.

Отве́тьте на сле́дующие вопро́сы:
1. Почему́ свет, переходя́ из одно́й среды́ в другу́ю, пре-ломля́ется?
2. Почему́ лучи́ разли́чных цвето́в преломля́ются по-ра́зному?
3. Что происхо́дит в результа́те преломле́ния световы́х лу-че́й?

TOPIC 13

1.0 The ratio of the dependence of something on something else is expressed by the following constructions.

```
чем..., тем...
по мере чего?
по мере того, как...
с чем?
```

1.1 ЧЕМ..., ТЕМ... 'THE MORE..., THE MORE...'

The predicate in clauses introduced by чем..., тем ... may be either an adjective in the comparative, or a verb modified by an adverb in the comparative.

Чем труднее задача, тем интереснее её решать.
The more difficult the problem, the more interesting it is to try to solve.

Чем больше она узнавала этого человека, тем больше он ей нравился.
The more she got to know that man, the more she liked him.

1.2 С чем and по мере чего are synonymous. С чем is particularly characteristic of the scientific style. The noun complement after both prepositions is one whose lexical meaning connotes a change.

С развитием производительных сил (по мере развития производительных сил) развивалось и закреплялось естественное разделение труда. (По мере того как развивались производительные силы,...)
Along with the development of productive forces (as productive forces developed), there developed and took root a natural division of labor.

● EXERCISE 1

Read and translate the following sentences.

1. Сопротивление[1] воздуха растёт с увеличением скорости ракеты.
2. Чем больше частота звука, тем короче длина звуковой волны.

(continued)

---

[1]сопротивление *'resistance'*

(Exercise 1, cont.)

3. По мере того как увеличивается температура, увеличивается скорость испарения[1] жидкости.

4. С течением времени запасы урана на Земле могут быть исчерпаны.[2]

5. По мере возрастания температуры молекулы движутся всё интенсивнее.

6. По мере подъёма в горы атмосферное давление[3] понижается.

7. По мере развития науки появляются новые теории.

8. Чем короче радиоволна, тем сильнее она поглощается[4] земной поверхностью.

9. По мере того как увеличивается свободное время трудящихся, растут возможности для развития личности.[5]

10. Чем меньше человек обращается к литературе, тем он беднее, тем ограниченнее его духовный[6] мир; чем теснее человек с ней связан, тем значительнее круг мыслей, чувств, представлений о жизни, которые иначе[7] и не возникли бы у него.

---

[1]испарение *'evaporation'*   [2]исчерпать *'exhaust'*
[3]давление *'pressure'*   [4]ПОГЛОЩАЙ+ *'absorb'*
[5]личность *'personality, person'*   [6]духовный *'spiritual'*   [7]иначе *'otherwise'*

TOPIC 14

1.0 The *means* by which an action is performed is expressed by the following constructions.

(де́лать)	{	чем? при по́мощи чего́? с по́мощью чего́?
(определя́ть)	{	с по́мощью чего́? при по́мощи чего́?

N.B. Only verbs denoting a physical action may take the instrumental of means.

Преподава́тель всегда́ исправля́ет на́ши оши́бки кра́сным карандашо́м.
Our instructor always corrects our mistakes with a red pencil. But:

Она́ реша́ет зада́чу при по́мощи математи́ческих табли́ц.
She is solving the problem with (the help of) math tables.

Разме́ры дета́ли проверя́ют с по́мощью специа́льного инструме́нта - кали́бра.[1]
The dimensions of a part are checked by means of a special instrument - a gage.

2.0 In the expository style, in addition to the constructions given above, the following are also used to denote the means by which the verbal action is accomplished.

путём ме́тодом } спо́собом	чего́?

Во́ду мо́жно разложи́ть на водоро́д и кислоро́д ме́тодом электро́лиза.
Water can be separated into hydrogen and oxygen by electrolysis.

Очи́стить жи́дкость от механи́ческих при́месей мо́жно путём фильтрова́ния.
A liquid with mechanical impurities can be purified by filtering.

---

[1]кали́бр *'gage'*

◆◆◆ ТЕКСТ ДЛЯ ЧТЕ́НИЯ: Спектра́льный ана́лиз

Спектра́льный ана́лиз называ́ют "языко́м Вселе́нной". Его́ откры́тие произвело́ револю́цию в изуче́нии звёздного не́ба.   Ме́тодом спектра́льного ана́лиза Кирхго́ф обнару́жил в атмосфе́ре Со́лнца желе́зо, на́трий,[1] ка́лций,[2] тита́н[3] и ряд други́х элеме́нтов в газообра́зном состоя́нии.

Оди́н из важне́йших вопро́сов при изуче́нии ка́ждой плане́ты - кака́я там температу́ра.   Что́бы отве́тить на э́тот вопро́с, измеря́ют пото́к инфракра́сных луче́й, испуска́емых разли́чными уча́стками пове́рхности небе́сного те́ла.   Этим спо́собом удало́сь определи́ть температу́ру ве́рхней грани́цы о́блачного покро́ва Вене́ры, температу́ру пове́рхности Юпи́тера, Сату́рна.

Отве́тьте на сле́дующие вопро́сы по-ру́сски:
1. Каки́м ме́тодом Кирхго́ф обнару́жил элеме́нты в газообра́зном состоя́нии в атмосфе́ре Со́лнца?
2. Каки́м спо́собом учёные определи́ли температу́ру пове́рхности ра́зных плане́т?

---

[1]на́трий *'sodium'*   [2]ка́лций *'calcium'*   [3]тита́н *'titanium'*

1.0 The pronoun-adjectives ка́ждый, вся́кий, любо́й, and все/всё are used to generalize persons or things. They are similar, but not completely synonymous in meaning, and are, therefore, interchangeable only in limited contexts.

1.1 Ка́ждый *'each, every'* connotes that all other persons or things in the group or series are identical.

Ка́ждый студе́нт до́лжен написа́ть курсову́ю рабо́ту.
Each student must write a term paper.
На семина́ре ка́ждый из студе́нтов вы́ступил с докла́дом.
In the seminar each student presented a paper.

Ка́ждый occurs usually in the singular. It occurs in the plural only with nouns having plural forms only, or with cardinal numerals.

ка́ждые су́тки   *- every 24-hour period*
ка́ждые три ме́сяца   *- every three months*

1.2 Вся́кий *'any (kind of), all kinds of, various sorts (kinds) of'* implies random selection of someone or something out of a group of identical persons or things.

Он чита́ет вся́кие кни́ги.
He reads all sorts of books.
В э́той реке́ вся́кая ры́ба.
There are various kinds of fish in that river.

1.3 Любо́й *'any (at all)'* implies selection by choice or preference of someone or something out of a group or series of identical persons or things.

Вы мо́жете взять любу́ю кни́гу.
You may take any book (you want).
Любо́й профе́ссор мо́жет прису́тствовать на э́тих экза́менах.
Any professor (who wants to) may be present at these examinations.

1.4 Все/всё *'everybody, everything'* includes each and every item in a group or series of identical persons or things.

Всем студе́нтам на́до прису́тствовать на собра́нии.
All students must be present at the meeting.
Всё произошло́ уда́чно.
Everything turned out well.

Её интересу́ет всё необы́чное.
She is interested in everything out of the ordinary.

1.5 All four pronouns are interchangeable in the following type of statement.

Как пройти́ на Кра́сную пло́щадь вам ска́жет ка́ждый (любо́й, вся́кий). (...вам ска́жут все.)

2.0 Persons or things may also be generalized by a subordinate adjective clause in the following constructions.

тот/те все ка́ждый	} , кто	то всё	} , что
оди́н кто́-то кто́-нибудь мно́гие никто́	} из тех, кто	что́-то что́-нибудь мно́гое ничто́	} из того́, что

For the meanings and uses of the particles -то and -нибудь, see IC VII, 12.0-12.1.

N.B. When reference is made to *persons*, the conjunctive pronoun introducing the subordinate clause is кто; when reference is made to *inanimate objects*, the conjunctive pronoun is что.

● EXERCISE 1

Read and translate the following sentences.

1. Челове́к не в состоя́нии про́чно усво́ить всё то́, что он узнаёт в тече́ние жи́зни.
2. То́, что переда́ла на Зе́млю "Вене́ра-4" во мно́гом подтверди́ло да́нные, полу́ченные ра́ньше.
3. Писа́телем мо́жет быть то́лько то́т, у кого́ есть, что сказа́ть лю́дям.
4. Андре́й оди́н из тех, кто уча́ствовал в экспеди́ции.
5. Все, кто был на спекта́кле, отме́тили совреме́нное звуча́ние[1] класси́ческой пье́сы.
6. Пока́ не на́йден отве́т, люба́я гипо́теза име́ет пра́во на существова́ние.
7. Эту кни́гу вы найдёте в вся́кой библиоте́ке.
8. Ка́ждый, кому́ попада́ла в ру́ки э́та кни́га, чита́л её с увлече́нием.[2]

(continued)

---

[1]звуча́ние *'ring, sound'*   [2]увлече́ние *'enthusiasm'*

(Exercise 1, cont.)

9. У меня́ сего́дня мно́го вся́ких дел.
10. Ка́жется, он не забы́л ничего́ из того́, что ему́ на́до
    бы́ло взять с собо́й.

SUPPLEMENTARY READING TEXTS
(ДОПОЛНИТЕЛЬНЫЕ ТЕКСТЫ ДЛЯ ЧТЕНИЯ)

The reading selections included here are intended
to provide the student with experience and practice in
reading texts of varying content. They are divided into
three sections. Section I contains texts suitable for
classroom reading at sight in the third semester after
completion of Topic 4. The remaining texts are intended
as part of the work of the fourth semester. Section II
contains selections which may be used wholly or in part
as classroom sight reading exercises, or be assigned for
preparation before reading in class. A selected vocabulary accompanies each text in Sections I and II. The
student is advised to learn these words, since he is more
likely than not to encounter them with some frequency in
his subsequent reading. The five texts in Section III
are unmarked for stress and have no appended vocabulary.
They were especially selected to give the student practice in dealing with more specialized vocabulary. It is
recommended that they be used as exercises in written
translation. The student should be able to determine
for himself which of the new words he encounters in
these texts should be added to his own vocabulary stock
and be able to read the texts aloud with reasonably good
pronunciation and intonation, and with a high degree of
accuracy in word stress.

In order to develop his reading competency, the student is strongly advised when confronting a new text to
proceed in the following manner. First, he should read
the text through, mustering all his linguistic and prag-
matic knowledge, in order to establish the general gist
of the content. This should be done without reference
to a dictionary, or with only minimal dictionary consul-
tation for determining the meaning of key words which
prevent overall comprehension of the text. Next, the
text should be read for complete comprehension of all
details with use of the dictionary as necessary. Conscious translation of at least some of the text is frequently part of this stage of preparation. Finally, the
text should be read - several times, if necessary, until
it is completely understood without the intermediate
stage of conscious translation.

Verification by the instructor of the student's comprehension of a given text can be accomplished in several ways: by questions on the text, preferably in Russian, which may be answered either in Russian or in English; by oral or written translation in whole or in part; by a written outline of the content; by a written or oral precis; or by a combination of all these methods. If any part of the text has been misinterpreted, the reason for the misinterpretation should be diagnosed by the instructor and the error corrected by the student.

In addition to these, or similar, texts, it is recommended that the student also gain some experience in the fourth semester in reading current newspaper articles and literature in his own specialized field of interest (see the Preface to this volume). The recommended technique for proceeding with such reading is the same as described above.

Striving to achieve reading competency, like developing any skill, requires much disciplined practice. The student is urged, therefore, to continue to read as much and as broadly as possible after completion of this course.

SECTION I

♦♦♦ Семь чудес света

Вы, может быть, уже слышали о семи чудесах света. Это известные в древности строения и статуи. Об этих строениях существует много легенд, но сами памятники - не легенда. Они существовали в действительности, были реальным созданием человеческого гения. Конечно, замечательных произведений, которые тоже можно было бы назвать чудом, в древности насчитывалось гораздо больше, но к так называемому классическому списку чудес света относятся египетские пирамиды, висячие сады Вавилона, храм Артемиды в Эфесе, статуя Зевса в Олимпии, Галикарнасский мавзолей, статуя бога Солнца в Родосе и Александрийский маяк.

Первое чудо света. До наших дней из всех чудес света сохранились только египетские пирамиды. Они расположены недалеко от Каира. Самая большая из них - пирамида Хеопса, построенная пять тысяч лет назад, высотой около 147 метров. До конца XIX века (до того, как была построена в Париже Эйфелевая башня) в мире не существовало строения выше пирамиды Хеопса.

Четвёртое чу́до све́та. Четвёртое чу́до све́та - э́то ста́туя бо́га Зевса́ в Оли́мпии, со́зданная из де́рева. Эту ста́тую со́здал гениа́льный гре́ческий ску́лптор Фи́дий в V ве́ке до н. э. Существу́ет леге́нда, что Фи́дий, изму́ченный до́лгим трудо́м, пришёл в храм, где была́ устано́влена зако́нченная ста́туя. Смотря́ на произведе́ние свои́х рук, Фи́дий гро́мко спроси́л: "Дово́лен ли ты, Зевс?" И в э́тот моме́нт разда́лся гро́мкий гро́хот[1] и чёрный мра́морный пол под ста́туей тре́снул. Так Зевс отве́тил: "Да!"

Эта ста́туя не дошла́ до на́ших дней. В V ве́ке на́шей э́ры, т.е. почти́ че́рез ты́сячу лет, по́сле того́ как она́ была́ создана́, ста́тую перевезли́ в Константино́пль и там она́ поги́бла во вре́мя пожа́ра.

Поле́зные слова́:

чу́до AB (pl. чудеса́)	- *wonder, miracle*
adj. чуде́сный	- *miraculous, wonderful, marvelous*
cf. не́бо (pl. небеса́)	- *sky, heaven*
небе́сный	- *heavenly, celestial*
те́ло (pl. тела́)	- *body*
теле́сный	- *corporal; corporeal*
спис/о/к AA	- *list (cf. root* ПИС *'write')*
сад AB	- *garden (в саду́)*
пол AB	- *floor (на полу́)*
НАСЧИ́ТЫВАЙ+ I	- *number, count (contain)*
ПОГИВА́Й+ I ⎫ ПОГИБ(НУ)+ P ⎭	- *perish, be lost*

Примеча́ние:
[1] ...разда́лся гро́мкий гро́хот '*a loud thunderclap resounded*'

Отве́тьте на вопро́сы:
1. Назови́те по-англи́йски так называ́емые семь чуде́с све́та.
2. Приблизи́тельно ско́лько веко́в остава́лось пе́рвое чу́до све́та са́мым высо́ким строе́нием в ми́ре?
3. Расскажи́те по-англи́йски леге́нду о четвёртом чу́де све́та.

◆◆◆ Латы́нь

Латы́нь счита́ется, как изве́стно, мёртвым языко́м, то есть таки́м, на кото́ром сейча́с никто́ не говори́т. Таки́х языко́в учёные насчи́тывают сейча́с бо́льше, чем живы́х.

Язы́к свя́зан с наро́дом. Когда́ исчеза́ет наро́д, исчеза́ет и язы́к на кото́ром э́тот наро́д говори́л. Но с латы́нью э́того не случи́лось. Почему́?

Вспо́мним исто́рию. За́падная Ри́мская импе́рия сущест-
вова́ла до 476 го́да. А в 476 году́ Ри́мское госуда́рство
бы́ло взя́то и уничто́жено герма́нцами. Госуда́рство поги́бло,
но язы́к схрани́лся. Как э́то произошло́?

Мно́гие века́ лати́нский язы́к остава́лся междунаро́дным
языко́м нау́ки и литерату́ры. В Евро́пе во всех университе́-
та́х чита́ли ле́кции не на национа́льных языка́х, а на ла-
ти́нском языке́. Пе́рвая ле́кция на национа́льном языке́ была́
прочи́тана в 1688 году́ в университе́те го́рода Га́лле.

Но и сейча́с лати́нский язы́к остаётся междунаро́дным
языко́м для враче́й и био́логов всех стран. Кро́ме того́,
лати́нский язы́к испо́льзуется и в други́х областя́х нау́ки.
В на́ши дни о́чень бы́стро возника́ют в нау́ке но́вые поня́тия.
Слова́рь одно́й то́лько хи́мии насчи́тывает сейча́с до двух
миллио́нов те́рминов и он продолжа́ет расти́. Отку́да беру́т-
ся но́вые слова́-те́рмины для обозначе́ния но́вых поня́тий?
Как пра́вило, но́вые те́рмины образу́ются из корне́й лати́н-
ских и древнегре́ческих слов.

Поле́зные слова́:

УНИЧТОЖА́Й+ I } УНИТО́ЖИ+ Р }	- *destroy, annihilate*
cf. ничто́	- *nothing*
поня́тие АА	- *concept*
cf. поня́ть Р	- *to understand*
ко́р/е/нь m. АС	- *root*

Отве́тьте на вопро́сы:
1. Объясни́те, что тако́е мёртвый язы́к.
2. Почему́ лати́нский язы́к никогда́ не выходи́л из упо-
   требле́ния?
3. На како́м языке́ была́ прочи́тана пе́рвая ле́кция на на-
   циона́льном языке́?

♦♦♦ <u>Сво́йства се́ры</u>

Ка́ждое вещество́ облада́ет определёнными физи́ческими
и хими́ческими сво́йствами. Рассмо́трим, наприме́р, физи́-
ческие и хими́ческие сво́йства се́ры.

Се́ра представля́ет собо́й кристалли́ческое вещество́
жёлтого цве́та. Она́ не име́ет за́паха и вку́са. Се́ра не
растворя́ется в воде́, но дово́льно хорошо́ растворя́ется в
сероуглеро́де (CS_2), бензи́не, бензо́ле и не́которых други́х
ществах́.

По хими́ческим сво́йствам се́ра явля́ется типи́чным не-
мета́ллом. Се́ра соединя́ется со мно́гими мета́ллами, напри-
ме́р, с ме́дью, желе́зом, ци́нком. Cu_2S, FeS_2, ZnS - приме́ры
соедине́ний се́ры с мета́ллами. При соедине́нии се́ры с ме-

та́ллами.   При соедине́нии се́ры с мета́ллами выделя́ется
теплота́.   Се́ра соединя́ется почти́ со все́ми немета́ллами,
но не так легко́ и энерги́чно, как с мета́ллами.

Поле́зные слова́:
  РАСТВОРЯ́Й+ (-ся) I }
  РАСТВОРИ́+ (-ся) P }   - *dissolve*
  теплота́ B   - *heat warmth*
   cf. тёплый   - *warm*

Отве́тьте на вопро́сы:
  1. В каки́х вещества́х растворя́ется се́ра?
  2. С каки́ми мета́ллами она́ соединя́ется?
  3. Соединя́ется ли се́ра с немета́ллами?

♦♦♦ <u>Мате́рия и её движе́ние</u>

     Мате́рия существу́ет. Это зна́чит - она́ дви́жется, из-
меня́ется.   Жизнь Вселе́нной представля́ет собо́й движе́ние
(измене́ние) мате́рии.   Всё существу́ющее представля́ет собо́й
разли́чные ви́ды дви́жущей мате́рии, кото́рая всегда́ нахо́дится
в состоя́нии непреры́вного движе́ния, измене́ния, разви́тия.
Движе́ние, как постоя́нное измене́ние - есть сво́йство мате́-
рии в це́лом и сво́йство ка́ждой мелча́йшей части́цы.

     Отде́льные фо́рмы движе́ния мате́рии изуча́ются разли́ч-
ными нау́ками: фи́зикой, хи́мией, биоло́гией и други́ми.   В
фи́зике изуча́ются не́которые просте́йшие фо́рмы движе́ния ма-
те́рии и перехо́ды от одно́й фо́рмы движе́ния к друго́й.

     Общие зако́ны разви́тия приро́ды рассма́триваются мате-
риалисти́ческой диале́ктикой.

Поле́зные слова́:
  непреры́вный   - *continuous, uninterrupted*
  в це́лом   - *as a whole*
   cf. це́лый   - *a whole*

Отве́тьте на вопро́сы:
  1. Что зна́чит "мате́рия дви́жется"?
  2. Что тако́е движе́ние?
  3. Что всегда́ нахо́дится в состоя́нии непреры́вного дви-
     же́ния?
  4. Каки́е нау́ки изуча́ют отде́льные фо́рмы движе́ния мате́-
     рии?

◆◆◆ Что называется явлением?

В приро́де всегда́ происхо́дит измене́ния: па́дает снег, град, растёт де́рево, нагрева́ется и́ли охлажда́ется вода́. Земля́ дви́жется вокру́г Со́лнца, вода́ превраща́ется в лёд и́ли пар и т.д. Любо́е измене́ние, кото́рое происхо́дит в приро́де, называ́ется явле́нием (и́ли проце́ссом).

В окружа́ющем нас ми́ре мо́жно наблюда́ть бесконе́чное мно́жество проце́ссов. Проце́ссы происхо́дят в любо́м веще- стве́, в живы́х органи́змах, в а́томах, а́томных я́драх, эле- мента́рных части́цах.

Вся́кий проце́сс, кото́рый происхо́дит в приро́де, - э́то движе́ние мате́рии. Мате́рии не существу́ет без движе́ния.

Поле́зные слова́:
  НАГРЕВА́Й+ I }
  НАГРЕ́Й+ P }   - *warm, heat*
  cf. ГОРЕ́+ I   - *burn*
     горя́чий   - *hot*
     горю́чий   - *inflammable*
     горю́чее   - *fuel (subst. adj.)*
  любо́й   - *any (see Topic 15)*
  вся́кий   - *any (see Topic 15)*

Отве́тьте на вопро́сы:
  1. Что называ́ется явле́нием?
  2. Что понима́ется под выраже́нием "движе́ние мате́рии"?
  3. Где происхо́дят проце́ссы?

◆◆◆ Механи́ческое движе́ние

Из всех явле́ний, кото́рые просхо́дят в приро́де, наи- бо́лее изве́стно явле́ние механи́ческого движе́ния.

Приме́ры механи́ческого движе́ния мо́жно наблюда́ть в окружа́ющем нас ми́ре. Наприме́р, мы мо́жем наблюда́ть, как лети́т самолёт, па́дает я́блоко на Зе́млю

Общее для да́нных явле́ний - измене́ние положе́ния одно- го́ те́ла относи́тельно други́х тел. Самолёт, я́блоко изменя́- ют своё положе́ние относи́тельно Земли́. Приме́ры пока́зыва- ют, что тела́ мо́гут с тече́нием вре́мени изменя́ть своё поло- же́ние относи́тельно друг дру́га.

Если с тече́нием вре́мени те́ло изменя́ет своё положе́ние относи́тельно други́х тел, то говоря́т, что те́ло дви́жется. Механи́ческим движе́нием называ́ется измене́ние положе́ния тел и́ли часте́й тел относи́тельно друг дру́га с тече́нием вре́ме- ни.

Механи́ческое движе́ние тел, его́ осо́бенности и сво́й- ства изуча́ет разде́л фи́зики - меха́ника.

Поле́зные слова́:
с тече́нием вре́мени   - *in the course of time*

Отве́тьте на вопро́сы:
1. Како́е явле́ние в приро́де нам наибо́лее изве́стно?
2. Как мо́гут изменя́ться тела́ с тече́нием вре́мени?
3. Как называ́ется разде́л фи́зики, кото́рые изуча́ет осо́-
   бенности и сво́йства движе́ния?

◆◆◆ Движе́ние тел в Со́лнечной систе́ме

    Выдаю́щееся откры́тие в о́бласти Со́лнечной систе́ме и
движе́ния тел в ней принадлежи́т знамени́тому австри́йскому
учёному Иога́нну Ке́плеру.   До Ке́плера существова́ло пред-
ставле́ние, что небе́сные тела́ дви́жутся по кру́гу.   Так ду́-
мали ещё филосо́фы Дре́вней Гре́ции, тако́е представле́ние о
движе́нии плане́т бы́ло и у Никола́я Копе́рника.

    По́сле многоле́тних наблюде́ний за движе́нием плане́т
Ке́плер пришёл к вы́воду, что э́то представле́ние оши́бочно,
плане́тные орби́ты име́ют не пра́вильную кругову́ю, а другу́ю
геометри́ческую фигу́ру.   Но каку́ю?

    Изуча́я материа́лы наблюде́ний Ма́рса, Ке́плер сде́лал
замеча́тельное откры́тие; он установи́л, что Марс дви́жется
вокру́г Со́лнца по э́липсу.   Пото́м ста́ло я́сно, что так дви́-
жется не то́лько Марс, но и все плане́ты Со́лнечной систе́мы,
по э́липсу дви́жется и Луна́ вокру́г Земли́.   Кро́ме э́того Ке́п-
лер установи́л, что Со́лнце нахо́дится не в це́нтре э́липса,
по кото́рому дви́жутся плане́ты, а в его́ фо́кусе.   Зна́чит,
расстоя́ние плане́т от Со́лнца не всегда́ одина́ково.   Ке́плер
та́кже установи́л, кака́я связь существу́ет ме́жду расстоя́нием
плане́ты от Со́лнца и вре́менем её обраще́ния вокру́г Со́лнца.

    Объясни́ть, каки́е си́лы управля́ют движе́нием плане́т,
суме́л вели́кий англи́йский учёный Исаа́к Нью́тон.   Он установ-
и́л, что орби́та небе́сных тел скла́дывается под де́йствием
двух сил: си́лы тяготе́ния к други́м небе́сным тела́м и дви-
же́ния по ине́рции.

Поле́зные слова́:
представле́ние AA   - *idea, notion*
 cf. предста́вить себе́ - *to imagine*
вы́вод AA   - *conclusion, inference*
УПРАВЛЯ́Й+ I}
УПРА́ВИ+ P } чем?   - *govern, direct sthg.*
СКЛА́ДЫВАЙ+ -ся I}
СЛОЖИ́+ -ся P   }   - *be formed, be shaped*
тяготе́ние A   - *gravitation*

Отвéтьте на вопрóсы:
1. Кем был Иогáнн Кéплер?
2. Какóе представлéние о небéсных телáх существовáло до Кéплера?
3. Что обнарýжил Кéплер о движéнии планéт?
4. Почемý расстоя́ние планéт от Сóлнца не всегдá одинáково?
5. Кем был Исаáк Ньютон?
6. Под какими силами склáдывается орбита небéсных тел?

♦♦♦ <u>Встрéча самолёта с птицей</u>

Самолёт шёл на посáдку. Вдруг он рéзко свернýл в стóрону. Пóсле приземлéния лётчик объяснил, что самолёт свернýл в стóрону, так как мог столкнýться с птицей.

Мнóгие не повéрили, что столкновéние огрóмного самолёта с мáленькой птицей опáсно для самолёта. Но лётчик доказáл, что самолёт, летя́щий со скóростью 250 км/ч, столкнýвшийся с птицей, имéющий мáссу 4 кг, полýчит удáр силой 2500 Н (ньютонов). Дáже кáпли водь́ бьют о стеклó с огрóмной силой.

Действительно, птица, летя́щая навстрéчу самолёту, мóжет пробить защитное стеклó самолёта, так как сила удáра птицы о стеклó самолёта, летя́щего со скóростью 600 км/ч, равнó почти 30 000 Н.

Полéзные словá:

птица АА	– *bird*
СТÁЛКИВАЙ+ -ся I СТОЛКНУ́+ -ся Р } с чем?	– *collide with sthg.*
опáсный	– *dangerous*
бить I (бью, бьёшь; бил, билá)	– *beat, strike*
о	– *against, on (prep. with accusative denoting contact with sthg.)*

Отвéтьте на вопрóсы:
1. Всегдá ли опáсно, когдá самолёт стáлкивается с птицей?
2. Как по-англи́йски "защитное стеклó"?

♦♦♦ Никола́й Ива́нович Лобаче́вский (1792-1856)

Среди́ положе́ний евкли́довой геоме́трии, кото́рые принима́ют без доказа́тельства, есть тако́е: ''На пло́скости че́рез да́нную то́чку мо́жно привезти́ то́лько одну́ пряму́ю, паралле́льную да́нной прямо́й.'' В тече́ние бо́лее 2000 лет о́чень мно́гие матема́тики де́лалаи мно́жество попы́ток доказа́ть э́то положе́ние на основа́нии остальны́х аксио́м Евкли́да. Все э́ти попы́тки оста́лись безрезульта́тными.

Никола́й Ива́нович Лобаче́вский положи́л коне́ц э́тим попы́ткам. Он утвержда́л, что положе́ние Евкли́да о паралле́льных есть самостоя́тельная аксио́ма, кото́рая не мо́жет быть вы́делена из остальны́х аксио́м.

Н.И. Лобаче́вский сде́лал сле́дующее предложе́ние: на пло́скости че́рез да́нную то́чку мо́жно провести́ бесконе́чное мно́жество прямы́х, паралле́льных да́нной пря́мой.

Исходя́ из э́того положе́ния, Лобаче́вский постро́ил свою́ геоме́трию, отли́чную от геоме́трии Евкли́да. В геоме́трии Лобаче́вского су́мма вну́тренних угло́в треуго́льника всегда́ ме́ньше двух прямы́х угло́в и зави́сит от длинны́ сторо́н. В э́той геоме́трии не существу́ет подо́бных фигу́р.

О́бласть нау́чных интере́сов Н.И. Лобаче́вского не ограни́чивалась матема́тикой. Он преподава́л в Каза́нском университе́те (1811-1845) меха́нику, астроно́мию, фи́зику, дава́я оригина́льную тракто́вку излага́емым предме́там.

Замеча́тельные выска́зывания Н.И. Лобаче́вского о необходи́мой свя́зи свойств простра́нства и де́йствующих в нём материа́льных сил получи́ли впосле́дствии свое́ конкре́тное осуществле́ние в о́бщей тео́рии относи́тельности А. Эйнште́йна.

Откры́тие Лобаче́вского бы́ло революцио́нным переворо́том в геоме́трии и филосо́фии. Его́ назва́ли Копе́рником и́ли Колу́мбом геоме́трии, так как в о́бласти геоме́трии его́ откры́тие произвело́ таку́ю же револю́цию, каку́ю соверши́л в астроно́мии Копе́рник и в геогра́фии Колу́мб. Геометри́ческие иде́и Лобаче́вского в настоя́щее вре́мя лежа́т в осно́ве о́чень мно́гих но́вых тео́рий фи́зики и астроно́мии.

Откры́тие Лобаче́вского не́ было при́знано при его́ жи́зни. Всеми́рное призна́ние иде́й Н.И. Лобаче́вского пришло́ уже́ по́сле сме́рти вели́кого матема́тика.

Поле́зные слова́:

среди́ чего?	— *among, in the midst of sthg.*
попы́тка АА	— *attempt*
cf. пыта́ться	— *to endeavor, try, attempt*
ИСХОДИ́+ I из чего?	— *proceed from, come from, originate with*

ИЗЛАГА́Й+ I }
ИЗЛОЖИ́+ P   }   – *expound, set forth*

впосле́дствии   – *subsequently*

осуществле́ние AA   – *realization, fulfilment*

   cf. ОСУЩЕСТВЛЯ́Й+ I }
      ОСУЩЕСТВИ́+ P   }   – *carry out, put into practice,*
                        realize

      существова́ть   – *to exist*

Отве́тьте на вопро́сы:
1. Кем был Н.И. Лобаче́вский?
2. Како́е положе́ние евкли́довой геоме́трии пыта́лись доказа́ть мно́гие матема́тики до Лобаче́вского?
3. Како́е но́вое предложе́ние сде́лал Лобаче́вский?
4. Чем отлича́ется геоме́трия Лобаче́вского от евкли́довой геоме́трии?
5. Почему́ Лобаче́вского называ́ли Копе́рником и́ли Колу́мбом геоме́трии?

✦✦✦ Фёдр Миха́йлович Достое́вский (1821–1881)

    Фёдр Достое́вский роди́лся в Москве́ в семье́ ле́каря больни́цы для бе́дных. Образова́ние получи́л в Петербу́ргском вое́нно-инжене́рном учи́лище. Уже́ пе́рвые его́ рома́ны и по́вести "Бе́дные лю́ди", "Бе́лые но́чи", "Не́точка Незва́нова", пове́довающие чита́телю жесто́кую неприкра́шенную пра́вду о бы́тии уни́женных и оскорблённых – сосло́вия городски́х ни́зов, привели́ ему́ изве́стность и призна́ние. До конца́ жи́зни писа́тель по его́ со́бственному выраже́нию, оста́нется "литера́тором-пролета́рием" и бу́дет иска́ть пути́ к совершенствова́нию самого́ челове́ка. "Я никогда́ не мог поня́ть мы́сли, – писа́л он – что лишь одна́ деся́тая до́ля люде́й должна́ получа́ть вы́сшее разви́тие, а остальны́е де́вять деся́тых должны́ лишь послужи́ть к тому́ материа́лом и сре́дством, а са́ми остава́ться в мра́ке.

    Стра́стное жела́ние переде́лать мир сбли́зило молодо́го писа́теля с революцио́нными круга́ми. По доно́су провока́тора в 1849 году́ Достое́вский был аресто́ван и приговорён вме́сте с други́ми к сме́ртной ка́зни, кото́рую перед са́мым расстре́лом ему́ замени́ли ка́торгой. То́лько че́рез 10 лет он получи́л разреше́ние верну́ться в Петербу́рг. Но ка́торга, ссы́лка, тяжёлая боле́знь не сломи́ли его́ дух. В 60–70-е го́ды Достое́вский со́здал свои́ са́мые знамени́тельные рома́ны: "Преступле́ние и наказа́ние", "Идио́т", "Бе́сы", "Подросто́к", "Бра́тья Карама́зовы". Писа́тель сло́жный, иногда́ противоре́чивый, он вошёл в исто́рию литерату́ры как вели́кий гумани́ст и боре́ц за социа́льную справедли́вость. Тво́рчество Достое́вского, насы́щенное глубо́ким филосо́вским содержа́нием, тончайшим психологизмом, пронизанное верой в духовные возможности человека, оказало глубокое влияние на развитие мировой культуры. Его произведения и сейчас волнуют миллионы сердец в разных концах земного шара.

Творчество Ф.М. Достоевского изучается в школах и высших учебных заведениях. В Москве, Ленинграде, Семипалатинске, Старой Руссе - городах, где жил и работал писатель, созданы музеи, которые ежегодно посещают тысячи людей.

Полезные слова:

остальной	- remaining, other
cf. ОСТАН+-ся	- be left, remain
ЗАМЕНЯЙ+ I } что? чем?	- replace sthg. with sthg.
ЗАМЕНИ+ P	- substitute sthg. for sthg.
справедливость AA	- justice, fairness, impartiality
ОКАЗЫВАЙ+ I } влияние	- influence sthg.
ОКАЗА+ P на что	
ВОЛНОВА+ I }	- agitate, disturb, worry
ВЗВОЛНОВА+ P	
cf. волна	- wave

Ответьте на вопросы:
1. Кем работал отец Достоевского?
2. Где учился Достоевский?
3. О чём писал Достоевский в своих первых романах и повестях?
4. Что он не мог понять?
5. За что он всегда боролся?
6. Вы когда-нибудь читали его роман "Преступление и наказание" или "Братья Карамазовы"?

$$\boxed{\text{SECTION II}}$$

◆◆◆ Кислород

Из всех веществ, встречающихся на земле, кислород является наиболее распространённым. В свободом состоянии кислород содержится в атмосферном воздухе. В связанном виде он входит в состав воды, различных минералов и горних пород, а также в состав всех растений и животных. Обшее количество кислорода в земной коре равно приблизительно половине её массы.

Кислород был впервые получен в чистом виде Шееле в 1772 году, а затем в 1774 году Пристли. Пристли выделил его из оксида ртути. Однако он не знал, что полученный им газ входит в состав воздуха. Только через несколько

лет Лавуазье́, подро́бно изучи́вший сво́йства э́того га́за,
установи́л, что он явля́ется составно́й ча́стью во́здуха, и
назва́л его́ кислоро́дом.

Кислоро́д представля́ет собо́й бесцве́тный газ, не име́-
ющий никако́го за́паха. Он немно́го тяжеле́е во́здуха.

Кислоро́д - хими́чески акти́вное вещество́. Одни́м из
наибо́лее хара́ктерных сво́йств кислоро́да явля́ется его́ спо-
со́бность соединя́ться со мно́гими вещества́ми. Реа́кция со-
едине́ния вещества́ с кислоро́дом называ́ется реа́кцией оки-
сле́ния. Окисле́ние просты́х и сло́жных веще́ств во мно́гих
слу́чаях протека́ет ме́дленно, наприме́р, окисле́ние желе́за
на во́здухе (ржавле́ние желе́за). Иногда́ реа́кция окисле́ния
идёт бы́стро и с выделе́нием тепла́ и све́та, э́то происхо́дит
при горе́нии. Горе́ние в чи́стом кислоро́де протека́ет энер-
ги́чнее, чем в во́здухе. В результа́те соедине́ния вещества́
с кислоро́дом образу́ются разли́чные окси́ды (о́кислы).

Поле́зные слова́:

зате́м	- *then (immediately thereafter), thereupon*
подро́бно	- *in detail*

♦♦♦ Чёрные ды́ры

Тео́рия предска́зывает, что звёзды с ма́ссой в деся́тки
раз бо́льше Со́лнца по́сле выгора́ния[1] в них водоро́да и ге́лия,
по́сле исче́рпания запа́са звёздного горю́чего, когда́ осла́б-
лева́ет внутризвёздное све́тлое давле́ние,[2] подде́рживавшее
звезду́ в равнове́сии, должны́ ре́зко сжа́ться. С уменьше́нием
разме́ров звезды́ си́лы тяготе́ния ре́зко возраста́ют.[3] Сущест-
ву́ет тако́й крити́ческий ра́диус звезды́, при кото́ром ничто́,
никако́е излуче́ние, попа́вшее в её сфе́ру притяже́ния, не
мо́жет вы́рваться "нару́жу". Эта сжа́вшаяся коллапси́ровавшая
здезда́ поглоща́ет всё, вся́кое излуче́ние, но сама́ ничего́ не
испуска́ет.[4] Тако́е фантасти́ческое, стра́шное косми́ческое
те́ло называ́ется чёрной дыро́й.

Чёрную дыру́ уви́деть нельзя́, но её чудо́вищная[5] ма́сса
должна́ влия́ть на сосе́дние звёзды, и по их поведе́нию мо́жно
обнару́жить прису́тствие чёрной дыры́. Астрофи́зики и́щут их
в ко́смосе.

Поле́зные слова́:

давле́ние AA	- *pressure*
ПОДДЕ́РЖИВАЙ+ I ⎫	
ПОДДЕРЖА́+ P ⎬	- *support, maintain*
cf. ДЕРЖА́+	- *hold*

СЖИМА́Й+ I }
сжать Р   - *compress*
  (сжму, сжмёшь;
   сжал, сжа́ла)
ВЫРЫВА́Й+ -ся I }   - *escape, burst out, break*
ВЫ́РВА+ -ся Р   *through*
  (вы́рвусь, вы́рвешься)
ПОГЛОЩА́Й+ I }   - *absorb, consume*
ПОГЛОТИ́+ Р
  cf. глота́ть   - *to swallow*

Примеча́ния:
  1. выгора́ние: cf. выгора́ть I (вы́гореть Р) '*to burn*
     out'; горе́ть I '*to burn (intrans.)*'; горю́чее '*fuel*';
     горя́чий '*hot*'
  2. све́тлое давле́ние '*radiation pressure*'
  3. ВОЗРАСТА́Й+ I }   - *increase, glow, accelerate*
     возрасти́ Р
     cf. расти́ I (вы́расти Р) '*to grow*' and prefix ВОЗ-
     '*up, upward*'
  4. ИСПУСКА́Й+ I }   - *give off, emit*
     ИСПУСТИ́+ Р
     Root ПУСК I, ПУСТ Р '*let, grant; release*'
     cf. допуска́ть I (допусти́ть Р) '*admit*'
         отпуска́ть I (отпусти́ть Р) '*let go, release*'
         о́тпуск '*leave of absence; holiday*'
         выпуска́ть I (вы́пустить Р) '*let out, discharge;*
          publish'
         вы́пуск '*publication, issue; release*'
         опуска́ть I (опусти́ть Р) '*lower (let down)*'
  5. чудо́вищный '*monstrous, huge*'
     cf. чу́до (pl. чудеса́) '*miracle, wonder*'
         чуде́сный '*marvelous*'

◆◆◆ Из чего́ состои́т Вселе́нная?

     Разви́тие нау́ки о хими́ческих элеме́нтах те́сно свя́зано
с и́менем вели́кого ру́сского учёного Д.И. Менделе́ева, от-
кры́вшего в 1869 г. периоди́ческий зако́н хими́ческих эле-
ме́нтов. Этот зако́н яви́лся акти́вным помо́щником челове́ка
в изуче́нии приро́ды и в пе́рвую о́чередь он показа́л матери-
а́льное еди́нство Вселе́нной.
     Челове́ка давно́ интересова́ли вопро́сы, из чего́ состоя́т
окружа́ющие его́ тела́ - во́здух, Земля́, вода́, го́рные поро́ды,
расте́ния, живо́тные, из чего́ состоя́т Со́лнце и звёзды, ме-
теори́ты, па́дающие на Зе́млю. Есть ли ме́жду э́тими разли́ч-
ными тела́ми что́-либо о́бщее? Периоди́ческий зако́н помо́г

создать единую картину мира.

Уже в прошлом веке были произведены детальные анализы многочисленных горных пород, составляющих земную кору. Оказалось, что самые разнообразные горные породы состоят главным образом из немногих химических элементов - кислорода и кремния, алюминия и железа, кальция и натрия, калия и магния, водорода и некоторых других. Эти элементы входят в состав земной коры в основном в виде соединений.

Общее количество кислорода в земной коре близко к половине её массы - 47%. Кислород является одним из самых распространённых элементов. Четвёртую часть массы земной коры (27%) составляет кремний. Он занимает второе место. Около 8% по массе составляет алюминий, железо составляет 4% по массе. Затем следуют кальций, натрий, калий, магний и водород.

Перечисленные девять элементов составляют более 98% массы земной коры, доля же всех остальных элементов составляет примерно 2%.[1] В эти 2% входят и такие широко применяемые в народном хозяйстве элементы, как медь, цинк, свинец, никель, сера, фосфор и другие.

С глубиной процентное содержание химических элементов меняется. Увеличивается содержание железа и магния, уменьшается количество кислорода, натрия, алюминия, кремния. Изучением распространения элементов в земной коре занимается геохимия, созданная в значительной мере трудами советских учёных В.И. Вернадского и А.Е. Ферсмана.

Известен в настоящее время и состав воздуха, представляющий собой смесь многих газов, главными из которых являются азот и кислород. Воздух содержит азота 75,5% по массе и 23,2% кислорода. В состав его входят в небольшом количестве благородные (инертные) газы (1,3% по массе), а также диоскид углерода (CO_2) и водяные пары. Кроме перечисленных газов, в воздухе содержится ещё большее или меньшее количество пыли и некоторые случайные примеси. Кислород, азот и благородные газы считаются постоянными составными частями воздуха, так как их содержание в воздухе практически повсюду одинаково. Содержание же диоксида углерода, водяных паров и пыли может изменяться в зависимости от условий.

Достаточно однообразен химический состав веществ органического происхождения. Десятки тысяч разнообразнейших органических тел природы состоят главным образом из нескольких элементов. Например, 99,1% тканей растений по массе составляют 7 элементов: кислород составляет 70%, углерод 18%, водород 10%, натрий, калий, кальций по 0,3%,

кре́мний 0,15%.   Одна́ко в ничто́жных коли́чествах в расте́ни-
ах прису́тствует свы́ше 70 хими́ческих элеме́нтов.

   В настоя́щее вре́мя изу́чен хими́ческий соста́в живы́х ор-
гани́змов.   Каки́е же элеме́нты вхо́дят в соста́в органи́зма
челове́ка?

   Основну́ю ма́ссу те́ла челове́ка то́же составля́ет не́-
сколько элеме́нтов: кислоро́д (60%), углеро́д (20,2%), водо-
ро́д(10%), азо́т (2,5%), ка́льций (2,5%), фо́сфор (1,14%).
В челове́ке, кото́рый ве́сит 70 кг, соде́ржится 45,5 кг ки-
слоро́да, 12,6 кг углеро́да, 7 кг водоро́да, 2,1 кг азо́та,
1,4 кг ка́льция, 0,7 кг фо́сфора, 0,7 кг ка́лия, се́ры, на́-
трия, хло́ра, ма́гния, желе́за и ци́нка.

   Таки́м о́бразом, хими́ческие элеме́нты, кото́рые вхо́дят
в периоди́ческую табли́цу элеме́нтов Д.И. Менделе́ева, обра-
зу́ют разнообра́зные вещества́ неживо́й и живо́й приро́ды.

   В про́шлые века́ мно́гие учёные счита́ли, что органи́чес-
кие вещества́ принципиа́льно отлича́ются от неоргани́ческих
веще́ств: ка́мень и любо́е друго́е вещество́ мо́жно научи́ться
создава́ть иску́сственным путём, органи́ческие же вещества́
не мо́гут быть полу́чены лаборато́рным спо́собом, а создаю́тся
то́лько органи́змами.

   Нау́ка опрове́ргла э́ти взгля́ды.   В настоя́щее вре́мя
синтези́рованы мно́гие органи́ческие же вещества́, не то́лько
име́ющиеся в приро́де, но и в приро́де не встреча́ющиеся, на-
приме́р, многочи́сленные пластма́ссы, разли́чные ви́ды каучу́-
ков, лека́рственные вещества́ и др.   Синтети́чески полу́чен-
ных веще́ств да́же бо́льше, чем на́йденных в приро́де.

   Возника́ет ещё оди́н вопро́с: из каки́х элеме́нтов состо-
я́т небе́сные тела́, звёзды, плане́ты?   Соде́ржат ли они́ каки́е-
либо но́вые элеме́нты, не входя́щие в табли́цу Д.И. Менделе́-
ева.   Совреме́нная нау́ка даёт отрица́тельный отве́т на э́тот
вопро́с.

   Са́мым распространённым элеме́нтом ко́смоса явля́ется
водоро́д.   Так, водоро́д на Со́лнце составля́ет 75% по объёму,
до́ля ге́лия составля́ет 24%, до́ля же остальны́х элеме́нтов
составля́ет 1%.

   В звёздах водоро́д соде́ржится по объёму приблизи́-
тельно от 35 до 90%.

   Многочи́сленные ана́лизы метеори́тов показа́ли, что те-
ла́, попада́ющие к нам из глубины́ Вселе́нной, состоя́т из тех
же хими́ческих элеме́нтов, кото́рые объединя́ет табли́ца Мен-
деле́ева.   Ни одного́ но́вого, неизве́стного нам на Земле́
элеме́нта в соста́ве метеори́тов нет!

   С разви́тием космона́втики расши́рились возмо́жности из-
уче́ния разли́чных небе́сных тел.   Результа́ты иссле́дований
Луны́, проведённых в после́дние го́ды, пока́зывают, что

поро́ды, слага́ющие совреме́нную лу́нную кору́ хими́чески бо́лее одноро́дны, чем земны́е.

Сове́тские автомати́ческие межплане́тные ста́нции се́рии "Вене́ра" определя́ли соста́в атмосфе́ры Вене́ры. 97% о́бщей ма́ссы атмосфе́ры составля́ет диокси́д углеро́да CO_2. Азо́т и ине́ртные га́зы составля́ют лишь не́сколько проце́нтов, кислоро́д - о́коло 0,1%, а водяно́й пар ещё ме́ньше.

Иссле́дуется и Марс. В настоя́щее вре́мя опублико́ваны предвари́тельные результа́ты иссле́дований трёх образцо́в пове́рхности Ма́рса в места́х поса́дки автомати́ческих межплане́тных ста́нций "Ви́кинг". Хими́ческий соста́в всех образцо́в оказа́лся практи́чески одина́ковым. В пове́рхностном сло́е Ма́рса значи́тельно ме́ньше алюми́ния, ка́лия и тита́на, чем на Земле́, но в то же вре́мя мно́го желе́за (о́коло 13%). Осо́бенно бога́та пове́рхность Ма́рса кре́мнием. Около 3% ма́ссы минера́ла составля́ет се́ра, её в не́сколько деся́тков раз бо́льше, чем в земны́х и лу́нных поро́дах. Удало́сь определи́ть содержа́ние и други́х элеме́нтов.

Сравни́тельно высо́кое содержа́ние желе́за на Ма́рсе подтвержда́ет существу́ющую гипо́тезу, что кра́сный цвет его́ пове́рхности обусло́влен значи́тельным содержа́нием окси́дов желе́за.

Результа́ты после́дних хими́ческих исследова́ний соста́ва небе́сных тел, убеди́тельно дока́зывают, что ни на одно́м из небе́сных тел нет неизве́стных нам элеме́нтов. Нет элеме́нтов, кото́рые не вхо́дят в периоди́ческую табли́цу Д.И. Менделе́ева. Весь звёздный мир, вся Вселе́нная, бесконе́чно разнообра́зная, состои́т из одни́х и тех же веще́ств. Мир во всём многообра́зии еди́н по свое́й приро́де!

Поле́зные слова́:

помо́щник АА	- *helper*
cf. по́мощь	- *help*
помога́ть I } помо́чь Р	- *to help*
в пе́рвую о́чередь	- *in the first place, above all*
что́-либо о́бщее	- *anything in common*
в основно́м	- *on the whole*
перечи́сленный	
cf. перечи́слить	- *to enumerate*
составна́я часть	- *component*
в зави́симости от (чего?)	- *depending on (sthg.)*
ничто́жный	- *insignificant, paltry*
cf. ничто́	- *nothing*

принципа́льно	– *in principle, based on/guided by principle*
при́нцип	– *principle*
ПРОВЕРГА́Й+ I } ПРОВЕРГ(НУ)+ Р	– *refute*
СЛАГА́Й+ I } СЛОЖИ́+ Р	– *form, shape*
предвари́тельный	– *preliminary*
о́браз/е́/ц ВВ	– *model, pattern; specimen, sample*
cf. о́браз	– *form, shape*

Примеча́ния:

1. . . . до́ля же всех остальны́х элеме́нтов составля́ет приме́рно 2%. '. . . *approximately 2% is made up of all the remaining elements.*'

◆◆◆ Челове́к и приро́да

Биосфе́ра – э́то вне́шняя оболо́чка на́шей плане́ты, включа́ющая ве́рхнюю часть земно́й коры́, приро́дные во́ды и ни́жнюю часть атмосфе́ры со все́ми населя́ющими их живы́ми органи́змами. Челове́к то́же вхо́дит составно́й ча́стью в биосфе́ру. Но челове́к, его́ де́ятельность явля́ется одни́м из наибо́лее суще́ственных фа́кторов, возде́йствующих на биосфе́ру. Осо́бенно возросло́ влия́ние челове́ка на биосфе́ру в после́дние десятиле́тия в связи́ с ре́зким увеличе́нием техни́ческого могу́щества.

Основно́е возде́йствие на приро́ду происхо́дит в результа́те разви́тия промы́шленности, се́льского хозя́йства, тра́нспорта, энерге́тики, строи́тльства городо́в, произво́дства но́вых ви́дов веще́ств, материа́лов, эне́ргии, появле́ния но́вых ви́дов челове́ческой де́ятельности. О масшта́бах производственной де́ятельности люде́й говоря́т таки́е ци́фры: 100 лет наза́д челове́чеством бы́ло освое́но то́лько 0,3 км то́лщи земно́й коры́, а сейча́с э́тот показа́тель превыша́ет 10 км; 100 лет наза́д челове́ком испо́льзовалось не бо́лее 20 элеме́нтов табли́цы Менделе́ева, а в на́ши дни – уже́ 94-96 элеме́нтов. Лю́ди произво́дят огро́мное коли́чество но́вых веще́ств, кото́рые ра́ньше никогда́ не существова́ли в приро́де. Подсчи́тано, что за вре́мя существова́ния челове́чества в приро́дную среду́ введено́ о́коло миллио́на но́вых веще́ств и ежего́дно вво́дится до 50 ты́сяч. Не́которые из них, попада́я в приро́дную среду́, наруша́ют приро́дное равнове́сие (наприме́р, не́которые ви́ды хими́ческих средств борьбы́ с вреди́телями расте́ний), а в ря́де слу́чаев явля́ются опа́сными для здоро́вья люде́й. К сожале́нию, возде́йствие челове́ка на приро́ду

во мно́гих слу́чаях но́сит неконтроли́руемый, стихи́йный ха-
ра́ктер. В результа́те ро́ста могу́щества челове́ка ста́ло не-
ре́дким катастрофи́ческое загрязне́ние атмосфе́ры, су́ши, рек,
море́й и океа́нов, истоще́ние приро́дных ресу́рсов, наруше́ние
биологи́ческого равнове́сия.

За мно́гие миллио́ны лет существова́ния ме́жду отде́ль-
ными составны́ми частя́ми биосфе́ры установи́лись определённые взаимозави́симые свя́зи. Если возде́йствию и измене́нию
подверга́ется оди́н из элеме́нтов биосфе́ры, неизбе́жно насту-
па́ет цепна́я реа́кция и изменя́ются други́е её элеме́нты. Это
сво́йство биосфе́ры необходи́мо учи́тывать при плани́ровании
любы́х де́йствий челове́ческого о́бщества, кото́рые мо́гут ока-
за́ть влия́ние на биосфе́ру.

Наибо́лее пострада́вшими от неразу́мных де́йствий чело-
ве́ка оказа́лись живы́е органи́змы - расте́ния и живо́тные,
кото́рые име́ют огро́мное значе́ние для существова́ния са́мой
биосфе́ры. Га́зовый соста́в атмосфе́ры, почвообразова́ние,
во́дный режи́м[1] и мно́гие други́е проце́ссы, происходя́щие в
биосфе́ре, определя́ются де́ятельностью расте́ний и живо́тных.

К настоя́щему вре́мени на Земле́ уничто́жено приме́рно
2/3 пло́щади всех лесо́в. Загрязне́ние Мирово́го океа́на ведёт к ги́бели его́ во́дной расти́тельности. А леса́ и во́дная
расти́тельность океа́на - основны́е производи́тели кислоро́да,
и без них на́ша плане́та мо́жет оказа́ться в крити́ческом по-
ложе́нии.

В жи́зни челове́ческого о́бщества расте́ния и живо́тные
име́ют огро́мное экономи́ческое, нау́чное и эстети́ческое зна-
че́ние. Приро́да в жи́зни челове́ка - э́то первоисто́чник ма-
териа́льных благ, исто́чник здоро́вья, ра́дости и духо́вного
бога́тства. Бу́рный рост нау́ки и те́хники де́лает осо́бенно
актуа́льной ве́чную пробле́му отноше́ний ме́жду челове́ком и
приро́дой. Анализи́руя сложи́вшееся положе́ние и иссле́дуя
тенде́нции дальне́йшего разви́тия о́бщества, не́которые учёные
пришли́ к вы́воду о возмо́жности наступле́ния в недалёком бу́-
дущем так называ́емого экологи́ческого кри́зиса, т.е. ре́з-
кого, катастрофи́ческого измене́ния приро́дной среды́, в ре-
зульта́те кото́рого челове́чество мо́жет поги́бнуть по́лностью
и́ли в основно́й свое́й ма́ссе.

В настоя́щее вре́мя прихо́дится призна́ть реа́льность у-
гро́зы экологи́ческого кри́зиса. И́менно поэ́тому пе́ред учёными, пе́ред прави́тельствами ра́зных стран Земли́ стои́т за-
да́ча огро́мной ва́жности - защити́ть приро́ду, предотврати́ть
наступле́ние э́того кри́зиса.

Необходи́мо, что́бы произво́дство ста́ло безвре́дным для
биосфе́ры. Необходи́мо, что́бы бы́ли прекращены́ все произ-
во́дственные вы́бросы, закрязня́ющие атмосфе́ру. Необходи́м

переход на замкнутый цикл производства.

Полезные слова:

существенный	- *essential, intrinsic*
энергетика	- *power engineering*
ПОДЧИТЫВАЙ+ I } ПОДЧИТАЙ+ P	- *calculate*
НАРУШАЙ+ I } НАРУШИ+ P	- *disturb, violate*
воздействие АА	- *influence*
ПОДВЕРГАЙ+ I } что? ПОДВЕРГ(НУ)+ P } чему?	- *subject, expose sthg. to sthg.*
актуальный	- *urgent, topical*
ПРЕДОТВРАЩАЙ+ I } ПРЕДОТВРАТИ+ P	- *prevent*
(предотвращу, предотвратишь)	

Премечание:

1. водный режим *'water conditions'*

♦♦♦ Источники энергии на Земле

Уже несколько миллиардов лет Солнце посылает на Землю свои лучи. Этот источник энергии можно назвать неисчерпаемым. Каждый квадратный метр земной поверхности получает от Солнца за год такое же количество энергии, какое дают сотни килограммов угля. Сколько же тепла получает от Солнца весь земной шар? Подсчитав площадь Земли и учитывая неравномерное освещение солнечными лучами земной поверхности, получим 10^{14} квт. Это в 100 тысяч раз больше энергии, которую получают от всех источников энергии на Земле все фабрики, заводы, электростанции, автомобильный и самолётные моторы, т.е. - в 100 тысяч раз больше всей энергии, потребляемой человечеством.

Однако, несмотря на множество проектов, солнечная энергия используется совершенно незначительно. Это объясняется тем, что солнечная энергия попадает во все места земной поверхности: и на недоступные горы, и на безлюдные пустыни, и на поверхность океанов, занимающих большую часть земной поверхности. Кроме того, количество энергии, приходящейся на небольшую площадь, не так уж велико.

Другим источником энергии может служить ветер. Энергию ветра использовали для движения парусных судов[1] и ветряных мельниц ещё в древние века. Полная среднегодовая мощность воздушных потоков для всей Земли равна 100 млрд. квт. Но этот источник энергии обладает существенными недостатками: количество энергии, выделяющейся на единицу площади, относительно невелико; не менее существенный недостаток - непостоянство силы ветра.

Ещё одним источником энергии является движущаяся вода: энергия морских приливов и отливов, энергия непрерывно текущих рек. Мощность всех рек земного шара измеряется миллиардами киловатт; используется же примерно 40 млн. квт, т.е. пока около 1%.

Солнце, воздух и вода - даровые источники энергии. Даровые - потому, что использование их энергии не уменьшает земных ценностей. Сжигание же топлива, т.е. использование энергии каменного угля, нефти, дерева - это невозвратимое уничтожение земных ценностей. В настоящее же время в качестве основного источника энергии используется топливо (до 90%). Каковы же запасы топлива на земном шаре? К обычному топливу относятся уголь и нефть. Их запасы на земном шаре крайне малы. При современном расходовании нефти её известные запасы придут к концу уже к началу следующего тысячелетия. Запасов каменного угля несколько больше. Его хватит примерно на тысячу лет. Запас энергии на тысячу лет надо признать очень малым. Тысяча лет - это много только по сравнению с длительностью жизни человека, а человеческая жизнь - ничтожное мгновенье по сравнению с жизнью земного шара и цивилизованного мира.

В начале 40-х годов нашего века была доказана практическая возможность использования совершенно нового вида горючего, называемого ядерным. Ядерная энергия выделяется в виде тепла на атомных электростанциях и используется совершенно так же, как на электростанциях, работающих на каменном угле.

В настоящее время выделяют ядерную энергию в промышленных количествах из двух элементов - урана и тория. Особенность ядерного горючего - исключительная концентрированность энергии. Килограмм ядерного горючего даёт энергию в 2,5 млн. раз больше, чем килограмм угля. Запасы ядерного горючего на Земле намного превышают запасы угля.

Но уже сейчас можно указать действительно безграничный источник энергии - термоядерные реакции, т.е. реакции слияния ядер водорода. При этой реакции выделяется огромная энергия на килограмм горючего. Но эти реакции возможны только лишь при сверхвысоких температурах порядка 20 миллионов градусов. Сейчас перед исследователями стоит задача получения сверхвысоких температур не взрывным путём.

Поле́зные слова́:
  ПОПАДА́Й+ I }
  ПОПА́Д+ Р   }   – *hit, get to, reach*
  пото́к АА   – *flow, stream, torrent*
    cf. ТЕ́К+   – *flow*
  сжига́ние
    cf. сжига́ть I }
        сжечь Р   }   – *to burn (sthg.)*
  (сожгу́, сожжёшь;
  сжёг, сожгла́)

Примеча́ние:
  1. су́дно (pl. nom. суда́, gen. судо́в) *'vessel, ship'*

♦♦♦ <u>Космона́втика сего́дня и в бу́дущем</u>

    Сейча́с ещё тру́дно дать то́чный отве́т на вопро́с о том,
каку́ю роль бу́дет игра́ть ко́смос в жи́зни бу́дущих поколе́ний,
но уже́ сейча́с я́сно, что изуче́ние ко́смоса помо́жет реши́ть
не то́лько чи́сто нау́чные, но и практи́ческие пробле́мы.

    Вы́ход в косми́ческое простра́нство даёт   возмо́жность
учёным провести́ таки́е иссле́дования со́лнечной систе́мы и
вселе́нной, кото́рые невозмо́жны в усло́виях Земли́, изучи́ть
со́лнечно-земны́е свя́зи, собра́ть ка́чественно но́вые да́нные
о Земле́ и окружа́ющем её косми́ческом простра́нстве.   Э́ти
иссле́дования необходи́мы пре́жде всего́ для дальне́йшего ос-
вое́ния ко́смоса.

    Челове́к уже́ получа́ет практи́ческую по́льзу от иссле́до-
вания ко́смоса.   Без информа́ции из ко́смоса уже́ сейча́с
тру́дно обойти́сь.   Наприме́р, расчёт и составле́ние долго-
сро́чных прогно́зов пого́ды тре́бует глоба́льного "взгя́да" на
земну́ю атмосфе́ру и её взаимоде́йствие с Мировы́м океа́ном.
Нема́лую роль для прогнози́рования пого́ды игра́ет изуче́ние
ледяны́х покро́вов плане́ты.   Таку́ю информа́цию назе́мные
ста́нции собра́ть не мо́гут.   А косми́ческие метеорологи́чес-
кие систе́мы помога́ют реши́ть трудне́йшую пробле́му повыше́ния
достове́рности прогно́за.   Мно́гие госуда́рства обме́ниваются
метеорологи́ческой информа́цией, полу́ченной со спу́тников.

    В са́мом ближа́йшем бу́душем лю́дям XX ве́ка предстои́т
реша́ть пробле́му иследо́вания биоресу́рсов Мирово́го океа́на.
Здесь начина́ется ряд сложне́йших вопро́сов морско́й биоло́гии
и те́хники иссле́дования огро́мных водны́х бассе́йнов.   Всё
э́то мо́жно реши́ть то́лько с по́мощью космона́втики.

    Фотогра́фии из ко́смоса несу́т мно́го но́вой геологи́чес-
кой информа́ции о земно́й пове́рхности.   Их ана́лиз представ-
ля́ет собо́й самостоя́тельный ме́тод иссле́дования структу́ры
земно́й коры́.   Фотогра́фии отража́ют о́бшие черты́ плане́ты,

которые связаны с внутренними и внешними процессами, постоянно происходящими на Земле. Поэтому они дают представление о планете в целом, дают общую картину огромных районов. Материалы из космоса и информация, полученная обычными геологическими методами, – это богатейший материал для понимания законов размещения рудных районов, нефте- и газоносных областей земного шара. Он помогает найти новые области перспективные для поисков месторождений полезных ископаемых.

Большую помощь космонавтика оказывает воздушному и морскому транспорту. С помощью спутников изучаются морские течения, состояние облаков, ищут новые воздушные и морские трассы. Космонавтика может быть полезной сверхзвуковому ракетному транспорту, о создании которого уже сейчас думают конструкторы.

Сотни миллионов жителей планеты пользуются космической связью и телевидением. Космическое телевидение может сыграть большую роль в распространение общего и специального образования, медицинских знаний и распространения культуры. Есть реальная возможность принимать и передавать телевизионные программы из одной страны в другую. Так космос может играть и ещё одну роль – укреплять контакты между народами.

Человечество заинтересовано в получении исчерпывающей информации о своей планете. Нет сомнений, что для дальнейшего освоения космоса понадобятся совместные усилия многих стран, содружество учёных из разных областей наук. Необходимость совместных усилий диктуется наличием крупных проблем, решать которые может только большой коллектив. Необходимо международное сотрудничество, сочетание национальных интересов с общепланетарными; национальное участие в изготовлении отдельных унифицированных блоков больших космических систем. В этом будущее человечества и в космосе, и на Земле.

Сегодня быстрими темпами уменьшаются геологические (минеральные, рудный, топливные) и биологические ресурсы земли. Необходимо искать новые геологические ресурсы, осваивать технологию биоресурсов Земли и Мирового океана. В решении этой задачи очень важную роль должна сыграть космонавтика.

Полезные слова:

качественный	– *qualitative; high-quality, high grade*
cf. качество	– *quality*
освоение АА	– *pioneering, development*
cf. осваивать I_}	– *to assimilate, develop, master (cf.*
освоить Р	*also* свой *'one's own')*

ОБМЕ́НИВАЙ+-ся I }чем?		
ОБМЕ́НЯЙ+-ся P	– *exchange sthg.*	
cf. меня́ть I	– *to change*	
изменя́ть I }		
измени́ть P	– *to alter*	
ПРЕДСТОЙА́+ I	– *lie ahead*	
ОТРАЖА́Й+ I }		
ОТРАЗИ́+ P	– *reflect*	
перспекти́вный	– *long term; worthwhile*	
cf. перспекти́ва	– *prospect, outlook*	
ОКА́ЗЫВАЙ+ I } по́мощь		
ОКАЗА́+ P кому́?	– *help (render aid to) s.o.*	
содру́жество	– *cooperation, association*	
совме́стный	– *joint, combined*	
сотру́дничество	– *cooperation*	
сочета́ние	– *combining, compiling*	

◆◆◆ <u>Мо́жно ли прогнози́ровать землетрясе́ние</u>

На Земле́ происхо́дит 100000 землетрясе́ний в год. Изве́стно, что их вызыва́ют движе́ния земно́й коры́. Землетрясе́ния изуча́ют учёные ра́зных специа́льностей. Изуче́нием колеба́ний земно́й коры́ занима́ется отде́льная нау́ка - сейсмоло́гия. Устано́влено, что си́льные землетрясе́ния происхо́дят ре́дко. Большинство́ землетрясе́ний мо́жет быть зарегистри́ровано то́лько прибо́рами. В сре́днем на 1000 землетрясе́ний в 4-5 ба́ллов[1] прихо́дится одно́ си́льное (в 7-9 ба́ллов), а на 100000 - одно́ катастрофи́ческое (си́лой в 10 и бо́лее ба́ллов). Изуча́я землетрясе́ния и причи́ны их возникнове́ния, учёныежсейсмо́логи реша́ют сложне́йшую пробле́му - пробле́му прогнози́рования землетрясе́ний.

Что изве́стно о причи́нах землетрясе́ний? В настоя́щее вре́мя в нау́ке существу́ет еди́ное мне́ние: непосре́дственной причи́ной землетрясе́ний явля́ется деформа́ция земно́й коры́ (растяже́ние, сжа́тие, скру́чивание, изги́б и т.п.). Деформа́ция земно́й коры́ вызыва́ет упру́гие напряже́ния в го́рных поро́дах. Когда́ э́ти напряже́ния стано́вятся сильне́е про́чности го́рных поро́д, происхо́дит землетрясе́ние.

Но каки́е си́лы вызыва́ют деформа́цию земно́й коры́? Это гла́вный вопро́с пробле́мы. Отвеча́ют на него́ по-ра́зному. Большинство́ иссле́дователей счита́ет, что причи́на явле́ния - в само́й земно́й коре́. Но учёные предполага́ют та́кже, что землетрясе́ния происхо́дят под влия́нием вне́шних сил.

Выска́зываются ра́зные гипо́тезы о вне́шних влия́ниях. Наприме́р, выдвига́ется гипо́теза о влия́нии приливообразу́ющих сил Луны́ на возникнове́ние землетрясе́ний, т.е. о гравитацио́нном возде́йствии Со́лнца и Луны́ на Зе́млю. Счита́ют,

что эти приливообразующие слы Луны вызывают растяжение
земной коры - её деформацию, которая в свою очередь, приводит к упругим напряжениям в какой-либо части Земли.
Когда Луна находится на минимальном расстоянии от Земли,
её приливообразующие силы на 40% больше чем в моменты,
когда она находится на максимальном расстоянии от Земли.
Однако связь между этими двумя явлениями окончательно не
установлена.   Землетрясения не всегда совпадают с момен-
тами приближения Земли к Луне.

Исследуются и другие явления, влияющие на возникно-
вение землетрясений. Известно, например, что на движение
земной коры влияют электрические и магнитные поля. Но,
как предполагают учёные, воздействие этих сил незначительно, а это значит, что землетрясение они вызвать не
могут.

Учёные, изучающие магнитное поле Земли, высказывают
такую гипотезу. Внутри Земли находится жидкое (распла-
вленное) ядро, в котором "плавает" твёрдое ядро с радиу-
сом около 1,3 тысячи километров. Оно движется по эллип-
су, и его приближение к поверхности Земли может приводить
к увеличению деформирующих сил, а следовательно, к возникновению землетрясений на Филиппинах, в Средней Азии:
твёрдое ядро в этот период "подплыло" к этим районам.

Большинство учёных считает, что деформация земной
коры происходит в результате движения блоков (плит), на
которые поделена кора. Эти плиты движутся относительно
друг друга. И там, где блоки соприкасаются, происходит
землетрясение.

Член-корреспондент АН[2] СССР. В.Л. Барсуков высказал
гипотезу о влиянии перемещения магнитных полюсов Земли на
движение блоков земной коры. В истории планеты положение
магнитных полюсов Земли несколько раз менялось, и каждый
раз это было связано с активными процессами движение земной коры и горообразованием. Например, 400 млн. лет назад магнитный полюс переместился из Западной Австралии в
точку к востоку от Японии. Спустя 200 млн. лет, когда
образовались Анды и Кордильеры, Урал и Тибет, полюс снова
переместился - на этот раз в современное положение. Значит, очередное перемещение полюсов (и магнитных, и гео-
графических) возможно и в современную эпоху. И действительно, учёные отмечают, что северный географический полюс смещается к Северной Америке с большой (по геологи-
ческим понятиям) скоростью. Под влиянием изменения поло-
жения оси вращения изменяется движение блоков земной коры. Деформация земной коры в этих условиях неизбежна,
причём наиболее сильные деформации происходят у экватора

и в поясах между 35 и 40° северной широты, т.е. именно
там, где в последнее время произошли сильные землетрясения.

Учёные Института физики Земли имени О.Ю. Шмидта АН
СССР высказывают такую гипотезу. Так как механические
свойства горных пород (особенно в районах, где происходят
активные процессы движения блоков земной коры и горообра-
зования) не остаются постоянными и так как количество
трещин в горных породах возрастает, то отсюда можно сделать вывод, что под действием постоянных напряжений в
земной коре процесс образования трещин в какой-то момент
переходит в землетрясение. Эта гипотеза приводит к выводу, что землетрясение может произойти и при стабильных
напряжениях в земной коре - в момент падения прочности
горных пород.

Как видим, все учёные приходят к единому мнению, что
землетрясение происходит тогда, когда напряжение в земной
коре превосходит предел прочности горных пород.

Существует много и других гипотез о причинах землетрясений. Какая из них верна? Может быть каждая, но
частично? Современная наука не даёт ответов на многие
вопросы о причинах, вызывающих землетрясения. А когда
неизвестны причины какого-либо явления, трудно предска-
зать такое явление...

Современная сейсмология имеет представления о процессах, происходящих в очаге землетрясения, о процессе
подготовки землетрясений. Это может служить основой для
прогнозирования места и времени приближающегося землетрясения. Установлено, что о приближении землетрясения сви-
детельствуют следующие изменения: увеличивается количество радона в подземных водах, заметно изменяется наклон
земной поверхности, падает электрическое сопротивление
горных пород, изменяется уровень воды в колодцах, изменяется поведение животных. Ни одно из указанных изменений
не даёт возможности точного прогнозирования, но в ком-
плексе данные изменения могут указать на приближение землетрясения.

Научно доказано, что землетрясение - не кратковре-
менный, а длительный процесс, протекающий медленно в глу-
бинах Земли. Следовательно, есть возможность изучать
этот процесс, наблюдать за ним и, в конечном счёте, прог-
нозировать.

Полезные слова:
спустя   - *(prep. plus acc.) after (X time);*
                          (X time) later

ОТМЕЧА́Й+ I }
ОТМЕ́ТИ+ P }   – *note*

причём   – *(conjunction) moreover (or trans-*
                          late the predicate verb of the
                          clause as a present participle:
                          Деформа́ция...неизбе́жна, причём
                          наибо́лее си́льные деформа́ции про-
                          исхо́дят у эква́тора и... '*Deforma-*
                          tion is inevitable, the severest
                          deformations taking place at the
                          equator and...'

в коне́чном счёте   – *in the end*

Примеча́ния:
1. ...в 4-5 ба́ллов '*with a force of 4-5*'
2. АН – abbreviation of Акаде́мия Нау́к

♦♦♦ <u>Чужо́е се́рдце и иммуните́т</u>

    3 декабря́ 1967 го́да молодо́й, совсе́м неизве́стный в
нау́чном ми́ре хиру́рг Кри́стиан Ба́рнард сде́лал сме́лую опера́-
цию - переса́дку челове́ческого се́рдца. Пе́рвым в ми́ре че-
лове́ком, действи́тельно, в прямо́м смы́сле, отда́вшим своё
се́рдце друго́му, бы́ло Дени́з Дарва́ль, молода́я же́нщина, по-
лучи́вшая смерте́льную тра́вму в автомоби́льной катастро́фе.
    Это была́ пе́рвая переса́дка се́рдца одного́ челове́ка
друго́му, но други́е о́рганы и тка́ни врачи́ на́чали трансплан-
ти́ровать (переса́живать) значи́тельно ра́ньше. К э́тому вре́-
мени в ми́ре бы́ло сде́лано бо́лее 1200 переса́док по́чек.[1] В
Сове́тском Сою́за успе́шную переса́дку по́чки сде́лал в 1965
году́ акаде́мик Б.В. Петро́вский. К нача́лу 1968 го́да то́лько
в руководи́мой им кли́нике бы́ло сде́лано бо́лее пяти́десяти
таки́х опера́ций. Как сообща́л журна́л "Ве́стник АМН[2] СССР",
на 1 Ноября́ 1972 го́да всего́ в ми́ре бы́ло транспланти́ровано
11214 чужеро́дных по́чек, а максима́льный срок функциони́ро-
вания чужо́й по́чки превы́сил 14 лет.
    Широко́ изве́стны опера́ции акаде́мика В.П. Фила́това и
его́ после́дователей, кото́рым путём переса́дки тру́пной рого-
ви́цы[3] удало́сь верну́ть зре́ние ты́сячам слепы́х.
    Больши́х успе́хов в разрабо́тке мето́дики транспланта́ции
живо́тным дополни́тельного се́рдца доби́лся сове́тский хиру́рг
В.П. Де́михов. В тече́ние мно́гих лет им бы́ло испы́тано бо́-
лее 20 вариа́нтов переса́дки се́рдца и́ли се́рдца вме́сте с
лёгкими[4] от одного́ живо́тного в грудну́ю кле́тку[5] друго́го.
Ещё в 1956 году́ опери́рованная Де́миховым соба́ка жила́ 32
дня с двумя́ сердца́ми.

В 1964 году Дж. Харди пересадил умирающему больному сердце шимпанзе. Однако сердце донора оказалось значительно меньше сердца реципиента (больного, получившего чужой орган). Через полтора часа усиленной работы оно остановилось.

И вот сообщение о пересадке сердца от человека человеку... К тому времени многие хирурги были методически готовы сделать то же самое. Однако сообщение об операции Барнарда прозвучало как сенсация. Барнард сломал психологический барьер. Его смелое начинание нашло многочисленных последователей. К маю 1968 года было уже сделано 8 таких пересадок. 7 человек погибло, но жил Филипп Блайберг (второй реципиент доктора Барнарда) и своей жизнью доказывал, что успех возможен.

Известный американский хирург Дентон Кули, сделавший за 1968 год 22 пересадки сердца, в то время писал: "По-моему, не возникает вопроса, можно ли проводить трансплантацию сердца. Она станет повседневной операцией в течение предстоящего десятилетия. Клиническая осуществимость её уже установлена. Теперь вопрос заключается лишь в том, чтобы разрешить такие детали, как отторжение" (процесс отделения, уничтожения чужой ткани в организме реципиента).

С января 1967 по февраль 1968 года[6] было сделано 6 операций, с сентября по ноябрь 1968 года - 60 операций, с марта по май 1969 года - 10 операций, с сентября 1969 года по май 1973 года - всего 50 операций. Данные ясно говорят о том, что пересадка сердца не стала повседневной операцией. Почему?

Вот что сказал Ш. Ван-Гертруден, Генеральный секретарь международного общества хирургов: "Сегодня одна из главных проблем в хирургии заключается не в том, чтобы искусно манипулировать инструментами, а в том, чтобы выдержать атаку инфекции и "научить" чужеродные ткани пересаженного организма прижиться".

Значит, не техника прерсадки, а совместимость!

Результаты операций несколько отрезвили учёных - вместо безудержного оптимизма появилось более осторожное отношение к проблеме.

Академик Б.В. Петровский подчёркивает, что в настоящее время на пересадку сердца можно решиться только в случае крайней необходимости: "Пересадка почки из стадии эксперимента перешла в клинику... Что же касается пересадки других органов человека, в частности сердца, - это пока эксперимент... Видимо, решиться на пересадку сердца можно только в тех случаях, когда оно остановилось и

больно́й поги́б, т.е. нахо́дится в состоя́нии клини́ческой
сме́рти, и никаки́е сре́дства реанима́ции (оживле́ния) не по-
мога́ют уже́ восстанови́ть фу́нкции се́рдца..."

Тепе́рь мно́гие специали́сты справедли́во счита́ют, что
пре́жде чем переса́живать се́рдце, необходи́мо значи́тельно
расши́рить на́ши зна́ния о биологи́ческой несовмести́мости, а
зна́чит, об иммунологи́ческой стороне́ пробле́мы, потому́ что
в осно́ве несовмести́мости лежи́т имму́нный механи́зм (имму-
ните́т - невосприи́мчивость к чужеро́дному белку́).

Поле́зные слова́:

  ИСПЫ́ТЫВАЙ+ I }
  ИСПЫТА́Й+ P   - *test; experience*

  совмести́мость   - *compatability*
   cf. совме́стный   - *combined, joint*
  осторо́жный   - *careful*

Примеча́ния:

1. по́чка АА *'kidney'*
2. АМН - Акаде́мия Медици́нских Нау́к
3. тру́пная рогови́ца *'cadaver cornea'*
4. лёгкое (subs. adj.) *'lung'*
5. грудна́я кле́тка *'thorax'*
   cf. грудь *'chest, breast'*
      кле́тка *'cage; cell'*
6. с января́ 1967 по февраля́ 1968... *'from January 1968
   through February 1968...'* По plus acc. (in time expressions) denotes time up to and including the indicated period.

♦♦♦ <u>О ру́сском языке́</u>

Что тако́е совреме́нный ру́сский литерату́рный язы́к?

На́до нача́ть с основно́го и наибо́лее тру́дного поня́тия
"язы́к". Име́ется мно́жество определе́ний языка́, но специа-
ли́сты и́ми не удовлетворя́ются, продолжа́ют иска́ть и форму-
ли́руют всё но́вые. Это - свиде́тельство того́, что язы́к -
явле́ние сло́жное, и то́чно определи́ть его́ не легко́. Попро́-
буем разобра́ться в существе́ вопро́са.

Обы́чно говори́тся, что язы́к явля́ется сре́дством обще́-
ния люде́й. Это, коне́чно, так, но сре́дством обще́ния люде́й
слу́жат и же́сты, ми́мика, ра́зного ро́да сигна́лы[1] - световы́е,
звуковы́е, систе́мы тра́нспортных зна́ков, жи́вопись, му́зыка
и т.п. Поэ́тому говоря́т, что язы́к - основно́е сре́дство об-
ще́ния. И э́то ве́рно, нужны́, одна́ко, ещё дополни́тельные
уточне́ния: язы́к - основно́е, наибо́лее соверше́нное и уни-
верса́льное сре́дство обще́ния, перви́чное по отноше́нию ко
всем други́м.

Продолжáя э́ти уточнéния, нáдо отмéтить, что язы́к
слýжит срéдством общéния чéрез обмéн мы́слями.   Другие ви́-
ды общéния тóже, конéчно, предполагáют мы́сли, так как вся
человéческая дéятельность пронизана сознáнием, но непос-
рéдственное, пóлное и расчленённое выражéние мы́сли даёт
тóлько язы́к.   Поэ́тому язы́к определя́ют ещё не тóлько как
срéдство общéния чéрез обмéн мы́слями, но и как срéдство
выражéния и сáмого формули́рования мы́слей, как срéдство
мышлéния.

Нерéдко дáже спóрят о том, что для языкá явля́ется
основны́м и первы́чным - быть срéдством общéния или срéдством выражéния мы́сли.   Обе э́ти фýнкции нахóдятся в не-
разры́вном еди́нстве, но éсли всё-таки нáдо указáть первич-
ную, то предпочитéние слéдует отдáть фýнкции общéния.

У кáждого нарóда есть язы́к и, как прáвило, оди́н.
Назвáние языкá обы́чно совпадáет с назвáнием самогó нарóда: рýсский язы́к - э́то язы́к рýсского нарóда, рýсской со-
циалисти́ческой нáции.

Нарóды и их языки́ - истори́ческие явлéния: они́ возни-
кáют, склáдываются и, развивáясь, изменя́ются.

Когдá же возни́кли рýсский нарóд и рýсский язы́к?
Тóчной дáты назвáть конéчно, нельзя́, но нéкоторая ориен-
тирóвочная тóчка во врéмени мóжет быть укáзана, подóбно
томý как начáло славя́нской пи́сьменности дати́руют 862 г.,
начáло системати́ческого применéния кири́ловской пи́сьмен-
ности на Руси́ - 988 г. и т.п.

Перемещáясь во врéмени от 852 г., когдá рýсские лé-
тописи начинáют хронолóгию Рýсской земли́, к совремéннос-
ти, пройдём чéрез перид существовáния древнерýсского
языкá (852 г. нахóдится в предéлах э́того перида, а не в
начáле егó), языкá древнерýсской (древневосточнославя́н-
ской) нарóдности, наивы́сшее разви́тие котóрой прихóдится
на эпóху Ки́евского госудáрства,[2] чéрез перид феодáльной
раздроблённости (XII-XIV вв.), когдá социáльное и языко-
вóе еди́нство рýсского нарóда замéтно ослáбло; чéрез период сложéния и функциони́рования языкá великорýсской нарóдности (XIV-XVII вв.) примéрно в то же врéмя и на той же
óбщей бáзе древнерýсского языкá склáдываются языки́ укра-
и́нского и белрýсского нарóдов); чéрез перид сложéния на-
ционáльного рýсского языкá (с концá XVII в.) и перейдём
в перид сложéния и функциони́рования совремéнного рýсского языкá.

Отпрáвимся тепéрь в другóм направлéнии от обознáчен-
ного рубежá.   Год 852-й нахóдится в предéлах довóльно
дли́тельного перида существовáния древнерýсского языкá,
начáло котóрого учёные относят к V-VI вв. н.э.   За э́той

границей предполагается общеславянский период с общеславянским праязыком, которому в свою очередь предшествовал общеиндоевропейский период (несколько тысячелетий ранее III-II тысячелетия до н.э.) с единым общеиндоевропейским праязыком. Из общеиндоевропейского праязыка развились все индоевропейские языки, в их числе и славянские. Так возникли родственные языки, имеющие общее происхождение: семья индоевропейских языков и её ветви - славянские языки, романские, германские и другие. Место русского языка в их системе языков определяется так: это язык восточнославянской группы, славянской ветви, индоевропейской семьи родственных языков.

На индоевропейских языках говорит около половины населения земного шара. В пределах индоевропейских языков славянские языки занимают четвёртое место после индийских (хинди, урду и др.), германских(английский, немецкий и др.) и романских (французский, испанский, итальянский и др.). Среди славянских языков русский язык по количеству говорящих на нём стоит на первом месте.

Современный русский язык - это, конечно, язык, которым русский народ пользуется в настоящее время. Но что значит "в настоящее время" - в текущий год, десятилетие, столетие? Оказывается, это язык большого продолжительного периода времени. Хронологически этот период определяется формулой "от Пушкина до наших дней". Почему именно от Пушкина?

Потому, в частности, что язык Пушкина и язык его времени, закреплённый в текстах художественной, публицистической, научной, деловой и другой литературы, доступен почти полному пониманию и теперь, тогда как язык предшествующих периодов по мере удаления от современности воспринимается всё более и более устаревшим, напонятным, требующим перевода на сопременный язык.

Литературному языку противостоят местные диалекты, в русском языке - севернорусское, южнорусское и среднерусское наречия. Литературный язык и местные, территориальные говоры (диалекты) - это разные формы единого национального русского языка: диалекты - стихийный язык, литературный язык - нормированная форма национального языка.

В самой краткой форме охарактеризовать современный русский литературный язык можно так: это нормированный, обработанный язык русского народа используемый в письменной и устной форме в разнообразных сферах общения на протяжении последних полутора веков истории.

Поле́зные слова́:

определе́ние АА	- *definition; determination*
cf. определя́ть I определи́ть Р	- *to define, determine*
УДОВЛЕТВОРЯ́Й+ I УДОВЛЕТВОРИ́+ Р	- *satisfy*
cf. дово́лен	- *satisfied, pleased*
свиде́тельство АА	- *evidence*
cf. свиде́тсвовать	- *to testify to*
ВИ́ДЕ+	- *see*
РАЗБИРА́Й+-ся I разобра́ться Р	в чём - *look into, examine, understand sthg.*
(разберу́сь, разберёшься)	
обще́ние	- *intercourse, dealings, contacts*
cf. о́бщий	- *general, common*
о́бщество	- *society*
сообща́ть	- *to communicate*
обща́ться с кем	- *be associated with s.o.*
дополни́тельный	- *supplementary*
cf. по́лный	- *full*
подо́бно тому́, как	- *just as (=*наприме́р*)*
преде́л АА	- *limit, boundary*
рубе́ж ВВ	- *border, boundary*
тогда́ как	- *whereas*

Примеча́ния:
1. ра́зного ро́да сигна́лы '*signals of various kinds (= various kinds of signals)*' Note the word order.
2. прихо́дится на эпоху Ки́евского госуда́рство '*coincided with the era of the Kievan State*'

♦♦♦ Же́стовый язы́к

    Вме́сто того́ чтобы сказа́ть "да", вы мо́жете кивну́ть голово́й. Вме́сто того́ чтобы сказа́ть "здра́вствуйте", мо́жно протяну́ть ру́ку и́ли наклони́ть го́лову. Когда́ вам на́до осо́бенно подчеркну́ть каку́ю-то мысль, вы поднима́ете вверх указа́тельный па́лец. Тем же па́льцем вы грози́те шаловли́вому ребёнку, и этот жест вполне́ заменя́ет приказа́ние "Переста́нь!" Таки́м о́бразом, мо́жно сказа́ть, что язы́к же́стов (по кра́йней ме́ре по свое́й фу́нкции) эквивале́нтен звуково́му (верба́льному) языку́.

    К сожале́нию, не все понима́ют, что же́стовый язы́к не явля́ется общечелове́ческим языко́м, и перено́сят симво́лику же́стов, при́нятую[1] в культу́ре А, в культу́ру Б, в результа́те чего́ коммуника́ция и́ли не име́ет ме́ста, и́ли затрудня́ется.

А ме́жду тем никому́ не придёт в го́лову заговори́ть,[2] напри-
ме́р, в Англии на ру́сском языке́ и́ли в Сове́тском Сою́за за-
говори́ть по-англи́йски.

Интере́сный приме́р расхожде́ния[3] же́стовых языко́в в
ра́зных этни́ческих о́бщностях приво́дит Р.О. Яко́бсон,[4] кото́-
рый пи́шет: "Так как зо́на распростране́ния не́которых жес-
тикуляцио́нных и мими́ческих зна́ков неред́ко охва́тывает бо́-
лее обши́рную о́бласть, чем со́бственно речевы́е изогло́ссы,
легко́ возника́ет наи́вное представле́ние об универса́льности
тех и́ли и́ных значи́мых же́стов, а та́кже движе́ний головы́ и
лицевы́х мышц... Ру́сские солда́ты, побыва́вшие[5] в Болга́рии
в дни войны́ с Ту́рцией 1877-1878 гг., не могли́ забы́ть по-
рази́вшей их диаметра́льной противополо́жности ме́жду свои́ми
и ме́стными движе́ниями головы́, обознача́вшими "да" и "нет".
Обра́тное значе́ние зна́ков и значе́ний сбива́ло с то́лку[6] со-
бесе́дников и поро́й вело́ к доса́дным недоразуме́ниям. Хотя́
со́бственная ми́мика поддаётся контро́лю в ме́ньшей сте́пени,
чем речь, ру́сские могли́ бы без осо́бых уси́лий переключи́ть
зна́ки утвержде́ния и отрица́ния на болга́рский лад, но гла́в-
ная тру́дность заключа́лась в неуве́ренности болга́р, к како́-
му из двух мими́ческих ко́дов, своему́ со́бственному и́ли же
ме́стному, прибега́ет в ка́ждом отде́льном слу́чае их ру́сский
собесе́дник".

Приведём ещё не́сколько приме́ров несовпаде́ния "ру́с-
ских" же́стов с же́стами "иностра́нными". Ру́сские, расста-
ва́ясь, ма́шут руко́й (как, кста́ти, и лю́ди други́х национа́ль-
ностей, наприме́р, англича́не и́ли италья́нцы), но ру́сские
обраща́ют ладо́нь от себя́ и раска́чивают её вперёд и наза́д,
а англича́не раска́чивают её из стороны́ в сто́рону, в то
вре́мя как италья́нцы обраща́ют ладо́нь к себе́ и раска́чивают
её вперёд и наза́д. Если обрати́ть внима́ние на то, что
э́тот жест по-ру́сски означа́ет "идти́ сюда́", то легко́ поня́ть,
каки́м о́бразом возника́ют недоразуме́ния. Ру́сский шко́льник
и́ли студе́нт, жела́ющий вы́ступить на заня́тии поднима́ет ру́-
ку, вы́тянув ладо́нь; у не́мцев поднима́ют два па́льца. Ру́с-
ские студе́нты, е́сли хотя́т вы́разить одобре́ние преподава́-
телю, блестя́ще прочита́вшему ле́кцию, начина́ют аплоди́ро-
вать; западноевропе́йские студе́нты в той же ситуа́ции и с
те́ми же це́лями стуча́т костя́шками па́льцев по столу́. В Ин-
дии и в не́которых други́х азиа́тских стра́нах знако́мые при
встре́че скла́дывают ру́ки ло́дочкой на груди́ и слегка́ накло-
ня́ют вперёд го́лову, а не здоро́ваются за́ руку. Говоря́ о
себе́, европе́ец пока́зывает руко́й на грудь, а япо́нец - на
нос. Кита́ец и́ли япо́нец, расска́зывая о пости́гшем его́ не-
сча́сте, улыба́ется, чтобы "слуша́тели не расстра́ивались";
в европе́йской культу́ре э́того не де́лают.

Кроме жестов, несущих определённую смысловую нагру́з-
ку, име́ются же́сты, сопровожда́ющие речь, но не спосо́бные
заменя́ть речевы́е выска́зывания. Э́ти же́сты не несу́т кон-
кре́тной речево́й информа́ции, но они́ передаю́т определённые
све́дения о говоря́щем; в ча́стности, е́сли челове́к говори́т
по-ру́сски, а жестикули́рует по-италья́нски, то хотя́ содер-
жа́ние его́ ре́чи бу́дет поня́тно соверше́нно пра́вильно, гово-
ря́щему не уда́стся скрыть, что он иностра́нец. Ещё несколько приме́ров э́тих некоммуникати́вных же́стов. Когда́
ру́сскому прихо́дится счита́ть на па́льцах "раз, два, три,"
то он загиба́ет в кула́к па́льцы раскры́той ладо́ни ле́вой ру-
ки́ и испо́льзует при э́том пра́вую ру́ку. В ря́де западно-
европе́йских стран в аналоги́чной ситуа́ции па́льцы разгиба́-
ются из сжа́того[7] кулака́, а втора́я рука́ не испо́льзуется.
Интере́сно заме́тить, что ру́сские начина́ют счита́ть с мизи́н-
ца, а западноевропе́йцы - с большо́го па́льца. Т.М. Никола́-
евой принадлежи́т интере́сное наблюде́ние, согла́сно кото́рому
ру́сские, сопровожда́я свою́ речь жестикуля́цией, так ска-
за́ть, помога́я ре́чи, жестикули́руют то́лько одно́й - пра́вой
и́ли ле́вой - руко́й. Не́которые западноевропе́йцы, осо́бенно
жи́тели ю́жной Евро́пы, жестикули́руют двумя́ рука́ми, причём
о́бе ру́ки дви́жутся всегда́ симметри́чно.

Поле́зные слова́:
вме́сто того́ что́бы   - *(plus infinitive) instead of*
                            (Xing)

вполне́   - *completely, fully*
 cf. по́лный   - *full*
по кра́йней ме́ре   - *at least*
ме́жду тем   - *meanwhile*
недоразуме́ние AA   - *misunderstanding*
поддава́ться I }чему?   - *to give in to, yield to sthg.*
подда́ться P
кста́ти   - *incidentally, by the way*

Примеча́ния:
1. при́нятый - PPP of приня́ть, frequently used in the
   meaning 'customary, usual'. When negated the meaning is (something which is) 'not done'.
2. заговори́ть P. The prefix за- in composition with
   verbs frequently denotes inception of the verbal
   action, thus:
   заговори́ть   - *to begin to speak*
   закури́ть   - *to begin to smoke*
   запла́кать   - *to begin to cry*
   засну́ть   - *to fall asleep*

3. расхожде́ние *'divergence'*. Cf. root ХОД *'move, go'* and prefix раз- (spelled рас- before a voiceless consonant) *'dis-, un-, asunder'*.
4. Roman Jakobson (1896-1982), long acknowledged as the dean of American slavists, emigrated from Russia to the U.S. and taught for many years at Harvard University. His contributions to the study of language were of major importance in the development of linguistic theory.
5. ПОБЫВА́Й+ Р *'to have been, to have visited'*
6. СБИВА́Й+ I, сбить Р (собью́, собьёшь) с то́лку *'to confuse, distract from understanding'*. The genitive ending -У instead of -А (с то́лку) for masc. nouns is derived from the colloquial language where it occurs as a partitive genitive ending (e.g. немно́жко ча́ю *'a little tea'*). It also occurs in certain set phrases, as here.
7. сжа́тый PPP of сжать Р (сожму́, сожмёшь, сжал, сжа́ла) *'squeeze, compress'*.

♦♦♦ <u>Сове́тский наро́д: демографи́ческий портре́т</u>

Сове́тский Сою́з - одно́ из са́мых многонациона́льных госуда́рств ми́ра. Его́ населя́ют[1] свы́ше 100 больши́х и ма́лых наро́дов, разли́чных по происхожде́нию, языку́, культу́ре, но те́сно свя́занных о́бщностью истори́ческих суде́б.[2] За го́ды Сове́тской вла́сти произошло́ бу́рное и всесторо́ннее разви́тие ка́ждой на́ции и наро́дности. Наряду́ с э́тим идёт сближе́ние всех социалисти́ческих на́ций, те́мпы кото́рого всё бо́лее ускоря́ются.

До второ́й мирово́й войны́ колеба́ния в у́ровне рожда́емости и те́мпах есте́ственного приро́ста[3] населе́ния в СССР по сою́зным респу́бликам бы́ли сравни́тельно невелики́. То́лько по́сле 1950 го́да начина́ется ре́зкая дифференциа́ция в у́ровнях рожда́емости населе́ния респу́блик Сре́дней Азии и Закавка́зья (кро́ме Гру́зии, где рожда́емость никогда́ не была́ высо́кой) и остальны́х респу́блик. Сейча́с у́ровень рожда́емости в респу́бликах Сре́дней Азии в два с ли́шним[4] ра́за вы́ше, чем в РСФСР, на Украи́не, в Белору́ссии и в прибалти́йских респу́бликах.

За два́дцать лет (с 1959 по 1979 год) при о́бщем ро́сте неселе́ния страны́ на 25,7 проце́нта бо́лее чем вдво́е вы́росла чи́сленность таджи́ков, узбе́ков, туркме́н, а та́кже дунга́н, уйгу́ров и ту́рок; на 75-100 проце́нтов - кирги́зов, азербайджа́нцев, каза́хов, чече́нцев, ингуше́й, каракалпа́ков, наро́дностей Дагеста́на, ку́рдов, та́тов; на 50-70 проце́нтов - кабарди́нцев, туви́нцев, карача́евцев, черке́сов и цыга́н; на

25-50 процентов - армин, молдован, грузин, якутов, абха́-
зов, буря́т, калмыко́в, башки́р, адыге́йцев, алта́йцев, осе-
ти́н, тата́р, пе́рсов, аба́зин и гага́узов; на 10-20 проце́нтов
- лито́вцев, ру́сских, белору́сов, украи́нцев, хака́сов, ма-
ри́йцев, наро́дностей Се́вера, чуваше́й, удму́ртов, ко́ми и
ко́ми-пермяко́в, коре́йцев, румы́н, не́мцев, ассири́йцев, бол-
га́р, гре́ков и ве́нгров; ме́нее чем на 10 проце́нтов - эсто́н-
цев, латы́шей и шо́рцев.

     В ми́ре тру́дно найти́ ещё каку́ю-нибудь другу́ю этни́чес-
кую гру́ппу населе́ния, для кото́рой бы́ли бы характе́рны
столь высо́кие те́мпы ро́ста, как у наро́дов среднеазиа́тских
респу́блик Сове́тского Сою́за (3,0-3,5 проце́нта в год). Что
каса́ется остальны́х наро́дов,[5] в том числе́ и ру́сских, то
среднегодовы́е показа́тели ро́ста у них то́же вы́ше, чем у
большинства́ наро́дов, живу́щих в разви́тых стра́нах ми́ра.

     И всё же до́ля наро́дов славя́нской гру́ппы сни́зилась с
77,1 проце́нта в 1959 году́ до 72,8 проце́нта в 1979 году́.
До́ля наро́дов тю́ркской гру́ппы возросла́ соотве́тственно с
11,1 проце́нта до 15,2 проце́нта.

     Причи́ны, обусло́вившие измене́ния в чи́сленности наро́-
дов, весьма́ многообра́зны. Важне́йшие из них - неодина́ко-
вый есте́ственный прирост, обусло́вленный в основно́м ра́зным
у́ровнем рожда́емости, и проце́ссы смеше́ния разли́чных этни́-
ческих групп. Те́сные экономи́ческие и культу́рные свя́зи
убыстря́ют э́ти проце́ссы. Осо́бенно бы́стро они́ протека́ют в
города́х, где ча́ще происхо́дит межнациона́льные бра́ки.

     В результа́те суще́ственно измени́лась дина́мика чи́слен-
ности не́которых наро́дов Пово́лжья и европе́йского Се́вера (в
пе́рвую о́чередь удму́ртов, каре́лов, фи́ннов, ко́ми и ко́ми-
пермяко́в), а та́кже евре́ев и поля́ков. Они́ осо́бенно акти́в-
но сме́шиваются с сосе́дними э́тносами.

     В ито́ге взаимоде́йствия трёх фа́кторов - неодина́кового
у́ровня рожда́емости, мигра́ций населе́ния и проце́ссов рас-
творе́ния разноро́дных этни́ческих элеме́нтов в инонациона́ль-
ной[6] среде́ (э́ти причи́ны на́званы в поря́дке значи́мости) в
одни́х сою́зных респу́бликах увели́чился уде́льный вес коре́н-
ны́х наро́дов, в други́х уме́ньшился.

     В связи́ с тем, что ру́сские составля́ют ва́жный компо-
не́нт в населе́нии респу́блик, осо́бенно интере́сно просле-
ди́ть, как меня́лась их чи́сленность. Во всех респу́бликах
(кро́ме Сре́дней А́зии, Казахста́на и Закавка́зья) до́ля ру́с-
ских в национа́льном соста́ве респу́блик увели́чилась, и лишь
в РСФСР уде́льный вес ру́сских не́сколько уме́ньшился. Если
усло́вно приня́ть те́мпы ро́ста ру́сской на́ции одина́ковыми для
всех респу́блик и не учи́тывать де́йствия други́х фа́кторов,
то ока́жется, что за 20 лет 1,8 миллио́на ру́сских перее́хали

в Среднюю Азию и Казахстан, почти 2 миллиона - на Украину, более 300 тысяч - в Белоруссию, 300 тысяч - в Прибалтику.

Численность каждой национальности в большинстве случаев близка к численности лиц, указавших в качестве родного языка, соответствующий этой национальности.

93,1 процента населения СССР указали в переписных анкетах[7] 1979 года язык своей национальности. На родном языке говорят в союзных республиках обычно свыше 95 процентов населения. У армян, более трети которых живёт за пределами своей республики, этот процент снижается до 90,7 процента, а у белорусов и украинцев, язык которых близок к русскому, - соответственно до 74,2 процента и 82,8 процента. Народы автономных республик и автономных областей пользуются в основном родными языками. Лишь среди башкир, коми, карел, мордвы и удмуртов на родном языке своей национальности говорят менее 80 процентов.

Совсем иное положение складывается у тех народов, которые живут разобщённо. На родном языке своей национальности говорят только 29,1 процента поляков, 30,7 процента персов, 38,0 процента греков, 40,9 процента финнов.

Показатель национальности и родного языка значительно реже совпадает у представителей тех народов, которые живут за пределами своих республик: 89,1 процента украинцев, живущих на Украине, считают родным языком украинский, но только 60,2 процента украинцев говорят на своём родном языке, если они живут за пределами республики; соответствующие показатели у белорусов - 83,5 и 36,8 процента; узбеков - 98,8 и 92,8 процента; армян - 99,4 и 74,0 процента и так далее.

Лиц, указавших в качестве родного языка язык другой национальности, оказалось 18,2 миллиона человек, из них 16,3 миллиона человек назвали в качестве родного языка русский.

Всего при переписи 1979 года родным назвали русский язык 153,5 миллиона человек (при переписи 1970 года - 141,8 миллиона). Кроме того, ещё 61,2 миллиона человек назвали, что они свободно владеют русским языком в качестве второго языка (в 1970 году - 41,9 миллиона). Всего же русский язык хорошо знают 214,7 миллиона человек - 81,9 процента населения страны.

Русский язык стал языком межнационального общения, он играет важную роль в процессе сближения народов СССР. В общей сложности 62,1 процента нерусского населения Советского Союза свободно владеют русским языком.

Наряду́ с ру́сским в стране́ дово́льно широко́ распро-
станены́ в ка́честве вторы́х и други́е языки́ наро́дов СССР:
украи́нский, белору́сский, узбе́кский, тата́рский, молда́в-
ский, азербайджа́нский, таджи́кский, грузи́нский языки́. О
свобо́дном владе́нии э́тими языка́ми сообщи́ли 12,3 миллио́на
челове́к (4,7 проце́нта населе́ния страны́).

О широ́ком разви́тии двуязы́чия в стране́ мо́жно суди́ть
по сле́дующим да́нным: у 77 наро́дов (из 101) число́ лиц,
свобо́дно владе́ющих вторы́м языко́м наро́дов СССР, превыша́ет
50 проце́нтов.

Поле́зные слова́:

те́мпа АА	– *rate*
у́ров/е/нь m. АА	– *level*
cf. ро́вный	– *even, level, smooth*
показа́тель АА	– *index*
cf. показа́ть P	– *to show*
усло́вно	– *hypothetically, theoretically*
cf. усло́вие	– *condition*
лицо́ ВА	– *face: person*
ВЛАДЕ́Й+ (чем?)	– *own, possess; control (sthg.)*
владе́ть языко́м	– *to have command of a language*
в о́бщей сло́жности	– *all in all*

Примеча́ния:

1. НАСЕЛЯ́Й+ I }
   НАСЕЛИ́+ Р   }   – *populate*
   cf. населе́ние   – *population*
       село́   – *village*
       сесть Р (ся́ду, ся́дешь) – *to sit down*
2. о́бщность истори́ческих суде́б – *common historical des-*
                                              tinies
   cf. о́бщность   – *community, solidity*
       судьба́   – *fate, destiny, lot*
3. есте́ственный прирост – *spontaneous growth*
4. For два с ли́шним, see IC VII, 9.2.
5. что каса́ется остальны́х наро́дов..., то... *'as far as*
   the other peoples are concerned,...'
   КАСА́Й+-ся I }
   КОСНУ́+-ся Р }чего? – *touch upon, concern sthg.*
   The conjunction TO is the same conjunction which
   may introduce the apodosis of a conditional sentence (see IC VII, 11.1). Here, however, it should
   not be translated.

6. инонациона́льная среда́ *'the milieu of a different nationality'*. For the meaning of ИНО-, cf. ино́й *'other, different'*; иностра́нец *'foreigner'*; иноязы́чный *'speaking (belonging to) another language'*.
7. переписна́я анке́та — *census questionnaire*
   cf. пе́репись — *census*

◆◆◆ Рабо́тающая же́нщина в СССР: ци́фры, фа́кты, пробле́мы

В настоя́щее вре́мя в наро́дном хозя́йстве СССР за́няты почти́ 65 миллио́нов же́нщин, что составля́ет 93 проце́нта сове́тских же́нщин трудоспосо́бного во́зраста. По да́нным социологи́ческих иссле́дований, тако́й высо́кий проце́нт за́нятости объясня́ется не сто́лько нали́чием рабо́чих мест и материа́льными моти́вами труда́, ско́лько стремле́нием совреме́нных же́нщин утверди́ть своё ра́вное и незави́симое положе́ние в о́бществе, в семье́.

Наибо́лее акти́вные сфе́ры приложе́ния же́нского труда́: торго́вля и обще́ственное пита́ние[1] - 84 проце́нта; здравоохране́ние[2] - 83; наро́дное образова́ние - 74; культу́ра - 73 проце́нта.

Сове́тский Сою́з занима́ет пе́рвое ме́сто в ми́ре по уде́льному ве́су же́нщин среди́ специали́стов с вы́сшим и сре́дним образова́нием - 59 проце́нтов.

Проце́сс "феминиза́ции" интеллектуа́льного труда́ осо́бенно я́рко проявля́ется в нау́ке, где же́нщины составля́ют 40 проце́нтов от числа́ всех нау́чных рабо́тников. Они́, в ча́стности, акти́вно рабо́тают в о́бласти термоя́дерного си́нтеза и косми́ческой биоло́гии, математи́ческой фи́зики и гене́тики, радиоте́хники и филосо́фии. За после́дние 20 лет число́ же́нщин, за́нятых в нау́ке, увели́чилось в 3 ра́за. Бо́лее 111 000 представи́тельниц "сла́бого" по́ла[3] име́ют учёную сте́пене кандида́та нау́к и акаде́миков.

Как изве́стно, Конве́нция ООН[4] о полити́ческих пра́вах же́нщин тре́бует до́ступа[5] их ко всем ступе́ням руково́дства. В СССР о́коло 4000 же́нщин рабо́тают директора́ми промы́шленных предприя́тий. Же́нщины составля́ют треть всех руководи́телей о́рганов госуда́рственного управле́ния и разли́чных обще́ственных организа́ций.

Вме́сте с тем из 6,5 ты́сячи существу́ющих профе́ссий бо́лее 500 для же́нщин закры́ты. К ним отно́сятся, наприме́р, мно́гие ви́ды рабо́т в хими́ческом и металлурги́ческом произво́дстве с неблагоприя́тными для же́нского органи́зма усло́виями. Нельзя́ же́нщине быть и шахтёром, Сове́тский Сою́з стро́го выполня́ет ратифици́рованную им Конве́нцию №. 45 Организа́ции Объединённых На́ций, согла́сно кото́рой запреща́ется испо́льзовать труд же́нщин на подзе́мных рабо́тах.

Существу́ют и значи́тельные ограниче́ния труда́ же́нщин в
пери́од бере́менности.[6]   Администра́ция предприя́тий обя́зана
перевести́ бере́менную же́нщину на бо́лее лёгкую рабо́ту с со-
хране́нием пре́жнего сре́днего заработка. Статьёй 69 ''Осно́в
законода́тельства СССР и сою́зных респу́блик о труде́'' запре-
щено́ привлече́ние бере́менных же́нщин, кормя́щих матере́й, а
та́кже же́нцин, име́ющих дете́й в во́зрасте одного́ го́да, к ра-
бо́там в ночно́е вре́мя и к сверхуро́чным рабо́там.[7]

Большо́е внима́ние уделя́ется повыше́нию квалифика́ции ра-
бо́тающих же́нщин. Непосре́дственно на произво́дстве обуча́-
ются и повыша́ют квалифика́цию 9 мил. же́нщин. Одна́ко твер-
жда́ть, что пробле́ма повыше́ния квалифика́ции же́нщин в стра-
не́ решена́ по́лностью, пока́ нельзя́. Хотя́ же́нщине действи́-
тельно предоста́влены ра́вные с мужчи́ной возмо́жности для
профессиона́льного ро́ста, рабо́тающая же́нщина-мать не всег-
да́ их испо́льзует. В си́лу существу́ющей пока́ бо́льшей за-
гру́женности[8] в семье́ она́, к сожале́нию, располага́ет ме́нь-
шим вре́менем для совершенствования свое́й профессиона́льной
подгото́вки. Отсю́да и не́которое отстава́ние[9] у́ровня произ-
во́дственной квалифика́ции же́нщин по сравне́нию с у́ровнем
квалифика́ции мужчи́н.

Забо́та о рабо́тающей же́нщине, же́нщине-ма́тери, о вос-
пита́нии подраста́юшего поколе́ния - одно́ из гла́вных направ-
ле́ний социа́льной поли́тики Сове́тского госуда́рства. Сейча́с
свы́ше 14 миллио́нов малыше́й посеща́ют де́тские сады́ и я́сли.
На содержа́ние в них одного́ ребёнка расхо́дуется о́коло 500
рубле́й в год. Семья́ несёт лишь пя́тую часть э́тих расхо́-
дов, четы́ре пя́тых - госуда́рство. В XI пятиле́тке (1981-
1985 гг.) ещё 2,5 миллио́на ребяти́шек при́мут де́тские до-
шко́льные учрежде́ния страны́.

В теку́щей пятиле́тке на улучше́ние усло́вий жи́зни жён-
щин-матере́й, дете́й дополни́тельно выделя́ется бо́лее 9 мил-
лиа́рдов рубле́й. За счёт э́тих средств с 1981 го́да для ра-
бо́тающих же́нщин введён, кро́ме до-и послеродово́го о́тпуска,
части́чно опла́чиваемый о́тпуск[10] по ухо́ду за ребёнком до до-
стиже́ния им во́зраста одного́ го́да. При рожде́нии пе́рвого
ребёнка выпла́чивается госуда́рственное единовре́менное по-
со́бие - 50 рубле́й, второ́го и тре́тьего - 100 рубле́й (ра́нь-
ше таки́е посо́бия выпла́чивались лишь с появле́нием четвёртого ребёнка). Увели́чивается ежего́дный о́тпуск рабо́тающей
же́нщины-ма́тери, а та́кже ежеме́сячное посо́бие на ребёнка
одино́ким матеря́м.

При́знано та́кже целесообра́зным предоста́вить же́нщинам,
име́ющим малоле́тних дете́й, возмо́жность рабо́тать по так на-
зыва́емому ''скользя́щему'' гра́фику, то есть в наибо́лее удо́б-
ное для них вре́мя.

Так на де́ле претворя́ется в жизнь 35-я статья́ Конститу́ции СССР о равнопра́вии мужчи́н и же́нщин в Сове́тском Сою́зе.

Поле́зные слова́:

наро́дное хозя́йство	*national economy*
за́нятость	*employment; being busy*
cf. за́нят	*busy*
не сто́лько...ско́лько	*not so much..., as...*
наро́дное образова́ние	*public education*
предприя́тие АА	*undertaking, enterprise*
госуда́рственное управле́ние	*government administration*
ЗАПРЕЩА́Й+ I ЗАПРЕТИ́+ Р (запрещу́)	*forbid, prohibit*
ОБУЧА́Й+(-ся)I ОБУЧИ́+(-ся)Р	*train (be trained, learn)*
по́лностью	*completely*
cf. по́лный	*full*
забо́та АА	*worry, concern*
пятиле́тка АА	*five-year plan*
учрежде́ние АА	*institution, organization*
целесообра́зный	*expedient*
на де́ле	*in practice, in deed*
ПРЕТВОРЯ́Й+ I ПРЕТВОРИ́+ Р } в жизнь	*put into practice, carry out*

Примеча́ния:
1. обще́ственное пита́ние '*public catering*'
   cf. пита́ть '*to feed, nourish*'
      пи́ща '*food, nourishment*'
2. здравоохране́пие '*public health*'
   cf. здоро́вье '*health*'
      здоро́вый '*healthy*'
3. сла́бый пол '*the weaker sex (lit. the weak sex)*'
4. ООН (abbr. for Организа́ция Объединённых На́ций)
   '*the United Nations*'
5. до́ступ '*access*'
   cf. ступа́ть I
   ступи́ть Р } '*step, tread, set foot on*'
      ступе́нь '*step, stage*'
      выступа́ть I
   вы́ступить Р } '*come forward, come out, emerge, appear*'
6. бере́менность '*pregnancy*'
   cf. бре́мя '*burden*'
7. сверхуро́чная ра́бота '*overtime work*'

8. загру́женность   *'commitment'*
    cf. грузи́ть I   *'to load'*
        груз   *'a load'*
        грузови́к   *'truck'*
        по́лностью загрузи́ть *'to load to capacity'*
9. отстава́ние   *'a lag'*
    cf. отстава́ть I}
        отста́ть P}   *'fall behind, lag'*
10. о́тпуск   *'leave of absence, holiday'*
    cf. ПУСК+ I}
        ПУСТ+ P}   *'let, release; grant'*
        отпуска́ть I}
        отпусти́ть P}   *'to release'*
        допуска́ть I}
        допусти́ть P}   *'to admit'*
        испуска́ть I}
        испусти́ть P}   *'to give off, emit'*

◆◆◆ По ту сто́рону реа́льного ми́ра

Античасти́цы впервы́е бы́ли предска́заны англи́йским фи́зиком Дира́ком[1] бо́лее 50 лет наза́д. И пе́рвой тако́й части́цей оказа́лся позитро́н, обнару́женный в эксперимéнтах с косми́ческими луча́ми в 1932 году́. Он предста́л пе́ред учё́ными в ви́де зерка́льного отображе́ния электро́на.

Впосле́дствии эксперимéнты на ускори́телях доказа́ли, что ка́ждой элемента́рной части́це, действи́тельно, соотве́тствует античасти́ца. Бо́лее того́, на крупне́йшем ускори́теле в подмоско́вном го́роде Се́рпухове[2] в 1970 году́ удало́сь получи́ть да́же я́дра антиге́лия.

Но учё́ных, за́нятиых пробле́мами антими́ра, подо́бные античасти́цы не устра́ивали. Они́ ведь создава́лись иску́сственно, а нау́ка стреми́лась получи́ть их из ко́смоса.

Счита́лось, что е́сли в Гала́ктике существу́ет антивещество́ в макроскопи́ческой фо́рме, то не исключено́ его́ проникнове́ние и в Со́лнечную систе́му. Так, согла́сно гипо́тезе сове́тского учё́ного акаде́мика В Константи́нова, коме́ты, и́ли, по кра́йней ме́ре, часть их, проника́ют в Со́лнечную систе́му из о́чень отдалё́нных областе́й Вселе́нной и мо́гут состоя́ть из антимате́рии. Эта гипо́теза поста́вила пробле́му симме́трии Вселе́нной, кото́рую тре́бовалось доказа́ть.

Одна́ко излуче́ния звёзд, наблюда́емые с Земли́, не даю́т отве́та на вопро́с, состои́т ли звезда́ из вещества́ и́ли антивещества́. Тре́бовались ины́е объе́кты наблюде́ния, и учё́ные обрати́лись к косми́ческим луча́м. Ко́мплекс сло́жных эксперимéнтов с ни́ми, вы́полненных с по́мощью косми́ческих зо́ндов и аэроста́тов, показа́л, что антивещество́ в на́шей Гала́ктике

не превышает одной сотой процента от общего количества
вещества.

    Как это было доказано? В Ленинградском физикотехни-
ческом институте ещё в начале 70-х годов был построен
магнитный спектрометр. Он не только улавливает частицы,
но и отличает их от античастиц. Эта задача не из лёгких,
так как в верхних слоях атмосферы и в космическом про-
странстве имеется достаточно помех.

    В течение 1972-1977 годов огромный высотный аэростат
уносил спектрометр к границе атмосферы. Там он зависал[3]
на десятки часов, фиксируя на приборах частицы, летящие
из космоса; после выполнения программы полёта прибор на
парашюте опускался на землю. Десятки тысяч различных со-
бытий, зарегистрированных им, пришлось просмотреть ленин-
градским экспериментаторам, и, наконец, удалось обнару-
жить антипротоны в космических лучах.

    Сообщение об этом было сделано в июне 1979 года на
Всесоюзной конференции по физике космических лучей, со-
стоявшейся в столице Армении Ереване. Затем, в августе,
с докладом об обнаружении антипротонов ознакомились у-
частники 16-й Международной конференции по физике космических лучей, проходившей в древней столице Японии Киото.
Обнаруженный поток антипротонов с энергией порядка 2-5
миллиардов электрон-вольт составил примерно шесть сотых
процента от потока галактических протонов. Это были первые антипротоны естественного происхождения, в отличие от
полученных на ускорителях.

    Через несколько месяцев пришло сообщение о том, что
американские физики в Техасе также провели экспреимент,
подняв свой прибор к границам атмосферы с помощью аэро-
стата. Зарегистрированная ими интенсивность потока антипротонов совпала с данными, полученными советскими учёными. Тем самым подтвердился результат ленинградцев.

    Вторым важным результатом этих исследований явилась
новая оценка длительности жизни антипротонов. Дело в том,
что искусственно полученные на ускорителях антипротоны
живут около 85 часов. Может быть, они живут и больше, но
это пока точно не установлено. В то же время факт реги-
страции антипротонов в космических лучах говорит о том,
что их жизнь исчисляется по крайней мере десятками миллионов лет.[4] Столько, сколько космические лучи блуждают в
просторах Галактики. Но являются ли они посланцами антимиров? Этого пока утверждать нельзя.

    Если бы космические лучи содержали больше сгустки
антипротонов, можно было признать их посланцами антимиров. Но их мало. Ровно столько, сколько должно возни-

кать за счёт взаимодействий протона[5] с обычным веществом.
И это даёт основание считать, что в нашей Солнечной системе если и существует антивещество, то, как уже говори-
лось, не более сотой процента от общего количества вещества.

В этом отношении большие надежды возлагаются на ней-
тринную астрофизику. Как известно, нейтрино обладает за-
видной памятью. Эта частица может проходить сквозь о-
громные толщи вещества, сохраняя в себе все данные о своём
происхождении. Заполучив[6] в конце концов эти частицы,
прожившие в космическом пути многие миллионы лет, учёные
смогут получить более исчерпывающие сведения о существо-
вании антимиров.

Ещё один интересный вопрос. Если, как нам уже известно, в земных ускорителях рождается частица, то тут же
возникает её зеркальное отражение - античастица. Они
всегда рождаются парно. Все законы симметрии подтвержда-
ют равноправие частиц в природе. Почему же мир, окружа-
ющий нас, состоит только из обычных частиц?

На этот вопрос физики тоже ответить ещё не могут.
Они не знают, почему природа могла предпочесть для нас
мир, состоящий из вещества, а не мир из вещества и антивещества. По этому поводу высказано немало гипотез и
предположений.

Более ста лет назад математик и писатель Льюис Кэ-
ролл создал чудесную сказку "Алиса в Зазеркалье", а ведь
антимиры это и есть зазеркалье. Мир, "отражённый" в этом
зеркале, по физическим законам ничем не отличается от того, что окружает нас. Но удастся ли науке шагнуть в мир
зазеркалья?

Полезные слова:
  по ту сторону (чего?) - *the other side (of sthg.)*
  представать I } перед
  ПРЕДСТАН+ P   кем/чем   - *appear before s.o./sthg.*
  более того   - *what is more*
  проникновение
    cf. ПРОНИКАЙ+ I }
        ПРОНИК(НУ)+ P }   - *penetrate*
  ОПУСКАЙ+(-ся) I }
  ОПУСТИ+(-ся) P }   - *lower; descend*
    cf. root ПУСК I
             ПУСТ P   - *let, grant, release*
  СОСТОЯЙ+-ся P   - *take place, be held*
  тем самым   - *thereby*
  столько...,   - *as many/as much..., as...*
    сколько...

в конце́ концо́в   - *in the end; after all*
тут же   - *then and there*
ПРЕДПОЧИТА́Й+ I
предпоче́сть P   } - *prefer*
 (предпочту́, предпочтёшь,
 предпочёл, предпочла́)
по э́тому по́воду   - *in this connection*

Примеча́ния:
1. Paul Dirac, a British physicist and Nobel Prize winner who predicted the existence of the positron.
2. ...в подмоско́вском го́роде Се́рпухове... '...*in the city of Serpuxov near Moscow*...' Под (as preposition or prefix) plus a place name indicates location in proximity to the place named: жить под Москво́й '*to live near Moscow*'; битва́ под Полта́вой '*the battle at (of) Poltava*'.
3. зависа́ть '*to hover*'
4. ...исчисля́ется...деся́тками миллио́нов лет. '...*is estimated in the tens of millions of years*'.
5. ...за счёт взаимоде́йствий прото́на... '...*by the interactions of a proton*'.
6. заполучи́ть P '*to acquire, obtain*'.

SECTION III

♦♦♦ <u>О поэме "Сло́во о полку Игореве"[1]</u>

     Из памятников древнерусской оригинальной литературы наибольшую известность имеет "Сло́во о полку Игореве". Сравнительно небольшое по размерам сочинение, повествующее о малозначительных исторических событиях конца XII в., со времени его открытия и опубликования (в 1800 г.) вот уже более полутора столетий пользуется огромной попу-

---

[1]This Old Russian epic poem in prose (The Song of Igor's Campaign) was probably composed in the 12th century shortly after the events recounted in the poem took place. The Slovo was preserved in only one manuscript dating from the 16th century. Published in 1800, it was lated destroyed in the Moscow fires of 1812 during the Napoleonic invasion of Russia. Note the wider application in Old Russian of the prepsitional ending -У. Today that ending is restricted to use with the prepositions В and НА (see IC II, 12.4).

лярностью в нашей стране и во многих странах мира.

"Слово о полку Игореве" является в литературе XI-
XIII вв. единственным произведением подобного жанра. Это
поэтическое произведение, написанное прозой, часто пере-
ходящей в ритмическую прозу. Оно не имело утилитарного
назначения, не предназначалось для чтения в церквах (как
жития и поучения) или для исторических справок (как лето-
писи). Это первое в Древней Руси сочинение, созданное
специально как произведение художественной литературы.

"Слово о полку Игореве" было порождено своей эпохой
- первым столетием периода феодальной раздробленности,
когда Древнерусское государство распалось на много удельных княжеств, соперничавших и враждовавших друг с другом,
и когда начались бесконечные междоусобные войны между
княжествами, ослаблявшие Русскую землю. Вместе с тем
тогда ещё жива было память о недавних временах, когда
Русская земля было единым государством, находившимся под
властью могущественного киевского князя.

Безымянный автор "Слова о полку Игореве" обладал
глубоким знанием русской действительности и сумел достичь исключительного проникновения в сущность сложных
политических явлений своего времени. Принадлежавший
скорее всего к дружинной знати одного из южнорусских у-
дельных княжеств, автор "Слова" сумел подняться над узки-
ми классовыми и политическими интересами своей социальной
группы и своего княжества и при создании поэмы думал о
судьбах всей Русской земли. В его произведении впервые
в русской литературе с такой отчетливостью было указано
главное зло русской действительности того времени - кня-
жеские междоусобицы, которые ослабляют Русскую землю, де-
лают её легко уязвимой для набегов внешних врагов.

В основу своего произведения безымянный автор поло-
жил реальные события - неудачный поход одного из южнорусских удельных князей в половецкие степи. В поэме показа-
но, что предводитель похода обладал личной храбростью и
предпринял свой поход против главных врагов Руси - половц-
цев. Но поход этот был затеян Игорем в одиночку, лишь с
войском небольшого собственного княжества, и потому неизбежно потерпел поражение. Автор стремился показать,
что сепаратные действия отдельных русских князей против
Половецкой степи заведомо обречены на провал. Автор при
этом указывает на единственную возможность добиться ре-
шительной победы над половцами - объединить силы всех
русских князей, всех удельных княжеств и совместно дви-
нуться на врага; а во главе соединенных сил русских зе-
мель, как и в недавнем прошлом, должен стать старший из

русских князей, князь киевский.

Впервые в русской литературе с такой силой и страст-
ностью в поэме вырисовывается патриотический образ Русской земли. "За землю Русскую" идут в поход герои "Слова", князь Игорь и его воины, "за землю Русскую" они сра-
жаются и умирают в неравной борьбе с половцами на бере-
гах Каялы; вся Русская земля оплакивает своих погибших
воинов после постигшего их поражения, а затем радуется
счастливому спасению Игоря из половецкого плена.

Действие произведения расвертывается на широчайших
пространствах от Карпат и Дуная до Волги, от Новгорода до
Тмутаракани; вся огромная Русская земля находится в поле
зрения автора и вовлечена в происходящие события; нередко
действие происходит одновременно в разных концах Руси.
Вместе с тем, действие поэмы происходит на широком исто-
рическом фоне, на фоне всей истории Русского государства;
для автора Русская земля едина.

Многие художественные особенности "Слова" восходят
к устной народной поэзии, притом не к прежнему славянско-
му фольклору доклассового общества, а к значительно более
развитому устному поэтическому творчеству своей эпохи.
Но, используя живительные силы устного народного твор-
чества, автор опирался и на накопившиеся традиции русской
книжности и создал произведение письменное, со вполне
определенной идейной направленностью и в художественной
форме, типичной для письменной литературы.

В "Слове о полку Игореве" лучшие стороны древней
русской литературы нашли свое наиболее яркое проявление.

♦♦♦ Национальное богатство СССР

В национальном богатстве любой страны воплощены на-
копленные обществом результаты труда предшествующих поколений и результаты текущего производства. В нашем социалистическом государстве национальное богатство складывается из государственной общенародной собственности, кол-
хозно-кооперативной собственности и имущества обществен-
ных организаций и населения, включает в себя практически
все материальные ценности, которые используются в сфере
производства и потребления. Кроме того, в понятие наци-
оонального богатства входят товарные запасы предприятий
и организаций, государственные резервы, материально-тех-
нические ценности, рожденные научно-технической револю-
цией, которым еще предстоит стать объектом практического
применения, личное имущество граждан, а также природные
ресурсы, вовлекаемые в народнохозяйственный оборот.

В стоимостную оценку национального богатства, однако, земельные, водные, лесные ресурсы и запасы полезных ископаемых не включается. Тем не менее эффективное и рациональное их использование имеет исключительно важное значение в ускорении роста национального богатства социалистического государства.

В социалистическом обществе национальное богатство принадлежит народу и составляет основу его благосостояния. Так, четыре пятых национального дохода, за счет которого создается национальное богатство СССР, используется на потребление населения, жилищное и социально-культурное строительство.

Той же цели - народному благу - служит в конечном счете и другая часть национального дохода, которая направляется на развитие экономики и научно-технический прогресс. Эта сторона общественной деятельности в условиях социализма ориентирована на то, чтобы сделать жизнь человека более обеспеченной материально, создать условия для всестороннего развития его личности.

Кстати, национальный доход определяют как часть валового общественного продукта, которая остается после вычета потребленных в процессе производства сырья, топлива, материалов, энергии и т.п. Он представляет вновь созданную стоимость в сфере материального производста. На западе же в национальный доход включают и доход от оказания услуг в непроизводственной сфере, что по сравнению с нашей методикой ведет к увеличению итога на 20-30 процентов.

Только за последние три пятилетки (1966-1980) валовой общественный продукт и национальный доход страны - обобщающие показатели хозяйственного развития и главный источник роста национального богатства - увеличились более чем в два раза, объем промышленной продукции - в 2,7 раза, среднегодовой объем продукции сельского хозяйства - в полтора раза.

Забота о благосостоянии советских людей всегда была в центре внимания социалистического государства. Однако в силу ряда исторических причин наши возможности долгое время были относительно ограничены. Сегодня, когда национальное достояние возросло многократно, осуществляется решительный поворот всей экономики к решению коренных задач, связанных с дальнейшем улучшением жизни народа. Эти задачи стали высшей целью общественного производства, ежедневно и ежечасно приумножающего национальное богатство страны. По структуре своей, национальное богатство в целом делится на основные фонды (они, в свою очередь, подразделяются на основные производственные и основные

непроизводственные фонды), оборотные средства. Особую
часть национального богатства составляет имущество населения.

Новый пятилетний план (1981-1985) исходит из необходимости полнее использовать на благо народа национальное
богатство, огромный производственный потенциал, созданный
трудом советских людей. К концу пятилетки национальное
богатство СССР превысит в стоимостном выражении три триллиона рублей.

В этом росте - материальные гарантии дальнейшего
развития страны, решения ею долгосрочных крупномасштабных
экономических и социальных задач, укрепления общей мощи
социалистического содружества и дела мира во всем мире.

64 процента национального богатства СССР составляют
основные фонды - совокупность произведенных материальных
и вещественных ценностей, действующих в течение длительного времени. Стоит подчеркнуть, что почти девять деся-
тых основных фондов составляет государственная (общенародная) социалистическая собственность. Именно общенародная собственность делает возможным и необходимым со-
гласованное, планомерное хозяйствование в масштабе всей
страны. На основе общенародной собственности возникает
общенародная заинтересованность в результатах хозяйствен-
ной деятельности.

К началу одиннадцатой пятилетки основные фонды страны превысили 1,7 триллиона рублей. По сравнению с 1966
годом они увеличились более чем на триллион рублей. В
сопоставимых ценах такой прирост почти вдвое превышает
стоимость основных фондов страны, созданных за пятьдесят
лет социалистического строительства - с 1917 по 1967 год.

Большая часть производственных основных фондов -
свыше 550 миллиардов рублей - сосредоточена в промышленности. Такая солидная база позволит к 1985 году увели-
чить объем производства промышленной продукции СССР на
26-28 процентов. Как иногда прежде, в одиннадцатой пятилетке возрастает роль реконструкции и технического пере-
вооружения предприятий. Предусмотрены опережающие темпы
развития отарслей, обеспечивающих прогрессивные структур-
ные сдвиги в народном хозяйстве. Будет продолжено техническое переоснащение базовых отраслей промышленности -
энергетики, металлургии, машиностроения, химии, а также
транспорта и строительства. Прирост объема национального
дохода будет достигнут с меньшим, чем в предыдущие пять
лет, абсолютным и относительным приростом капитальных
вложений.

Производственные основные фонды, которым располагает аграрный сектор нашей экономики, оцениваются в 238 миллиардов рублей.   Важно по-хозяйски распорядиться этими средствами, обеспечить максимальную отдачу от вложений, направленных на развитие агропромышленного комплекса. Постоянно укрепляется материально-техническая база сельскохозяйственного производства, на его рост и совершенствование в одиннадцатой пятилетке выделяется почти треть всех капитальных вложений в народное хозяйство.

Производственные основные фонды транспорта и связи составляют 239 миллиардов рублей.   За десятую пятилетку введено в действие 30 тысяч километров магистральных газопроводов и отводов от них, 14,9 тысячи километров магистральных нефтепроводов и нефтепродуктопроводов, 83 тысячи километров автомобильных дорог с твердым покрытием.

В одиннадцатой пятилетке продолжится сооружение новых транспортных магистралей, ускорится техническое перевооружение транспорта и связи.   Откроется движение по всей трассе Байкало-Амурской железнодорожной магистрали, войдет в строй железная дорога Сургут-Уренгой.   Развернутся работы на второй очереди глубоководного порта Восточный, завершится строительство Кавказской перевальной автомобильной дороги и других транспортных магистралей.

Стоимость всех непроизводственных основных фондов достигла 595 миллиардов рублей и составляет более трети основных фондов страны.   Это фонды жилищного и коммунального хозяйства, здравоохранения, просвещения, науки, культуры и исскуства, других отраслей непроизводственной сферы.   В одиннадцатой пятилетке будет построено 530-540 миллионов квадратных метров жилья, много школ и дошкольных учреждений, больниц, санаториев, клубов, спортивных сооружений.

Широкий круг мер, имеющих большое практическое значение для каждой советской семьи, наше государство осуществляет через общественные фонды потребления.   В 1985 году общественные фонды потребления достигнут суммы в 138 миллиардов рублей, что составит примерно две тысячи рублей в среднем на семью из четырех человек.   Как и прежде, будет расти заработная плата рабочих и служащих, оплата труда колхозников.

Увеличиваются реальные доходы советских граждан. Люди приобретают все больше потребительских товаров длительного пользования.   Личное имущество населения составляет ныне 19 процентов национального богатства СССР.   В одиннадцатой пятилетке реальные доходы на душу населения увеличатся на 16-18 процентов.

Важную долю национального богатства составляют материальные оборотные средства в отраслях народного хозяйства. Они включают в себя производственные запасы сырья, основных и вспомогательных материалов, топлива, горючего, незавершенное производство, запасы готовой продукции. Стоимость материальных оборотных средств в народном хозяйстве (кроме средств колхозов) превышает 400 миллиардов рублей.

◆◆◆ Вычислительные центры коллективного пользования

"Компьютерный бум" в мире продолжается. ЭВМ[1] нужны буквально всем - от школьников до государственных деятелей. Количество и качество ЭВМ растет, вместе с тем меняются и организационные формы их прмменения. Сегодня уже можно говорить об отчетливо проявившей себя на деле тенденции - создании вычислительных центров коллективного пользования (ВЦКП), предназначенных для одновременного обслуживания множества абонентов.

ЭВМ - дорогое удовольствие. Для нормальной работы машина нуждается в специально оборудованном помещении с определенными микроклиматом, освещенностью, шумопоглощением и т.д. Для обслуживания и работы на ЭВМ требуются специалисты высокой квалификации - электронщики, механики, математики, программисты, какие имеются далеко не на каждом предприятии. Заводить повсеместно собственные ЭВМ или организовать множество небольших вычислительных центров (ВЦ) нерационально: во-первых, это - распыление средств, оборудования и квалифицированных специалистов, во-вторых, маломощные центры не могут обеспечить решение всех задач на должном уровне, наконец, в-третьих, такие изолированные ВЦ неравномерно загружаются работой.

Напрашивается вывод: надо создавать мощные вычислительные центры, которыми могли бы пользоваться все предприятия и учреждения данного города или области. У нас такие центры работают в Ленинграде, Таллине, Томске, Туле, Риге, Минске и формируются во многих других городах.

Создаются ВЦ и на Западе. И выполняют, конечно, сходные функции: собирают, обрабатывают и рассылают информацию. Однако цели создания вычислительных центров в социалистическом и капиталистическом обществах абсолютно различны. На Западе ВЦ - это прежде всего коммерческое предприятие, созданное для получения прибыли от клиентов.

[1]ЭВМ (abbreviation of электронная вычислительная машина) *'computer'*.

Так, а ФРГ[2] и США функционируют центры, годовой оборот которых достигает десятков миллионов долларов.

В Советском Союзе и других социалистических странах ВЦКП создаются как логическое звено плановой экономики для того, чтобы еще лучше обеспечивать экономическое и социальное развитие целых районов страны. Работа такого центра помогает наиболее правильно сочетать территориальное и отраслевой управление, решать задачи планомерного развития хозяйства на всех его ступенях, содействовать повышению жизненного уровня миллионов людей.

Из сказанного ясно, что основными абонентами ВЦКП становятся планирующие организации, органы здравоохранения, народного образования, предприятия и учреждения связи, транспорта, общественного питания, снабжения и, конечно, государственные и советские органы.

Вместо дорогостоящих ЭВМ каждый абонент получает недорогое устройство - абонентский пункт, или терминал. С его помощью в любое время открывается практически мгновенный доступ к вычислительным машинам центра и к хранящейся в их памяти информации. По каналам связи, в том числе и телефонным проводам, от абонинта к центру и обратно "курсирует" информация. И линии связи, и ЭВМ, и терминалы обслуживаются специалистами центра. Абонент освобожден от многих забот, он просто использует надежный и точный механизм.

Увидеть это можно на примере Томского центра. Сибирский город Томск, основанный без малого 380 лет назад, является цетром области, территория которой примерно равна площади Великобритании, Бельгии и Дании, взятых вместе. В ее недрах - месторождения нефти и газа, запасы других полезных ископаемых. Над ними раскинулись[3] громадные торфяные болота, тайга, пахотные земли и луга. Тяжелое машиностроение и мясо-молочное животноводство, приборостроение и лесная промышленность, математическое машиностроение и нефтепереработка - вот главные из множества отраслей хозяйства области.

Управление и планирование для такого большого и разностороннего экономического региона - непростое дело. Поэтому Томск и область были около 10 лет назад избраны одным из "полигонов" внедрения и проверки идей ВЦКП в стране.

Сегодня этот центр располагает мощным комплексом вычислительных машин и обслуживает десятки абонентов. Среди

[2]ФРГ - abbreviation of Федеративная Республика Германии.
[3]For the meaning of the past perfective of this verb, see Topic 5,5.0.

них и областные организации - плановые, статистические,
и промышленные предприятия, и управления тепловых, водо-
проводных, энергетических сетей города, и научно-исслед-
овательские и учебные институты.   Естественно, каждый из
абонентов решает свои задачи, нуждается в определенной
информации.   В соответствии с этим создано более 10 под-
систем.   В совокупности эти подсистемы позволяют осущест-
влять и совершенствовать большую комплексную целевую про-
грамму - совершенствование управления хозяйством всей о-
бласти.   Ее основная цель - найти, практически проверить
и реализовать способы повышения эффективности управления
на основе рационального сочетания отраслевых и территори-
альных принципов.   ВЦКП помогает осуществить эту програм-
му, решая целый ряд плановых и оперативных задач.

    Вот, к примеру, одна из них - анализ транспортных
потоков на маршрутах, на основных перекрестках и между
районами города.   На основе этого анализа рассчитываются
планы движения транспорта.   Другая - управление с помощью ЭВМ городскими системами тепло- и водоснабжения как
для нормальных, так и для аварийных режимов.   Третья -
"Автопоиск".   В памяти машин ВЦКП записаны и регулярно
обновляются данные обо всем автомобильном транспорте, на-
ходящемся на учете в Государственной автоинспекции.   Система позволяет отыскать по полным или частичным признакам
данные о транспортных средствах, выдает справки и отчет-
ные сведения о наличии и техническом состоянии транспортных средств и другие документы.   Четвертая - "Аптека",
позволяющая вести учет и организовать оперативное снаб-
жение всех аптек медикаментами.

    Кроме города Томска, абонентские пункты установлены
в районных центрах Колпашего и Асино.   В дальнейшем намечается охватить сетью ВЦКП всю область.   Однако свою эф-
фективность система уже показала.

    Но главное сегодня - это приобретаемый опыт, в част-
ности, обслуживания абонентов сельского хозяйства. К ВЦКП
подключен большой животноводческий комплекс.   Это - высо-
комеханизированное хозяйство с несколькими тысячами ко-
ров.   Каждую из них в зависимости от ее физиологического
состояния в течение года переводят в различные группы,
где она содержится определенное время.   Для точного опре-
деления срока перевода на каждое животное была заведена
карточка со 128 показателями, и вся картотека ежедневно
просматривалась.   Это отнимало больше половины рабочего
времени у зоотехников.

    Вычислительная техника "вернула зоотехников к коро-
вам".   На ВЦКП ежедневно передается информация за истек-

шие сутки, машина обрабатывает ее и передает на абонентский пунки рекомендации о перемещении животных по секциам,
о проведении зоотехнических и ветеринарных мероприятий,
о кормах и другие. Результаты: без дополнительных капи-
таловложений увеличен выход продукции на 7 процентов, за-
траты труда снизились на 13 процентов, а экономия на 1000
голов скота составила 53 тысяч рублей в год.

Ввод в эксплуатацию первых ВЦКП знаменует начало нового этапа в развитии вычислительных центров - создание
Государственной сети ВЦ. Их объединят каналы связи, по
которым задания будут передаваться из одного центра на
другой. Это позволит снимать пиковые нагрузки, возника-
ющие в определенные часы суток, передавая часть работы
центрам, находящимся в других часовых поясах страны.
Опыт такой переброски заданий у нас есть - достаточно
вспомнить работу громадных энергосистем в нашей стране.

Уже можно подвести первые итоги. Центры, оборудо-
ванные ЭВМ и другой аппаратурой, созданной содружеством
социалистических стран, доказали свою высокую эффектив-
ность. ВЦКП окупаются за два-три года работы, а из эко-
номический эффект достигает нескольких миллионов рублей
в год. Вычислительная техника, работая в режиме коллективного пользования, эффективна и выгодна. При этом для
различных абонентов разрабатываются свои задачи. Социа-
листическое плановое хозяйство, единообразие в органах
регионального управления, в структуре и функциях предприятий и организаций позволяют типизировать авгоритмы и
программы решения задач и проектные решения по созданию
ВЦКП.

Организация ВЦКП, в частности в Томской области, дала возможность достичь самого высокого в стране уровня
обеспечения абонентов информацией и ее обработки. В эпоху, когда информация стала важнейшей составляющей народного хозяйства, этот факт не нуждается в комментариях.

◆◆◆ Симетричная вселенная[1]

В 1963 году знаменитым эстонским космологом Густавом
Ивановичем Наамом было выдвинута модель симетричной Вселенной. Изложим кратко ее суть.

Вакуум есть бесконечный запас, резервуар энергии,
скомпенсированный энергией противоположного знака. Вакуум
- это как бы протоматерия, могущая поляризоваться на ма-
терию и антиматерию. При этом вещество и излучение "по-

---

[1]Adapted from "Существует ли антимир" by A. Avramov in
Новый американец, N.Y., #59, 1981.

ступают'' в возникаемый синхронно с распадением - поляри-
зацией вакуума пространственно-временной каркас, тогда
как антивещество (составленное из предсказанных Дираком[2]
античастиц) и отрицательное излучение идет в антипро-
странственно-антивременной каркас, где пространство по
отношению к нашему, так сказать, вывернуто назинанку, а
время течет в обратную сторону. Поэтому, елси бы можно
было наблюдать антимир (антиметагалактику) с ''нашей''
стороны, то наблюдатель видел бы события в обратном по-
рядке, как совершающиеся от конца к началу, от ''их'' конца
к ''их'' началу. Подобную же экстравагантную картину видел
бы гипотетический наблюдатель с ''той'' стороны, исследуя
нашу метагалактику.

Вакуум в каком-то смысле есть физический ноль, спо-
собный породить любое число частиц с тем только, чтобы
это число уравновешивалось отрицательным числом (античастиц) такой же величины в соответствии с простым арифмети-
ческим правилом - $0 = 1 + (-1)$; $0 = 1000 + (-1000)$ и так
далее. При этом материя метагалактики, возможно, не да-
ется вся сразу, в результате одного-единственного Взрыва
праматерии (антиколлапса). Причина разбегания галактик,
быть может, заключается в том, что наш физический мир
''распирает'' вновь нарождающееся из вакуума вещество или
нарождавшееся в далеком прошлом, поскольку свет от кваза-
ров доходит до нас лишь через многие миллиарды лет, а
квазары это и есть наблюдаемое астрономами порождение физико-космических объектов из вакуума. Квазары, считающи-
еся азгадкой века, являются ''белыми дырами'' - гравитаци-
онными взрывами, совершающимися не вовнурь (как в случае
с дырами ''черными''), а во вне. Такая же ''белая дыра''
возникла в момент Большого взрыва.

Расширение (из-за разбегания галактик) метагалактики
и антиметагалактики сменится затем обратным сжатием, и с
помощью механизма ''черной дыры'' все вещество и антивещество синхронизированно провалится в вакуум, заканчивая
один из физико-космических циклов. Сам вакуум существует
все пространства-времени - последнее появляется лишь при
поляризации вакуума. И даже при выделении из вакуума вещества и антивещества масса симметричной вселенной всегда
равна нулю, ведь в едином симметричном бытии в каком-то
смысле нет никакой материи (в традиционном понимании этого термина).

---

[2]Paul Dirac, a British physicist, who predicted the existence of the positron.

Непосредственное взаимодействие (в частности, обмен информацией) между миром и антимиром - согласно Наану - невозможно. Антимир не воздействует на органы физических чувств или приборы. И находится он не где-то "далеко-далеко", а здесь же, только непроходимая граница - "ничто", вакуум - разделяет обе половинки симметричной вселенной. Но если бы человек смог проникнуть в антиметагалактику и прожить там определенное время (скажем, 30 лет, попав туда в 20), то он вернулся бы в свой прежний мир за десять лет до своего рождения, ввиду попятного течения времени в антиметагалактике.

При всем этом нет никакой опасности аннигиляции (взаимоуничтожения) - метагалактика и антиметалактика "располагаются" в разных пространственных каркасах.

Интересно, что через несколько лет, а точнее, в 1968 году, очень похожую модель выдвинул Андрей Дмитриевич Сахаров. Все знают его как "отца" водородной бомбы", но мало кто знает, что Сахаров является выдающимся космологом-теоретиком.

Статья А.Д. Сахарова называлась "О симметрии вселенной" (у Наана - "Симметричная вселенная"). Это была последняя легально-офециальная публекация лауреата Нобелевской премии мира в советской печати.

В модели Сахарова мы также встречаемся с антивеществом, антипространством и временем, текущим вспять. Математическая основа - та же, что и у Наана. Но есть и отличия. Одно из них состоит в том, что в гипотезе Сахарова антимир существовал ДО Большого взрыва, а не порождался из вакуума совместно с нашей метагалактикой. Но тем самым Сахаров допускает досадную ошибку: ведь если время в антимире течет в обратном направлении по отношению ко времени мира, то мы не имеем логического права использовать предлог ДО и говорить, что антимир существовал раньше, а наша метагалактика - позже.

Несмотря на это совпадения в гипотезах двух крупнейших современных космологов симптоматичны и впечатляющи.

Сахаров придумал свою модель антимира совершенно самостоятельно, независимо от эстонского академика. О Наане Сахаров слышал, но основных его произведений не читал.

За время, прошедшее с момента появления модели Г.И. Наана, по ряду причин космологические гипотезы, конкурировавшие с моделью эстонского астрофизика, отпали, т.е., пользуясь "американским прагматическим языком", оказались неконкурентоспособными. Модель же Наана получила довольно сильное подтверждение.

Сахаров, вполне признающий реальность Большого гра-
витационного взрыва, писал: "Я защищаю космологическую
гипотезу, согласно которой космологическое развитие Вселенной повторяется в основных своих чертах бесконечное
число раз."

Гипотеза Большого взрыва никак не противоречит идее
ВЕЧНОГО (без начала и конца) существования Вселенной.
Феномен вакуума может интерпретироваться как идеалисти-
чески, так и материалистически, но при этом представление
о "вечном возвращении" и периодических циклах Космоса
остается неизменным.

♦♦♦ Биология на стыке веков

Биология XX века непохожа на ту науку о жизни, которая существовала сто лет назад. Неограниченное господ-
ство и применение методов физики и химии способствовало
возникновению новых дисциплин - биохимии, биоорганической
химии, биофизики, молекулярной биологии и молекулярной
генетики. Современные достижения молекулярной биологии
привели к пересмотру многих теоретических положений. Наиболее поразительные открытия в этой области касаются законов наследственности. А в самые последние годы внимание научной общественности привлечено к принципально но-
вой области биологии - генетической инженерии.

Сегодня физико-химические разделы биологии образова-
ли фундамент того направления, которое можно назвать словом "биоинженерия". Стало ясно, что биоинженерия способ-
на разработать научные основы таких производственных процессов, в которых бы использовались принципы биологичес-
ких реакций. Биоинженерию, или биотехнологию, можно уже
рассматривать как будущего равноправного партнера в могу-
щественном технологическом триумвирате - механическом,
химическом и биологическом.

Успехи значительны. Например, что уже известно, с
помощью дрожжей производится кормовой белок из нефти; при
посредстве микроорганизмов получаются ферменты, фармаце-
втические препараты, витамины и целый ряд других веществ.
Менее известно, что физиологически активные соединения,
содержащиеся, например, в женьшене, раувольфии, максено-
творном, выделяются сегодня не только из соответствующих
растений, но и из их клеток, которые выращиваются в искусственных условиях. Эта работа очень перспективна.

Подобные эксперименты ведутся и с животными клетками. Их труднее культивировать, но есть все основания на-
деяться, что и здесь скоро будет обеспечена практическая

польза. Таким путем, в частности, намечается получать вакцины и препараты антител, имеющие большое лечебное значение.

Следующая ступень - генетическая инженерия, где исследователь, не довольствуясь существующими микроорганизмами и живыми клетками для получения нужного продукта, создает лабораторным путем заданные генетические структуры.

Генетическая инженерия родилась в 1972 году, когда исследователи получили первые "гибридные" молекулы. В сущности, живая клетка - это маленькая химическая фабрика, где выпуск "продукции" подчиняется наследственной программе, заложенной в одной из ее нуклеиновых кислот, а именно в дезоксирибонуклеиновой кислоте (ДНК). Эта "программа" состоит из блогов-генов, каждый из которых управляет выработкой определенного продукта (обычно белка) и выполняет какую-то клеточную функцию, зависящую от этого продукта. Поэтому, если ввести в клетку новую генетическую информацию в виде измененных молекул ДНК, то экспериментатор получает микроорганизм, измененный в соответствии с поставленной учеными целью.

Идея воспроизведения в лаборатории генетических процессов существовала давно, но создание генетических структур долго относилось скорее к области научной фантастики. Теперь наука дала в распоряжение исследователей инструменты для таких операций. Это ферменты, содержащиеся в самых живых клетках. Именно после того, как такие ферменты были выделены из клеток и очищены, создание искусственных генетических структур стало технически выполнимой задачей. Был как бы найден ключ к крепко запертой двери. Чисто технический шаг - открытие фрагментирующих и сшивающих ферментов - привел к необыкновенному расширению экспериментальных возможностей.

За годы существования генетической инженерии разработано множество специальных методов исследования, ранее неизвестных. И то, что в природе составляет привилегию целого организма, в современной биологической лаборатории стало операцией, выполняемой на уровне клетки и молекул. Экспериментатор обращается с геном, как с обычным фрагментом ДНК, который либо выделен из природных источников, либо синтезирован. Рекомбинация - процесс сочетания генов в новую структуру - происходит в пробирке по выбору самого исследователя. Уже наметились возможности направленных мутации, когда в ходе эксперимента в микробную клетку вводятся чуждые для нее гены. При этом можно добиться такой мутации клетки, чтобы она производила несвойственный ей продукт: чужеродный ген "навязывает" свой тип обмена. Так уже получают, например, человеческий инсулин. В этих процессах случай - главный фактор эволюции живого - отступает на второй план, определяющими становятся мысль и искусство экспериментатора.

Еще одна важная задача генетической инженерии - биологическая фиксация азота. Если бы удалось создать такие азотофиксирующие бактерии, которые могут "ужиться" со злаками, подсолнечником и другими сельскохозяйственными культурами, отдавая им извлеченный из воздуха заот, это, несомненно, привело бы к значительному повышению урожайности.

Появилась и принципиальная возможность получать совершенно новые растения. Правда, пока не ясно, насколько эти методы будут эффективны при "конструировании" новых видов сельскохозяйственных животных. Но и это, видимо, вполне реально, так как некоторые чужеродные гены, введенные в клетки животных, оказываются активными.

Несомненно, скоро генетики будут в положении химиков, которые создали огромный мир искусственных органических соединений. Биотехнология делает следующий шаг и открывает перед человечеством дорогу к миру искусственных организмов.

Зеленый крест - символ защиты растений - объединяет сегодня энтомологов и зоологов, физиков и химиков, агрономов и летчиков сельскохозяйственной авиации - людей самых различных специальностей. Известно, что нельзя вырастить хороший урожай, не защищаясь от многочисленных врагов сельскохозяйственных растений - они губят до четверти его.

Идея биологической борьбы с вредителями селькохозяйственных растений в общем не нова. Она была сформулирована еще в конце прошлого века, но не получила тогда широкого распространения, так как именно в то время начал ускоренно развиваться другой, казавшийся более простым, метод - химический. А синтез пестицидов в середине нашего века на некоторое время даже вселил уверенность в том, что наконец-то проблема защиты растений решена окончательно. Но уже через несколько лет было замечено, что здесь не все обстоит просто.

Когда химический препарат используют для уничтожения вредного организма, он действует не только на вредителя, но и на другие живые организмы. Кроме того, бактерии со временем приспосабливаются, например, к антибиотикам, и

медицинская промышленность вынуждена производить все новые и новые их разновидности. В сельском хозяйстве тоже
надо регулярно менять применяемые химические препараты,
чтобы избежать "привыкания" к ним сорняков и вредителей.
Проявились и некоторые другие отрицательные последствия
массированного применения химических средств борьбы с
вредителями сельскохозяйственных растений.

С другой стороны, полный отказ от химических средств
приводит к резкому снижению урожая. Поэтому ученые и
практики считают, что хотя, безусловно, надо сокращать
применение традиционных средств химической защиты растений, но делать это следует постепенно, одновременно улуч-
шая технику возделывания культур, вводя в практику сорта
растений, устойчивых к заболеваниям, расширяя арсенал
средств.

Каким же арсеналом средств сегодня располагает био-
логический метод защиты растений?

Первым приемом был ввоз и акклиматизация так называ-
емых энтомофагов - естественных врагов вредителей. Они
снижают численность вредителей везде, где только те
встречаются, без всякого вмешательства со стороны земле-
дельцев. Важно и то, что это просто и не требует больших
затрат. И хотя метод уже дал отличные результаты в бо-
гатейших сельскохозяйственных районах, можно сказать, что
здесь использована лишь небольшая часть потенциальных
возможностей, так как в практику введены немногие из нескольких десятков тысяч энтомофагов.

Но акклиматизация - это, так сказать, прием "мирного
времени". Он не позволяет быстро подготовиться к внезап-
но возникшей ситуации и немедленно вмешаться в ход собы-
тий. Самое простое из возможных решений - массовое раз-
множение энтомофагов, когда действительно становится возможным настоящее "биологическое лечение". Сегодня в ла-
бораторных условиях на искусственном питании "воспитыва-
ют" миллионы энтомофагов различных видов. Разработана и
технология механизированного выпуска насекомых с тем,
чтобы они попали точно на то место и в то время, когда
их "труд" будет наиболее эффективным. Ученые работают и
над разработкой способов длительного хранения энтомофагов, применение которых ограничено сезоном.

Давно известно, что растения выделяют вещества, которые привлекают или отталкивают насекомых. Они могут
стимулировать "аппетит" насекомых или, напротив, подавля-
ют у них чувство голода и вызывают "отвращение" к данному
растению. Так, картофель, обработанный препаратом "бре-
стан", перестает интересовать колорадского жука. Это еще

один из способов борьбы с вредителями.

Кроме того, сами насекомые являются источниками воз-
буждения друг для друга. Аттрактанты - химические соединения, вырабатываемые особыми железами самок насекомых,
способны при самых ничтожных концентрациях привлечь сам-
цов. Сегодня синтетическим путем получены многие из по-
добных веществ. Установив ловушки с подобными вещества-
ми, можно эффективно и дифференцированно бороться и с
этими вредителями.

Надо отметить и другую сторону проблемы. Ученые
подчеркивают, что, определяя вредителя, которого мы пред-
полагаем уничтожить, не следует забывать, что если он
полностью исчезнет и оставит свободной свою "экологичес-
кую нишу", то она может быть "освоена" новым, еще более
опасным "захватчиком". Поэтому многие специалисты рас-
сматривают сегодня биологическую защиту растений как сред-
ство необходимого уменьшения численности вредителей, а не
их полного уничтожения. Следовательно, универсального
лекарства от всех бед в природе просто не существует. Для
сохранения урожая необходим целый комплекс мероприятий,
в котором органически сочетались бы агротехнические, биологические, химические и организационные меры, то есть
то, что на языке ученых сегодня называется "методом ин-
тегрированной борьбы".

По данным ФАО - всемирной организации, занятой изучением продовольственной проблемы, - за год в мире производится примерно 75 миллионов тонн пищевого белка, что
составляет около 60 граммов на человека в день. Средняя
же норма необходимого потребления, как подсчитали медики,
составляет около 100 граммов. Иначе говоря, даже при
равном распределении пищи недоедания неизбежно. Можно ли
с помощью совремёной биологической науки уменьшить дефи-
цит белка, а еще лучше - совсем его ликвидировать?

Безусловно. Эту важную задачу решает бурно развива-
ющаяся микробиологическая промышленность. Микроорганизмы
способны расти необычайно быстро, среди них есть свое-
образных рекордсмены, которые могут удваивать число своих
клеток каждые 5-8 минут. А ведь 85 процентов их масс -
как раз и есть белок. Приведу такое сравнение. В организме коровы, весящей полтонны, за сутки образуется примерно полкилограмма белка. За это же время дрожжевая
масса, имеющая такой же вес, синтезирует 50 тонн белковых
веществ!

Но устранение дефицита белка - лишь дополнительная
задача микробиологической промышленности. Главная же
цель - поставить получение кормов и физиологически актив-
ных веществ, а в будущем и пищевых продуктов на промыш-
ленную основу. Не отказываясь от традиционного сельско-
зощейственного производства, человечество дополнит его
микробиологическим, что позволит получать более полноцен-
ную, чем сейчас, пищу и с меньшими затратами. И если сегодня белковые добавки в пищу человека - всего лишь пер-
спектива, то кормовой белок, необходимый для полноценного
питания сельскохозяйственных животных, уже производится
сотнями тысяч тонн на многих заводах. Наряду с микроб-
ным белком в корм животным добавляют аминокислоты, которые получаются как химическим, так и микробиологическим
путем - они позволяют резко сократить расход корма на
единицу привеса животных.

Современная биология очень далеко ушла от ее традиционных рубежей. Содержание этой науки, динамично раз-
вивающейся и очень чувствительной к требованиям общества,
уже не исчерпывается познавательной задачей - отражением
окружающего живого мира и человека как его части. Биология стала средством изменения этого мира для удовлетворе-
ния нужд людей.

VOCABULARY CHECKLIST

The following list of 840 words is made up of vocabulary items presented in the *Introductory Course* which the student is expected to know before proceeding to the *Advanced Course*. Entries marked with the symbol √ (63%) are high frequency words common to most disciplines in the sciences and humanities.[1] Entries marked with the symbol + (27%) are high frequency words occurring in expository prose, as well as in literary texts and in the spoken language.[2] Unmarked words (10%) represent lexical items not appearing in any word frequency list, nevertheless useful for the student to know. Although all the words in this list are used in the exercises and reading passages of the IC, not all words given as vocabulary items in that volume are included here.

Not included here are the personal, possessive, and reflexive pronouns (see Appendix III), the cardinal and ordinal numerals (see Appendix V), the prepositions (see Appendix VI), the names of the days of the week (see Unit IV, 14.2) and of the months (see Unit IV, 14.3), word combinations, the prefixed verbs of locomotion specifying direction of the motion (see Unit IX), borrowed words familiar to English language speakers, glossed words, and scientific terminology. Occasional exceptions to these exclusions indicate high frequency use in expository prose.

Each entry gives the basic lexical meaning of the word and a reference in Roman numerals to the Unit where it first appears. Stress patterns of nouns are designated in accordance with the system used throughout this course (see Appendix I, D); any peculiarity in the form or stress of the nominative or genitive plural is indicated. Most adjectives are given in their long form. Their short forms are included in the entry when such forms have mobile or irregular stress, or when the masculine

---

[1] See П. Н. Денисов, В. В. Морковкин, Ю. А. Сафьян, Комплексный частотный словарь русской научной и технической лексии. Москва, 1978.

[2] See Э. А. Штейнфельдт, Частотный словарь современного русского литературного языка. Таллин, 1963.

contains a mobile vowel. Verbs are listed by stem form,
unless they belong to the Special Classes of verbs, or
are irregular, in which case they are listed by their infinitive form (see Appendix VII). In most instances both
the imperfective and perfective are given for each verb,
even though only one or the other aspect may have been
encountered in the readings of this book. The main entry
for each verb is given under its imperfective form. Perfective verbs when separated alphabetically from their
imperfective partners are cross referenced to their imperfective form.

√ а	– *and, but I*
америка́н/е/ц АА	– *(an) American III*
англича́нин АА	– *Englishman IX*
pl. nom. англича́не,	
gen. англича́н	
аспира́нт АА	– *graduate student (m) I*
аспира́нтка АА	– *graduate student (f) I*
аудито́рия АА	– *lecture hall I*
√ бассе́йн АА	– *swimming pool IV*
+ бе́дный (бе́ден, бедна́, бе́дно, бе́дны)	– *poor VI*
√ безопа́стность АА	– *safety X*
√ бе́лый (бел, бела́, бе́ло)	– *white II*
+ бе́рег АВ	– *shore, bank II*
pl. nom. берега́	
√ бесцве́тный (бесцве́тен, бесцве́тна)	– *colorless VI*
+ библиоте́ка АА	– *library II*
+ блестя́щий	– *brilliant II*
√ бли́же (compar. of бли́зкий)	– *nearer, closer V*
√ бли́зкий (бли́зок, близка́, бли́зко)	– *near IV*
√ бога́тый	– *rich IV*
√ бога́че (compar. of бога́тый)	– *richer V*
√ бо́лее	– *more V*
√ боле́знь АА	– *illness III*
+ БОЛЕ́Й+ I⟩	– *be sick (I) III*
ЗА---+ Р⟩	– *become sick (P) III*
√ боль АА	– *pain VIII*
√ больно́й (бо́лен, больна́, больно́, больны́)	– *sick III*
√ больно́й (m), больна́я (f)	– *patient III*
√ бо́льше (compar. of большо́й)	– *larger, more V*
√ бо́льший (compar. of большо́й)	– *larger V*

√	большинство BB	– *majority V*
√	большой	– *large II*
√	борьба BB	– *struggle IX*
+	брат AA pl. nom. братья, gen. братьев	– *brother V*
√	брать I/взять P	– *to take V*
√	будущее	– *the future III*
√	будущий	– *future IV*
√	бы	– *(conditional-subjunctive marker) X*
√	БЫВАЙ+ I	– *be VII*
√	быстро	– *quickly IV*
√	быть	– *to be*
√	важный (важен, важна, важно)	– *important II*
+	вдруг	– *suddenly VII*
√	ВЁД+ I </br> ПО---+ P	– *lead, conduct V*
√	ВЁД+ себя I	– *behave IX*
+	ведь	– *after all VII*
+	везде	– *everywhere III*
√	век AB pl. nom. века	– *age; century VI*
	вековой	– *ancient, age-long VII (cf. век)*
√	великий (велик, велика, велико)	– *great IV*
+	ВЕРИ+ I </br> ПО---+ P	– *believe, have faith in IX*
	ВЕРНУ+(-ся) P	– *see ВОЗВРАЩАЙ+(-ся)*
√	верхний	– *upper VI*
√	вес AB pl. nom. веса	– *weight VI*
+	весна BA pl. gen. вёсен	– *spring II*
√	весь	– *all, the whole III*
+	вечер AB pl. nom. вечера	– *evening VI*
+	вечером	– *in the evening VI*
	вечный (вечен, вечна)	– *eternal VIII (cf. век)*
√	вещество BB	– *substance IV*
+	вещь AC	– *thing II*
√	взаимодействие AA	– *interaction X*
	взять P	– *see брать*
√	вид AA	– *form, type IV*
√	ВИДЕ+ I </br> У---+ P	– *see III*
√	видимый	– *visible VIII*
√	видный (виден, видна, видно, видны)	– *visible; conspicuous; prominent III*

✓ ВКЛЮЧА́Й+ I }	
ВКЛЮЧИ́+ Р	- *include VII*
✓ влия́ние АА	- *influence V*
✓ вме́сте	- *together III*
вне́шность АА	- *exterior; appearance VII*
✓ вниз	- *down(ward) VI*
✓ внима́ние АА	- *attention V*
+ внима́тельно	- *attentively II*
✓ вода́ СС	- *water II*
✓ ВОЗВРАЩА́Й+(-ся) }	
ВЕРНУ́+(-ся)	- *return IV*
✓ возде́йствие АА	- *influence VII*
✓ во́здух А	- *air III*
✓ возмо́жность АА	- *possibility; opportunity III*
✓ возмо́жный (возмо́жен, возмо́жна)	- *possible IX*
✓ ВОЗНИКА́Й+ I }	
ВОЗНИ́К(НУ)+ Р	- *arise VII*
✓ возникнове́ние АА	- *origin, rise V*
✓ во́зраст А	- *age VIII*
+ война́ ВА	- *war IV*
войти́ Р	- *see* ВХОДИ́+
✓ вопро́с АА	- *question II*
+ восто́к А	- *east II*
+ вот	- *here is I*
✓ впервы́е	- *for the first time (ever) VII*
✓ вперёд	- *forward V*
+ врач ВВ	- *doctor X*
✓ вре́мя АВ	- *time IV (see Appendix I, C1)*
✓ всегда́	- *always VII*
вселе́нная	- *universe VI*
✓ вско́ре	- *shortly, before long VII*
+ ВСПОМИНА́Й+ I }	
ВСПО́МНИ+ Р	- *remember, recall VII*
+ встава́ть I }	
ВСТА́Н+ Р	- *get up VIII*
+ встре́ча АА	- *meeting V*
✓ ВСТРЕЧА́Й+(-ся) I }	
ВСТРЕ́ТИ+(-ся) Р	- *meet VI*
✓ вся́кий	- *any X*
✓ второ́й	- *second II*

√ вход АА	– *entrance X*
√ ВХОДЙ+ I⎫ войти Р⎭	– *enter IX*
+ вчера	– *yesterday IV*
√ ВЫБИРАЙ+ I⎫ вы́брать Р⎭	– *select, elect IX*
выдаю́щийся	– *outstanding, distin- guished VIII*
√ выполне́ние АА	– *fulfilment V*
√ ВЫПОЛНЯЙ+ I⎫ ВЫ́ПОЛНИ+ Р⎭	– *fulfill VII*
√ ВЫРАБА́ТЫВАЙ+ I⎫ ВЫ́РАБОТАЙ+ Р⎭	– *work out, develop VI*
√ ВЫРАЖА́Й+ I⎫ ВЫ́РАЗИ+ Р⎭	– *express VII*
√ высо́кий (высо́к, высока́, высоко́)	– *high, tall III*
√ высококачественный	– *high quality X*
√ вы́сший (compar. of высо́кий)	– *higher, superior*
√ вы́ше (compar. of высо́кий)	– *high, taller V*
+ газе́та АА	– *newspaper I*
√ где	– *where I*
√ гипо́теза АА	– *hypothesis V*
√ гла́вный	– *main, chief VII*
√ глаз АВ pl. nom. глаза́, gen. глаз	– *eye VI*
√ глубо́кий (глубо́к, глубока́, глубоко́)	– *deep III*
√ глу́бже (compar. of глубо́кий)	– *deeper V*
√ ГОВОРЙ+ I⎫ СКАЗА́+ Р⎭	– *say, speak, tell II, VI*
√ год АС	– *year II*
+ го́лос АВ pl. nom. голоса́	– *voice VI*
+ гора́ ВС	– *mountain II*
√ гора́здо	– *much, far V*
√ го́род АВ pl. nom. города́	– *city II*
+ городско́й	– *city (adj.) II*
√ горя́чий (горя́ч, горяча́, горячо́)	– *hot V*
√ госуда́рственный	– *state (adj.) II*
+ ГОТО́ВИ+(-ся) I⎫ ПОД---+(-ся) Р⎭	– *prepare VI*
√ гото́вый (гото́в, гото́ва)	– *ready III*

+ граждани́н АА
  pl. nom. гра́ждане,
  gen. гра́ждан
	– *citizen IX*

√ дава́ть I}
дать P — *to give VII*

√ да́же — *even III*

далеко́ не — *by no means, far from VII*

+ да́льний — *distant, far off V*

√ да́нные — *data III*

√ ДВИ́ГА+(-ся) I}
ДВИ́НУ+(-ся) P — *move VI*

√ дви́гатель AA — *motor X*

√ движе́ние AA — *movement IV*

+ двор/е́/ц BB — *palace IV*

√ действи́тельно — *really, actually X*

√ ДЕ́ЙСТВОВА+ I}
ПО---+ P — *act, operate V*

√ ДЕ́ЛАЙ+ I}
С---+ P — *do, make II*

√ ДЕЛИ́+ I}
ПО---+ P — *divide VII*

√ де́ло AB — *matter, affair II*

√ д/е/нь (m) — *day III*

+ де́ньги pl. only, gen. де́нег, dat. денга́м — *money VIII*

+ дере́вня AA pl. gen. дереве́нь — *village; countryside VI*

√ де́рево AA pl. nom. дере́вья gen. дере́вьев — *tree; wood V*

√ дета́ль AA — *detail; part V*

+ де́ти — *children V (see Appendix I, C2)*

+ де́тство A — *childhood VI*

√ деше́вле (compar. of дешёвый) — *cheaper V*

√ дешёвый — *cheap V*

де́ятель AA — *figure (s.o. active in sthg.) VI*

√ де́ятельность AA — *activity VI*

+ дире́ктор AB pl. nom. директора́ — *director II*

√ дли́нный (дли́нен, длинна́, дли́нно) — *long III*

√ дово́льно — *fairly, quite III*

+ дово́льный (дово́лен, дово́льна, дово́льно) — *satisfied, pleased III*

+ дождь (m) BB — *rain VI*

√ ДОКА́ЗЫВАЙ+ I}
ДОКАЗА́+ P — *prove*

+ докла́д AA — *report II*

+ доктор АВ pl. nom. доктора — *doctor II*
+ долго — *for a long time III*
√ должен, должна, должно, должны — *obliged to, supposed to, must III*

+ дом АВ pl. nom. дома — *house I*
+ дома (adv.) — *at home II*
+ домой (adv.) — *home(ward) V*
+ дорогой (дорог, дорога, дорого) — *dear; expensive V*
+ дороже (compar. of дорогой) — *dearer; more expensive V*

√ ДОСТИГАЙ+ I
 ДОСТИГ(НУ)+ Р } — *achieve VII*
+ дочь АС — *daughter II (see Appendix I, C1)*

√ древний — *ancient II*
+ друг АВ pl.nom. друзья, gen.друзей — *friend V*
 другой — *another, other III*
√ друг друга — *each other IX*
 дружеский — *amiable (cf. друг)*
+ ДУМАЙ+ I
 ПО---+ Р } — *think II*
 ежегодный — *annual, yearly IX*
√ если — *if VII*
√ естественный — *natural II*
+ есть I
 съесть Р } — *to eat VIII*
+ ехать I
 по---+ Р } — *to go (by vehicle) V*
√ ещё — *still; (some)more III*

+ жаркий — *hot IV*
+ ждать I — *to wait for V*
+ женщина АА — *woman II*
√ ЖИВ+ — *live II*
√ животное — *animal III*
√ жидкий — *liquid (adj.) X*
√ жидкость — *liquid VII*
√ жизнедеятельность АА — *vital activity, vital functions X*

√ жизнь АА — *life II*
+ журнал АА — *magazine, journal I*

+ ЗАБЫВАЙ+ I
 забыть Р } — *forget VII*
√ ЗАВИСЕ+ I от(чего) — *depend on V*
√ завод АА — *plant, factory II*

+ за́втра	– *tomorrow VI*
√ задава́ть I } задáть P	– *give, assign VIII*
√ задáча AA	– *task, goal; (arithmetic) problem VI*
√ ЗАКЛЮЧА́Й+ I } ЗАКЛЮЧИ́+ P	– *contain; conclude IX*
√ закóн AA	– *law IV*
√ закономéрность AA	– *objective law V*
√ ЗАКРЫВА́Й+ I } закры́ть P	– *close II*
+ зал AA	– *(large) hall I*
√ ЗАМЕЧА́Й+ I } ЗАМЕ́ТИ+ P	– *notice VII*
+ замечáтельный	– *remarkable V*
√ ЗАНИМА́Й+ I } заня́ть P	– *occupy IV*
√ ЗАНИМА́Й+ -ся I	– *be engaged in; study IV*
+ заня́тие AA	– *profession, occupation; (pl.) studies, classes, lessons V*
+ за́нят, занятá, зáнято, зáняты	– *taken, occupied; busy*
зáпад A	– *west II*
√ ЗАПИ́СЫВАЙ+ I } ЗАПИСА́+ P	– *write down VI*
захотéть P	– *see* хотéть
√ ЗАЩИЩА́Й+ I } ЗАЩИТИ́+ P (защищу́, защити́шь)	– *defend VI*
+ звёзда́ BA	– *star V*
√ здáние AA	– *building II*
√ здесь	– *here IV*
√ зелёный	– *green IV*
землетрясéние AA	– *earthquake X*
√ земля́ CA pl. gen. земéль	– *earth II*
√ земнóй	– *earth's V*
+ зимá BA	– *winter IV*
+ зимóй	– *in winter III*
√ ЗНА́Й+ I	– *know II*
+ знакóмый, знакóмая	– *(an) acquaintance III*
знакóм, знакóма, знакóмы	– *acquainted III*
+ знамени́тый	– *famous IV*
√ значéние AA	– *meaning, significance IV*
+ значи́тельный	– *considerable VI*
+ знáчит	– *it means VII*

√ и — *and I*

√ идти I ⎫
  по--- Р ⎭ — *to go, come (on foot) IV*

√ ИГРА́Й+ I ⎫
  СЫГРА́Й+ Р ⎭ — *play V*

√ иде́я AA — *idea II*

  изве́стие AA — *news VIII*

√ изве́стный (изве́стен, изве́стна) — *famous, well known III*

  издава́ть I ⎫
  изда́ть Р ⎭ — *to publish VIII*

+ и́здали — *from afar III*

√ ИЗМЕНЯ́Й+(-ся) I ⎫
  ИЗМЕНИ́+(-ся) Р ⎭ — *alter, change VIII*

√ ИЗУЧА́Й+ I ⎫
  ИЗУЧИ́+ Р ⎭ — *make a study of II*

√ изуче́ние AA — *study IV*

√ и́ли — *or III*

√ ИМЕ́Й+ — *have, possess III*

√ ИМЕ́Й+ -ся — *be available, be had III*

√ и́мя AB — *name IV (see Appendix I, Cl)*

√ иногда́ — *sometimes VII*

  иностра́н/е/ц AA — *foreigner III*

+ иностра́нный — *foreign II*

√ интере́с AA — *interest VII*

√ интере́сный — *interesting II*

√ ИНТЕРЕСОВА́+ I ⎫
  ЗА---+ Р ⎭ — *interest III*

√ ИНТЕРЕСОВА́+ -ся I ⎫
  ЗА---+ -ся Р ⎭ — *be interested in III*

√ ИСКА́+ I — *look for III*

√ иску́ственный — *artificial VI*

+ иску́ство AA — *art IV*

  ИСПОЛНЯ́Й+ I ⎫
  ИСПО́ЛНИ+ Р ⎭ — *fulfil, execute VIII*

√ ИСПО́ЛЬЗОВА+ I and Р — *use III*

  ИСПРАВЛЯ́Й+ I ⎫
  ИСПРА́ВИ+ Р ⎭ — *correct VII*

√ ИССЛЕ́ДОВА+ I and Р — *investigate III*

√ иссле́дование AA — *research, investigation II*

√ исто́чник AA — *source; spring IV*

√ ИСЧЕЗА́Й+ I ⎫
  ИСЧЕ́З(НУ)+ Р ⎭ — *disappear VII*

+ кабинéт АА	- *study, office I*
√ кáждый	- *each, every III*
√ КАЗÁ+ -ся I ПО---+ -ся Р }	- *seem VI*
√ как	- *how; as, like II*
√ какóй-либо	- *any (kind of) VII*
√ какóй-то	- *some (kind of) VII*
√ кáпля АА	- *drop*
√ карандáш ВВ	- *pencil I*
+ кáрта АА	- *map I*
+ квартúра АА	- *apartment IX*
√ класс АА	- *classroom; class I*
+ КЛАД+ I ПОЛОЖÚ+ Р }	- *put V*
√ кнúга АА	- *book I*
√ когдá	- *when II*
√ колúчество АА	- *quantity VII*
+ кóмната АА	- *room II*
√ кóмплекс АА	- *complex, group X*
√ кон/é/ц ВВ	- *end III*
√ конéчно	- *of course V*
√ контрóльный	- *control (adj.), test (adj.) III*
+ КОНЧÁЙ+(-ся) I КÓНЧИ+(-ся) Р }	- *finish II*
+ корáбль (m) ВВ	- *ship III*
√ корóткий (корóток, короткá, кóротко)	- *short III*
√ корóче (compar. of корóткий)	- *shorter V*
√ котóрый	- *who, which III*
√ край АВ pl. nom. края́	- *edge, border; region V*
+ красúвый	- *beautiful II*
√ крáсный	- *red II*
+ крестья́нин АА pl. nom. крестья́не, gen. крестья́н	- *peasant IX*
крóме тогó	- *moreover, besides IX*
√ круг АВ	- *circle IX*
круговорóт АА	- *rotation, cycle IX*
√ крýпный	- *large (scale) III*
крыть I по--- Р }	- *cover VII*
+ кто	- *who I*
КУПÚ+	- *see* ПОКУПÁЙ+
+ кудá	- *(to) where V*
+ курс АА	- *course II*

√ лаборато́рия АА — *laboratory I*
√ ла́мпа АА — *lamp II*
√ лёгкий (лёгок, легка́, легко́) — *light; easy II*
√ ле́гче (compar. of лёгкий) — *lighter; easier V*
√ ЛЕЖА́+ I — *lie (be in a reclining position III*

+ ле́кция АА — *lecture II*
√ лес АВ   pl. nom. леса́ — *forest, woods II*
+ ЛЕТЕ́+ I
  ПО---+ P } — *fly V*
√ ле́то АА — *summer IV*
√ ле́том — *in the summer IV*
√ ли — *whether II*
√ литерату́ра АА — *literature I*
  литерату́рный — *literary I*
+ луна́ ВА — *moon IV*
√ лу́чше (compar. of хоро́ший) — *better V*
√ лу́чший (compar. of хоро́ший) — *better, best V*
+ ЛЮБИ́+ I — *love III*
√ лю́ди — *people V (see Appendix I, C2)*

+ магази́н АА — *store VI*
√ ма́ленький — *small II*
√ ма́ло — *little, not much III*
√ ма́сло АВ — *oil, butter X*
√ масшта́б АА — *scale X*
√ мате́рия АА — *matter IV*
+ мать АС — *mother II (see Appendix I, C1)*

√ маши́на АА — *car; machine II*
√ ме́дленно — *slowly V*
√ ме́дленный — *slow VII*
+ междунаро́дный — *international III*
√ ме́нее — *less V*
√ ме́ньше (compar. of ма́ленький) — *smaller; less V*
√ МЕНЯ́Й+(-ся) — *change VII*
+ ме́сто АВ — *place II*
√ ме́сяц АА — *month IV*
√ мир АВ — *world; peace III*
+ ми́рный — *peaceful IV*
+ мирово́й — *world (adj.) V*
  ми́тинг АА — *rally V*
+ мла́дший (compar. of молодо́й) — *younger, junior V*
  млекопита́ющее — *mammal VIII*
√ мно́гие — *many IX*

✓ мно́го — *much, a lot II*
✓ МОГ+ I }
   СМОГ+ Р } — *be able; can; may III*
✓ мо́жно — *it is possible, one may VIII*

+ мо́крый — *wet X*
+ молодёжь A — *youth II*
+ молодо́й (мо́лод, молода́, мо́лодо) — *young II*
   моло́же (compar. of молодо́й) — *younger V*
✓ мо́ре AB pl. gen. море́й — *sea II*
✓ мысль AA — *thought VI*
✓ мя́гкий (мя́гок, мягка́, мя́гко) — *soft; mild IV*

✓ НАБЛЮДА́Й+ I — *observe VI*
✓ наблюде́ние AA — *observation VII*
+ наде́яться (наде́юсь, наде́ешься) — *to hope IX*
✓ на́до — *must VIII*
+ (тому́) наза́д — *ago VII*
✓ назва́ние AA — *name, title V*
✓ НАЗЫВА́Й+ I }
   назва́ть Р } (назову́, назовёшь) — *name, call VI*
✓ НАЗЫВА́Й+ -ся — *be named, be called VI*
✓ наибо́льший — *the largest V*
✓ наилу́чший — *the best V*
✓ наиме́ньший — *the smallest V*
✓ наконе́ц — *at last, finally VII*
   НАПИСА́+ Р — *see ПИСА́+*
✓ направле́ние AA — *direction VII*
✓ наприме́р — *for example V*
+ наро́д AA — *the people, a people IV*

   насеко́мое AA — *insect III*
+ населе́ние AA — *population X*
   НАСЛЕ́ДОВА+ I and Р — *inherit IX*
✓ настоя́щий — *present; real VIII*
✓ НАСТУПА́Й+ I }
   НАСТУПИ́+ Р } — *set in, come IX*
✓ нау́ка AA — *science I*
   НАУЧИ́+ -ся Р — *see УЧИ́+ -ся*
✓ нау́чный — *scientific, scholarly I*

✓ НАХОДИ́+ I }
   найти́ Р } — *find IX*
✓ НАХОДИ́+ -ся — *be located IV*
✓ нача́ло AA — *beginning IV*

√ НАЧИНА́Й+(-ся) I }
  нача́ть(ся) P   - *begin*

√ не   - *not I*

  небе́сный   - *heavenly, celestial*
                           VII (cf. не́бо)

+ не́бо AB   pl. nom. небеса́,   - *heaven, sky VI*
  gen. небе́с

+ неде́ля AA   - *week II*

  недопусти́мый   - *impermissable, inad-*
                           missable VIII

  независимость AA   - *independence VII*
√ независимый   - *independent VII*
√ не́который   - *a certain; pl. some,*
                           certain VII

√ нельзя́   - *may not, cannot VIII*
+ нема́ло   - *much, quite a bit V*
+ не́м/е/ц   - *(a) German III*
+ неме́цкий   - *German (adj.) I*
  немно́гие   - *(very) few IX*
+ немно́го   - *a little, not much V*
√ необходи́мо   - *(it is) essential VIII*
√ необходи́мый   - *necessary, essential*
                           VIII

+ неожи́данно   - *unexpectedly VII*
  не̣ раз   - *more than once X*
√ НЕС+ I }
  ПО---+ P   - *carry, take V*

√ не́сколько   - *several V*
√ нет   - *no I; there is not IV*
  не тот   - *(the) wrong X*
+ нигде́   - *nowhere IV*
√ ни́же (compar. of ни́зкий) - *lower V*
√ ни́зкий (ни́зок, низка́, ни́зко) - *low V*
√ ни́зший (compar. of ни́зкий) - *lower V*
+ никако́й   - *no (kind of) IV*
√ никогда́   - *never IV*
+ никто́   - *no one IV*
+ никуда́   - *(to) nowhere IV*
  ни ра́зу   - *not once X*
√ ничто́   - *nothing IV*
√ но   - *but, however III*
√ но́вый (нов, нова́, но́во) - *new II*
√ но́мер AB   pl. nom. номера́ - *number, issue; hotel*
                           room II

+ ночь AC   - *night II*

+ НРА́ВИ+ -ся I
  ПО---+ -ся P }
	– *be pleasing to, like*
	  VIII

√ ну́жно	– *must VIII*
√ ну́жный (ну́жен, нужна́, ну́жно, нужны́)	– *needed VIII*
√ о́ба (m), о́бе (f)	– *both X*
+ ОБЕЩА́Й+ I and P	– *promise VIII*
√ о́бласть AC	– *region; field (of study) IV*
√ ОБНАРУ́ЖИВАЙ+ I ОБНАРУ́ЖИ+ P }	– *discover, detect IX*
√ ОБРАБА́ТЫВАЙ+ I ОБРАБО́ТАЙ+ P }	– *process X*
+ о́браз AA	– *form, shape*
каки́м о́бразом?	– *in what way VI*
таки́м о́бразом	– *in such a way VI*
√ ОБРАЗОВА́+ I and P	– *form, shape III*
√ образова́ние AA	– *formation; education V*
√ ОБРАЩА́Й+ I ОБРАТИ́+ P } (обращу́, обрати́шь)	– *turn VIII*
√ ОБРАЩА́Й+ -ся I ОБРАТИ́+ -ся P (обращу́сь, обрати́шься) }	– *appeal (to) VIII*
+ ОБСУЖДА́Й+ I ОБСУДИ́+ P }	– *discuss III*
+ общежи́тие AA	– *dormitory IV*
+ обще́ственный	– *social; pertaining to society III*
+ о́бщество AA	– *society III*
√ о́бщий	– *general, common VI*
объедине́ние AA	– *unification IX*
√ ОБЕДИНЯ́Й+ I ОБЕДИНИ́+ P }	– *unite VI*
√ ОБЪЯСНЯ́Й+ I ОБЪЯСНИ́+ P }	– *explain II*
√ обы́чно	– *usually V*
√ обы́чный	– *usual, ordinary VI*
√ огро́мный	– *huge II*
√ оди́н	– *alone; (a) certain; one; pl. some III*
+ одна́жды	– *once, one day VIII*
+ о́зеро AA pl. nom. озёра, gen. озёр	– *lake V*
√ ОКА́ЗЫВАЙ+ -ся I ОКАЗА́+ -ся P }	– *turn out to be VI*
√ окно́ BA	– *window II*

✓ ОКРУЖА́Й+ I }
  ОКРУЖИ́+ Р }   - *surround VII*

✓ ОПИ́СЫВАЙ+ I }
  ОПИСА́+ Р }   - *describe VI*

+ определённый   - *definite, certain VII*

✓ о́пыт АА   - *experiment; experi-
                                ence X*

✓ ОРГАНИЗОВА́+ I and Р   - *organize III*

+ о́сень АА   - *autumn IV*

+ о́сенью   - *in the fall IV*

  ОСЛАБЛЯ́Й+ I }
  ОСЛА́БИ+ Р }   - *weaken X*

✓ осно́ва АА   - *basis V*

  основа́тель АА   - *founder IV*

✓ основно́й   - *basic VII*

✓ осо́бенность АА   - *peculiarity VII*

✓ остава́ться I }
  ОСТА́Н+ -ся Р }   - *remain, be left VII*

✓ ОСТАВЛЯ́Й+ I }
  ОСТА́ВИ+ Р }   - *leave VIII*

✓ ОСТАНА́ВЛИВАЙ+(-ся) I }
  ОСТАНОВИ́+(-ся) Р }   - *stop, halt IV*

✓ остано́вка АА   - *stop IX*

+ о́стров АВ pl. nom. острова́ - *island V*

✓ о́тбор АА   - *selection IX*

  ОТБИРА́Й+ I }
  отобра́ть Р }(отберу́, отберёшь) - *select IX*

✓ ОТВЕЧА́Й+ I }
  ОТВЕ́ТИ+ Р }   - *answer II*

✓ отдава́ть I }
  отда́ть Р }   - *to give back; to re-
                                linquish VIII*

+ ОТДЫХА́Й+ I }
  ОТДОХНУ́+ Р }   - *rest, relax II*

✓ отде́льный   - *separate VII*

+ от/е́/ц ВВ   - *father III*

✓ ОТКРЫВА́Й+ I }
  откры́ть Р }   - *open II*

✓ отку́да   - *from where IV*

  относи́тельность А   - *relativity IV*

✓ отноше́ние АА   - *relationship VI*

  ОТПРАВЛЯ́Й+ I }
  ОТПРА́ВИ+ Р }   - *dispatch VIII*

+ ОТПРАВЛЯ́Й+ -ся I }
  ОТПРА́ВИ+ -ся Р }   - *leave for VII*

✓ ОТСУ́ТСТВОВА+ I and Р   - *be absent III*

✓ отсю́да   - *from here; hence V*

√ о́чень   — *very II*
√ оши́бка АА   — *error III*

√ ПА́ДАЙ+ I ⎫
    УПА́Д+ Р   ⎭   — *fall VI*
√ пе́рвый   — *first II*
    ПЕРЕВЁД+ Р   — *see* ПЕРЕВОДИ́+
    перево́д АА   — *translation III*
+ ПЕРЕВОДИ́+ I ⎫
    ПЕРЕВЁД+ Р   ⎭   — *translate VI*
√ передава́ть I ⎫
    переда́ть Р   ⎭   — *to transmit VIII*
√ переда́ча АА   — *transmission VIII*
√ перерабо́тка АА   — *processing, conver-
                                                   sion X*

    ПЕРЕРАБА́ТЫВАЙ+ I ⎫
    ПЕРЕРАБО́ТАЙ+ Р   ⎭   — *process X*
√ перестава́ть I ⎫
    ПЕРЕСТА́Н+ Р   ⎭   — *cease VIII*
√ ПИСА̌+ I ⎫
    НА---+ Р   ⎭   — *write III*
+ писа́тель АА   — *writer II*
+ письмо́ ВА   — *letter II*
    пластма́сса АА   — *plastic V*
    пле́мя АВ   — *tribe X (see Appendix
                                                   I, C1)*

+ пло́хо   — *badly II*
√ плохо́й   — *bad II*
√ пло́щадь АА   — *square; area II*
+ ПЛЫВ̌+ I ⎫
    ПО---+ Р   ⎭   — *swim, sail, float V*
√ пове́рхность АА   — *surface V*
√ ПОВТОРЯ́Й+ I ⎫
    ПОВТОРИ́+ Р   ⎭   — *repeat, review II*
√ подвижно́й (подви́жен, подви́жна) — *mobile V*
√ ПОДНИМА́Й+ I ⎫
    подня́ть Р   ⎭   — *raise, lift VII*
√ ПОДНИМА́Й+ -ся I ⎫
    подня́ться Р   ⎭   — *ascend VII*
    подойти́ Р   — *see* ПОДХОДИ́+
√ по́езд АВ pl. nom. поезда́   — *train V*
+ пое́здка АА   — *trip VIII*
√ по́здний   — *late VI*
+ по́зже (compar. of по́здний)   — *later IX*
√ пока́ (conj.)   — *while IX*
√ пока́ (adv.)   — *for the time being IX*

√ ПОКА́ЗЫВАЙ+ I }
  ПОКАЗА́+ P   - *show VI*

+ ПОКУПА́Й+ I }
  КУПИ́+ P   - *buy VIII*

√ по́ле AB   pl. gen. поле́й   - *field II*
√ поле́зный (поле́зен, поле́зна)   - *useful III*
  полёт AA   - *flight VII*
√ по́лный (по́лон, полна́, по́лно)   - *full VIII*
√ полови́на AA   - *half VII*
√ положе́ние AA   - *situation, position*
                                 III

  ПОЛОЖИ́+ P   - *see* КЛА́Д+

+ полтора́   - *one and a half VII*
  полтора́ста   - *one hundred and fifty*
                                 VII

  полуо́стров AB   - *peninsula V*
   pl. nom. полуострова́

√ ПОЛУЧА́Й+ I }
  ПОЛУЧИ́+ P   - *receive II*

√ ПО́ЛЬЗОВА+ -ся I   - *use, take advantage*
                              of VI

+ ПОЛЮБИ́+ P   - *become fond of VII*
+ ПО́МНИ+ I   - *remember II*
+ ПОМОГА́Й+ I }
  ПОМОЃ+ P   - *help VII*

√ по́мощь A   - *help VII*
√ ПОНИМА́Й+ I }
  поня́ть P   - *understand II*

√ поро́да AA   - *breed, type, kind*
  го́рная поро́да   - *rock (geol.) X*
√ после́дний   - *last (in a series) II*
√ постепе́нный   - *gradual IX*
√ постоя́нно   - *constantly VII*
√ ПОСТУПА́Й+ I }
  ПОСТУПИ́+ P   - *enter, join VI*

+ ПОСЫЛА́Й+ I }
  посла́ть P (пошлю́, пошлёшь)   - *send VIII*

+ пото́м   - *afterward II*
√ потому́ что   - *because III*
√ потре́бность AA   - *need, requirement VII*
√ почему́   - *why III*
+ почему́-то   - *for some reason VII*
√ почти́   - *almost III*
√ поэ́тому   - *for this reason VI*
√ ПОЯВЛЯ́Й+ -ся I }
  ПОЯВИ́+ -ся P   - *appear VII*

✓ пра́вда АА	– *truth VIII*
✓ пра́вило АА	– *rule II*
✓ прав, права́, пра́во, пра́вы	– *correct III*
✓ пра́вый	– *true, just; right (as opposed to left) III*
✓ ПРЕВРАЩА́Й+ I ПРЕВРАТИ́+ Р	– *transform VII*
(превращу́, преврати́шь)	
пре́д/о/к АА	– *ancestor IX*
✓ ПРЕДПОЛАГА́Й+ I ПРЕДПОЛОЖИ́+ Р	– *propose, suggest IX*
✓ представле́ние АА	– *idea, notion VII*
✓ ПРЕДСТАВЛЯ́Й+ I ПРЕДСТА́ВИ+ Р	– *present VIII*
✓ ПРЕДСТАВЛЯ́Й+ I } себе ПРЕДСТА́ВИ+ Р	– *imagine VIII*
✓ ПРЕДСТАВЛЯ́Й+ собо́й I (only)	– *be VIII*
✓ ПРЕДСТАВЛЯ́Й+ -ся I ПРЕДСТА́ВИ+ -ся Р	– *present itself, occur VIII*
+ прекра́сный	– *splendid III*
+ преподава́тель (m.) АА	– *instructor I*
+ преподава́тельница (f.) АА	– *instructor I*
✓ приблизи́тельно	– *approximately VII*
✓ прибо́р АА	– *instrument III*
+ ПРИВЫКА́Й+ I ПРИВЫ́К(НУ)+ Р	– *become accustomed to*
привы́чный	– *customary, usual VII*
+ признава́ть I ПРИЗНА́Й+ Р	– *acknowledge VIII*
✓ при́знак АА	– *sign, indication IX*
прийти́ Р	– *see* ПРИХОДИ́+
+ прика́з АА	– *command X*
✓ ПРИМЕНЯ́Й+ I ПРИМЕНИ́+ Р	– *apply, use X*
✓ приме́рно	– *approximately VII*
✓ ПРИНАДЛЕЖА́+ I	– *belong VIII*
✓ ПРИНИМА́Й+ I приня́ть Р	– *receive, accept V*
✓ при́нцип АА	– *principle VIII*
✓ ПРИОБРЕТА́Й+ I ПРИОБРЕ́Т+ Р	– *acquire X*
✓ приро́дный	– *natural IV*
✓ ПРИСУ́ТСТВОВА+ I and P	– *be present III*
✓ ПРИХОДИ́+ I прийти́ Р	– *arrive IX*

✓ ПРИХОДЙ+ -ся I⟩ прийтйсь Р	– be compelled to (impersonal only) VIII
✓ ПРОДОЛЖА́Й+(-ся) I⟩ ПРОДО́ЛЖИ+(-ся) Р	– continue IV
✓ произведе́ние AA	– work IV
+ ПРОИЗНОСЙ+ I⟩ ПРОИЗНЁС+ Р	– pronounce IX
✓ ПРОИСХОДЙ+ I⟩ произойтй Р	– happen, occur IX
✓ происхожде́ние AA	– origin X
пройтй Р	– see ПРОХОДЙ+
✓ промы́шленный	– industrial III
✓ просто́й (прост, проста́, про́сто)	– simple V
+ проти́вник AA	– opponent, adversary X
+ профе́ссор AB pl. nom. профессора́	– professor I
прохла́дный	– cool IV
✓ ПРОХОДЙ+ I⟩ пройтй Р	– pass by; go through IX
✓ про́чность A	– durability; stability X
✓ про́шлый	– past (bygone) III
✓ про́шлое	– the past III
✓ пряма́я	– a straight line V
✓ прямо́й	– straight; direct V
+ пье́са AA	– play IV
✓ пусть (particle)	– let VIII
ПУТЕШЕ́СТВОВА+	– travel VII
✓ путь (m) gen. sg. путй, instr. sg. путём	– way, journey, road (fig.) VI
✓ рабо́та AA	– work II
✓ РАБО́ТАЙ+ I	– work II
✓ рабо́чий	– (pertaining to) work; worker III
✓ раз AB pl. gen. раз	– time IV
✓ РАЗВИВА́Й+ I⟩ разви́ть Р (разовью́, разовьёшь)	– develop IV
+ РАЗГОВА́РИВАЙ+	– chat VI
разде́льно	– separately X
✓ разли́чный	– different, diverse III
✓ разнообра́зный	– diverse, varied IV
✓ ра́зный	– different II
✓ РАЗРАБА́ТЫВАЙ+ I⟩ РАЗРАБО́ТАЙ+ Р	– develop, work out VI
✓ райо́н AA	– district IV
✓ ра́нний	– early VI

ра́но	- *early IV*
√ ра́ньше (compar. of ра́но)	- *earlier, formerly IV*
√ РАСПАДА́Й+ -ся I РАСПА́Д+ -ся P }	- *disintegrate X*
√ РАСПОЛАГА́Й+ I РАСПОЛОЖИ́+ P }	- *dispose, arrange IX*
√ распростране́ние AA	- *dissemination VIII*
✚ РАССКА́ЗЫВАЙ+ I РАССКАЗА́+ P }	- *narrate VI*
√ РАССМА́ТРИВАЙ+ I РАССМОТРЕ́+ P }	- *regard, consider; examine VII*
√ расстоя́ние AA	- *distance V*
√ расте́ние AA	- *plant VIII*
√ расти́ I вы́расти P }	- *to grow VII*
✚ ребён/о/к AA pl. nom. ребя́та, gen. ребя́т	- *child V*
√ ре́дкий	- *rare III*
√ ре́дко	- *rarely VII*
√ река́ BA	- *river II*
√ РЕКОМЕНДОВА́+ I and P	- *recommend III*
√ РЕША́Й+ I РЕШИ́+ P }	- *solve, resolve VI*
√ реше́ние AA	- *solution, resolution V*
✚ ро́дина AA	- *homeland VII*
✚ роди́ться P	- *be born VI*
✚ родно́й	- *native; dear IX*
√ роль AC	- *role III*
√ рука́ CC	- *hand VI*
√ руково́дство A	- *guidance, leadership VI*
ру́копись AA	- *manuscript VIII*
√ ру́сский	- *Russian I*
√ ру́чка AA	- *pen V*
✚ ря́дом	- *alongside V*
√ сам, сама́, само́, са́ми	- *self IX*
✚ самолёт AA	- *airplane V*
√ самостоя́тельно	- *independently VII*
самостоя́тельность	- *independence VII*
√ са́мый	- *the very IV*
√ све́дение AA	- *(piece of) informa- tion IX*
√ свет AA	- *light; world VIII*
✚ све́тлый	- *bright, light IV*
√ свобо́дный (свобо́ден, свобо́дна)	- *free III*

√ сво́йство АА — *characteristic, prop-erty VII*

√ СВЯ́ЗЫВАЙ+ I}
  СВЯЗА́+ Р — *tie, link together VIII*

  СДЕ́ЛАЙ+ Р — *see ДЕ́ЛАЙ+*

√ се́вер А — *north II*

+ сего́дня — *today II*

+ сего́дняшний — *today's II*

√ сейча́с — *(right) now II*

  сейча́с же — *immediately VIII*

+ семья́ ВВ — *family VI*

√ се́рдце АА — *heart IV*

  се́ссия АА — *session II*

+ сестра́ ВА pl. gen. сестёр — *sister IV*

+ СИДЕ́+ I — *sit III*

√ си́ла АА — *strength, force VIII*

  симпати́чный — *likeable V*

+ си́ний — *(dark) blue II*

√ ско́лько — *how much, how many V*

+ ско́ро — *soon V*

√ ско́рость АА — *speed V*

√ сла́бый — *weak VII*

√ сле́ва — *from/on/to the left V*

+ сле́дует (impers. verb) — *one ought to VIII*

+ сле́дующий — *following, next VIII*

  слова́рь (m) ВВ — *dictionary I*

√ сло́во АВ — *word II*

√ сло́жный — *complicated, complex III*

√ СЛУЖИ́+ I — *serve VI*

+ СЛУ́ШАЙ+ I — *listen to II*

+ СЛЫ́ША+ I — *hear III*

  СМОГ+ Р — *see МОГ+*

√ СМОТРЕ́+ I}
  ПО---+ Р — *watch, look at III*

√ снача́ла — *at first V*

+ снег АВ pl. nom. снега́ — *snow VI*

+ СНИМА́Й+ I}
  снять Р — *take off VII*

√ СОБИРА́Й+(-ся) I}
  собра́ть(ся) Р — *gather, collect IV*

+ собра́ние АА — *meeting, gathering II*

  собра́ть(ся) — *see СОБИРА́Й+(-ся)*

√ со́бственный — *(one's) own X*

+ собы́тие АА — *event*

+ СОВÉТОВА+ I } ПО---+ Р	— *advise VIII*
СОВÉТОВА+ -ся I } с кем ПО---+ -ся Р	— *consult with s.o. VIII*
✓ совéтский	— *Soviet II*
✓ СОВПАДÁЙ+ I } СОВПÁД+ Р	— *coincide IX*
✓ совремéнный	— *contemporary, modern III*
✓ совсéм	— *quite, completely IV*
✓ СОДЕРЖÁ+ I	— *contain VII*
✓ содержáние АА	— *content VII*
✓ соединéние АА	— *combination, compound X*
✓ создавáть I } создáть Р	— *to create VIII*
✓ сóлнце АА	— *sun IV*
✓ сообщéние	— *communication IX*
✓ СООТВÉТСТВОВА+ I	— *correspond VIII*
состáв АА	— *composition IX*
✓ СОСТАВЛЯ́Й+ I } СОСТÁВИ+ Р	— *put together,compile; constitute V*
✓ составнóй	— *component (adj.),con-stituent X*
✓ СОСТОЙÁ+ I	— *consist V*
✓ сотрýдник АА	— *coworker, collabora-tor VII*
✓ сотрýдничество А	— *cooperation VIII*
✓ сохранéние	— *conservation, preser-vation IV*
✓ СОХРАНЯ́Й+ I/СОХРАНИ́+ Р	— *preserve VII*
✓ спосóбный	— *capable IX*
✓ СПОСÓБСТВОВА+ I } ПО---+ Р	— *promote, be conducive to VIII*
✓ спрáва	— *from/on/to the right V*
спрáвочник АА	— *reference book I*
+ СПРÁШИВАЙ+ I } СПРОСИ́+ Р	— *ask (a question) II*
+ спýтник АА	— *satellite IV*
✓ сравни́тельно	— *comparatively X*
✓ сравни́тельный	— *comparative X*
✓ срáзу	— *at once V*
✓ средá ВА	— *environment VII*
средневекóвье АА	— *the Middle Ages VII*
+ срок А	— *period, term IX*

✓ СТА́ВИ+ I }
  ПО---+ P }
	– *stand (put into a*
	   standing position) V

✓ сталь А	– *steel V*
✓ СТАНОВИ́+ -ся I } СТА́Н+ P }	– *become VII*
✓ ста́нция АА	– *station II*
✓ ста́рый (стар, стара́, ста́ро)	– *old II*
✓ статья́ ВВ	– *article II*
✓ ста́рьше (compar. of ста́рый)	– *older V*
✓ ста́рший (compar. of ста́рый)	– *elder, older V*
✓ СТОЙА́+ I	– *be in a standing pos-* *ition III*
+ стол ВВ	– *table II*
+ столи́ца АА	– *capitol II*
+ столо́вая	– *cafeteria III*
✓ сто́лько	– *so much, so many V*
✓ сторона́ СС	– *side IV*
✓ страна́ ВА	– *country, land II*
✓ страни́ца АА	– *page VI*
✓ стро́гий (строг, строга́, стро́го)	– *strict IV*
✓ СТРО́ЙИ+ I } ПО---+ P }	– *build III*
студе́нт (m) АА	– *student I*
студе́нтка (f) АА	– *student I*
су́ша А	– *(dry) land IX*
СУМЕ́Й+ P	– *see* УМЕ́Й+
✓ СУЩЕСТВОВА́+ I	– *exist III*
✓ существо́ ВВ	– *creature, being II*
✓ СЧИТА́Й+ I	– *consider, reckon VI*
СЧИТА́Й+ себя́ I	– *consider oneself VIII*
✓ СЧИТА́Й+ -ся I	– *be considered VIII*
СЫГРА́Й+ P	– *see* ИГРА́Й+
+ сын АВ pl. nom. сыновья́, gen. сынове́й	– *son IV*
✓ сырьё̈ В	– *raw material X*
✓ та́кже	– *likewise III*
так как	– *since, because VI*
так называ́емый	– *so-called VIII*
✓ тако́й	– *such III*
✓ там	– *there I*
✓ твёрдый	– *hard; firm IV*
+ тво́рчество АА	– *(creative) work VII*
✓ те́ло АВ	– *body I*
+ темнота́ В	– *darkness*
✓ тепе́рь	– *now, at this time III*

√ теплевóй   — *thermal VII*
√ тёплый   — *warm IV*
√ тéсный   — *tight; narrow, compact IX*

+ тетрáдь AA   — *notebook IV*
+ тúхий (тих, тихá, тúхо)   — *quiet; calm III*
+ тúше (compar. of тúхий)   — *quieter V*
+ товáрищ AA   — *comrade, friend II*
√ тóже   — *also I*
  тóлько что   — *just (now) VII*
√ тот   — *that III*
+ тóтчас же   — *immediately VIII*
√ тóчный   — *precise VII*
√ ТРÉБОВА+ I }
  ПО---+ P   }   — *demand IV*
  треть A   — *(a) third VII*
√ трýдность AA   — *difficulty II*
+ трýдный (трýден, труднá, трýдно)   — *difficult II*
+ трудя́щийся   — *worker VIII*
+ тудá   — *there (to that place) V*
+ тяжёлый   — *heavy V*

√ УВЕЛИ́ЧИВАЙ+(-ся) I }
  УВЕЛИ́ЧИ+(-ся) P   }   — *increase IX*
  УВИ́ДЕ+ P   — *see* ВИ́ДЕ+
√ ýг/о/л BB   — *corner II*
√ ýже (compar. of ýзкий)   — *narrower V*
√ ужé   — *already III*
√ ýзкий (ýзок, узкá, ýзко)   — *narrow V*
+ узнавáть I }
  УЗНА́Й+ P   }   — *recognize; find out VIII*
+ ýлица AA   — *street II*
+ УМÉЙ+ I }
  C---+ P }   — *know how III*
√ УМЕНШÁЙ+ I }
  УМÉНШИ+ P }   — *decrease V*
+ УМИРÁЙ+ I }
  умерéть P }   — *die VI*
+ ýмный   — *intelligent II*
+ университéт AA   — *university I*
  университéтский   — *university (adj.) II*
  УПА́Д+ P   — *see* ПА́ДАЙ+
√ УПОТРЕБЛЯ́Й+ I }
  УПОТРЕБИ́+ P   }   — *use VII*
√ упражнéние AA   — *exercise VII*
+ урóк AA   — *lesson II*

√ усло́вный — *conditional, provisional V*

+ УСПЕВА́Й+ I ⎫
  УСПЕ́Й+ Р ⎭ — *have time to, manage to VII*

√ успе́х АА — *success VI*

+ устава́ть I ⎫
  УСТА́Н+ Р ⎭ — *get tired VIII*

√ УСТАНА́ВЛИВАЙ+ I ⎫
  УСТАНОВИ́+ Р ⎭ — *establish, set up IX*

+ у́тром — *in the morning IV*

+ УЧА́СТВОВА+ I — *participate III*

√ уча́стие АА — *participation IV*

+ уча́щийся — *student VIII*

√ учёный — *scientist, scholar III*

+ учи́тель АВ pl. nom. учителя́ — *teacher II*

+ УЧИ́+ I ⎫
  ВЫ---+ Р ⎭ — *study, learn VIII*

+ УЧИ́+ -ся I — *be a student IV*

+ УЧИ́+ -ся I ⎫
  НА---+ -ся Р ⎭ — *study, learn VII*

+ фами́лия АА — *surname II*

√ хозя́йство — *economy VI*

√ холо́дный — *cold III*

√ хоро́ший — *good II*

√ хорошо́ — *well, good II*

+ хоте́ть I ⎫
  за--- Р ⎭ — *to want III*

√ хотя́ — *although IX*

+ худо́жественный — *artistic IV*

+ худо́жник АА — *artist IV*

  ху́дший (compar. of плохо́й) — *worse V*

+ ху́же (compar. of плохо́й) — *worse V*

+ цвет/о́/к ВВ pl. nom. цветы́ — *flower VIII*

√ це́лый — *a whole IV*

√ це́нный — *valuable X*

√ части́ца АА — *particle V*

√ ча́сто — *often II*

√ челове́к А pl. лю́ди — *man, person II*

√ чем — *than V*

√ чёрный — *black II*

+ че́тверть АА — *quarter VII*

+ числó ВА — *number; date VI*
√ чистотá В — *cleanliness; purity VII*

√ чúстый — *clean; pure III*
чúще (compar. of чúстый) — *cleaner; purer V*
√ что — *what*
√ чтóбы — *in order to X*
+ ЧÚВСТВОВА+ I }
ПО---+ Р — *feel (trans.) VIII*
+ ЧÚВСТВОВА+ I } себя́
ПО---+ Р — *feel (intrans.) VIII*
+ ЧÚВСТВОВА+ -ся I }
ПО---+ -ся Р — *be felt VIII*

√ шар АВ pl. nom. шарá — *globe, sphere VI*
√ шúре (compar. of ширóкий) — *wider V*
√ ширинá ВВ — *width VI*
√ ширóкий (широ́к, широка́, широко́) — *wide II*

+ экскýрсия АА — *sightseeing trip II*
экспедúция АА — *expedition, field trip II*

√ этáп АА — *stage VII*
√ э́то — *this is I*
√ э́тот — *this III*

+ юг А — *south II*

√ явлéние АА — *phenomenon, occurrence VI*

√ ЯВЛЯ́Й+ -ся I }
ЯВЍ+ -ся Р — *be VI*
√ я́дерный — *nuclear*
√ ядрó ВА — *nucleus VII*
√ язы́к ВВ — *language; tongue I*
языковéд АА — *linguist X*
√ я́ркий — *bright, vivid IX*

SUBJECT INDEX

The Topic number (given first) is separated from the paragraph number by a colon.